西南财经大学全国中国特色社会主义政治经济学研究中心"中国特色社会主义政治经济学理论体系构建"项目资助

清华·政治经济学研究丛书
主编：李帮喜　王生升　赵峰

跨越中等收入陷阱
基于政治经济学的路径

Crossing the Middle-Income Trap:
The Path Based on Political Economy

李梦凡　著

社会科学文献出版社
SOCIAL SCIENCES ACADEMIC PRESS (CHINA)

清华·政治经济学研究丛书

丛 书 主 编：李帮喜（清华大学）

　　　　　　王生升（南开大学）

　　　　　　赵　峰（中国人民大学）

丛 书 顾 问（按姓氏拼音）：

　　　　　　白暴力（北京师范大学）

　　　　　　蔡继明（清华大学）

　　　　　　方　敏（北京大学）

　　　　　　刘凤义（南开大学）

　　　　　　卢　荻（英国伦敦大学）

　　　　　　孟　捷（复旦大学）

　　　　　　邱海平（中国人民大学）

　　　　　　荣兆梓（安徽大学）

　　　　　　张　衔（四川大学）

　　　　　　张忠任（日本岛根县立大学）

丛书支持单位：清华大学社会科学学院经济学研究所

丛书出版说明

　　"清华·政治经济学研究丛书"是清华大学社会科学学院经济学研究所与社会科学文献出版社共同策划的系列丛书。本丛书秉持马克思主义的核心指导思想，作为国内外中青年政治经济学学者优秀成果和国外优秀政治经济学译著的学术出版平台，内容涵盖马克思主义政治经济学、后凯恩斯主义经济学、中国特色社会主义政治经济学等方面的基础理论及经验研究。我们希望这套丛书能推动国内政治经济学研究的创新、发展，提升学科的国际化水平，总结建设中国特色社会主义实践中的经验，对相关问题进行研究和探索，力求有所创新和突破；同时成为国内政经"青椒"（青年教师）展现和交流优秀学术成果的一个窗口。

摘　要

在前现代社会的一千多年时间里，中国是世界上最先进、最强盛的国家。直到 19 世纪，中国依然雄踞世界经济版图，1820 年经济总量占世界 GDP 的 1/3 左右。[①] 18 世纪，随着英国工业革命的兴起，西方的一些经济体快速崛起。中国则在"高水平均衡陷阱"[②] 中不能自拔，在全球 GDP 中的比例直线下降至 5%，并在此低点上徘徊至 1979 年[③]，观者无不叹惋！这种落差与资本主义萌芽、兴起、扩张息息相关，古老的中国曾以血泪和屈辱被动地参与了这段人类历史进程。

1949 年中华人民共和国成立，中国人民清醒地认识到，在资本主义列强主导的丛林里，存在"落后就要挨打"的严峻的现实，于是开始艰苦奋斗、自力更生。1978 年党的十一届三中全会，拉开了改革开放的序幕，中国经济的命运发生了根本转变。1978 ~ 2010 年，中国 GDP 年增长率达 9.9%，对外贸易年均增长 16.3%，并于 2010 年取代日本成为世界第二大经济体。2008 年，资本主义中心爆发了战后最严重的经济危机并波及整个世界，2012 年中国经济增长经历高速向中高速转折的"新常态"，这个转变引发了很多疑虑，政府和学界重新开始关注 2006 年世界银行提出的"中等收入陷阱"问题。这个概念我们并不陌生，提到它立即就会联想到拉美，像提到滑铁卢就会联想到拿破仑

---

① 〔英〕麦迪逊：《世界经济千年统计》，伍晓鹰等译，北京大学出版社，2009。
② 姚洋：《地域、制度与李约瑟之谜》，《读书》2003 年第 1 期，第 41 ~ 48 页。
③ 林毅夫：《解读中国经济》，《理论与当代》2012 年第 2 期，第 1 ~ 10 页。

一样。同时，发展中国家在当下的世界中仍占据相当比例，因此"中等收入陷阱"也是经济学特别是发展经济理论中的重要命题。所以说，对中等收入陷阱问题的研究，不仅具有一定的理论意义而且具有一定的实践价值。

本书依据马克思主义经济学理论，从经济全球化的视角，以资本积累与矛盾积累为线索，运用以辩证唯物主义和历史唯物主义世界观为指导的马克思主义经济学研究方法，如历史分析与逻辑分析相一致、矛盾分析、理论联系实际等研究方法，并辅之以文献研究法、案例研究法、定性分析法、定量分析法等常规研究方法，借助现代经济计量和统计工具，结合中国经济新常态，对中等收入陷阱及相关问题展开研究。全书分为六个部分：第一部分，即第一章和第二章，指出本书的研究主题和回顾、述评相关文献；第二部分，即第三章，尝试构建一个解释中等收入陷阱的马克思主义经济学研究框架；第三部分，即第四章，初步测度中等收入陷阱的数字特征；第四部分，即第五章，通过经验事实和计量分析检验理论框架；第五部分，即第六章，在经济增长与波动和经济新常态的基础上研究中国面临的中等收入陷阱风险问题；第六部分，即第七章，归纳主要结论和提出政策建议。本书的六个部分之间，存在紧密的联系和递进关系，体现了研究的基本思路，也塑造了本书"问题提出－问题分析－问题解决－解法验证－解法应用"的研究框架。

基于上述思路和框架，本书进行了以下几个方面的内容研究。

第一章，导论。本部分主要是论述研究视角与研究意义、界定核心概念、提出主要研究内容和逻辑结构、介绍研究方法，指出可能的创新和不足。

第二章，概念界定、理论基础与分析框架。梳理了经济增长、经济发展、增长陷阱等领域的发展过程和争论。在既往文献的基础上，提出本书研究中等收入陷阱形成机制和跨越机制的马克思主义经济学研究思路。

第三章，中等收入陷阱：马克思主义经济学的理论解释。该章是本书理论部分的核心，以马克思主义经济学理论为基础，对中等收入陷阱机制展开理论解释，并在分析结论中凝练出"或然性"的理论假设。首先，从资本主义的基本矛盾和周期性经济危机阐述发达资本主义国家剥削发展中国家的历史必然性，这导致发展中国家长期不能积攒经济起飞的"第一次推动力"而陷入贫困陷阱。其次，阐述资本主义世界体系萌芽、形成和发展，以及在此过程中"中心国家"和"边缘国家"面临的矛盾和冲突，中心的矛盾和成本如何向边缘地区转移。进而论述了资本主义世界体系的双重失衡状态，一是时间上的失衡，从 1820 年到 21 世纪，世界资本主义经济总是在飞速前进与增长放缓之间左右摇摆，某些时候宏观经济指标恶化，某些时候出现所谓的黄金时期，在这种潮起潮落之间，受伤的不只是资本主义核心国家，发展中国家处在该体系中发展能力较差，只能根据中心国家的资本积累进程不断调整自己的发展路线，这种适应性调整也带来了诸多问题。二是空间上的失衡，即趋同效应和分化效应，具体分别对应着发达国家内部和发达国家与发展中国家之间存在的问题。如果考虑发达国家和发展中国家两个组群间的变动情况，则又契合了沃勒斯坦的"核心－半外围－外围"资本主义世界体系结构。再次，论述中等收入陷阱的形成机制，从内部用资本积累这一条主线将"低水平均衡陷阱"和"中等收入陷阱"串联起来，按照后发国家工业化战略调整和矛盾积累的视角论述中等收入陷阱发生的可能性，我们按照历史发生的时间先后提出了四种可能导致发展中国家资本积累进程被打断的模型：阶级剥削模型、资本输出模型、不平等交换模型和金融资本模型。在资本主义世界体系的框架下，每一种模型都对发达国家和发展中国家产生的截然不同的结果做出了相应的解释。然后，提出"或然性"理论假设的解释。最后，基于前述理论提出中等收入陷阱的跨越机制。

第四章，中等收入陷阱的测度。首先，对世界上代表经济体的经济增长与分化进行描述性统计；其次，确定区分各个收入阶段的阈值标准，依托阈值将现有的国家进行分类描述，以及测定它们在各个收入阶段的滞留时间，通过滞留时间来分析与预测后发国家的经济分化现实与前景；再次，通过世界经济体人均收入概率密度的动态演进，对中等收入国家向更高收入群分化的难度趋势做出初步研判；最后，结合中国经济增长从高速转向中高速的新常态时期，在国际经验数据测度的基础上，从统计、计量和模拟的视角，利用 HP 滤波、Logistic 函数估计、反事实模拟分析等工具测算和研究中国是否已经落入中等收入陷阱、是否面临中等收入陷阱威胁、未来落入中等收入陷阱的可能性有多大等问题。

第五章，理论解释的实证检验：经验事实与计量分析。首先，由世界范围内经济增长现象，引出历史上跌入中等收入陷阱和成功跨越中等收入陷阱的两类发展中国家；其次，通过案例分析掉入陷阱国家的经济发展状况，如拉美地区的一些代表性国家，分析它跌入陷阱的原因，并结合本书的理论框架进行解释；再次，分析成功跨越中等收入陷阱的东亚代表性经济体的经济发展之路，同样依据本书资本积累和矛盾积累的线索，凝练它们的发展经验；又次，总结国际经验的启示与借鉴意义，以期对中国经济发展有所帮助；最后，通过滤波分析、相关性分析和 SVAR 模型分析，检验本书理论分析中的相关结论。

第六章，中国经济增长、波动与中等收入陷阱的可能性。首先，概述改革开放以来，中国经济取得的伟大成就和发展历程；其次，从中国工业化历程、经济增长演进、经济波动规律等方面寻找中国维持增长趋势突破中等收入陷阱的方向和存在的压力；再次，结合中国经济新常态和资本主义世界经济体系的失衡讨论经济波动风险的外部风险；最后，按照代表性省份的收入分布演进模拟，试图探寻中国经济与陷阱之间的距离。

第七章，主要结论和政策建议。当今发展中国家的经济发展处在资本主义主导的经济全球化之中。中国自对外开放以来，积极参与经济全球化，也就无法完全避免资本主义经济矛盾通过各种传导机制对其经济的影响。对于资本主义商品生产所包含的矛盾主要分为两个阶段体现在经济增长的缓慢和停滞上，一个是资本原始积累阶段，另一个是资本持续积累阶段。这两个阶段的矛盾对处于中等收入阶段的发展中国家影响巨大，前者主要是内向型资本原始积累的矛盾，后者主要是资本主义相对生产过剩以及中心国家转移转嫁的矛盾。消解和规避这两个阶段性的矛盾将成为我国越过中等收入陷阱的关键。

在与本书相关的现有理论文献的基础上，本书可能做出的创新之处主要体现在以下几方面。

（1）本书构建了一个以马克思主义经济学为基础的分析中等收入陷阱问题的研究框架，这在研究中等收入陷阱问题上尝试马克思主义经济学的创新与发展，在同类研究文献中尚不多见。特别是借助这个研究框架去分析和解释中等收入陷阱的一些"病征""病因"，这与仅从"病征"入手研究中等收入陷阱问题的其他相关文献存在不同之处。正因为此，本书核心理论部分提出的中等收入陷阱形成机制和跨越机制上具有内在逻辑上的一致性。

（2）本书提出了中等收入陷阱"或然性假设"，并纳入理论分析框架中讨论，从理论上回应了统计意义上的或然性现象，争取将这一现象上升到理论高度，并通过案例研究、计量分析等实证检验证实假设的合理之处，这不仅是尝试对中等收入陷阱命题真伪性给予回答，而且更重要的是体现了逻辑分析自洽性鲜明特征。

（3）本书采用麦迪逊经济统计数据，重新确定了国家收入阶段划分阈值，在此基础上，初步描述与测算了中等收入陷阱的相关指标和数字特征。本书还尝试着对中国经济新常态背景下的中等收入陷阱风险进行了一定程度上的定量分析和模拟，这与国内相关研究成果比较中具有一定的前瞻性和预测性价值。

Abstract

In the previous one thousand years before the modern society, China is the most advanced and powerful country of the world. Even in the 19th century, China still held a large part of the whole world economy, was accounted for about a third of the world's GDP (Madison, 2003). As the Industrial Revolution in the 18th century, the western economies grown rapidly, but China was in the "high level equilibrium" (Yang, 2003), the GDP share of China saw a sharp down and fell to 5% (Lin, 2012), what a pity! This discrepancy is closely related to germination, emergence and expansion of capitalism, the ancient Chinese was involved in the process and cost a lot.

Since New China was founded, the Chinese people awake to recognize that in the capitalist – dominated – jungle, we should work hard and keep self – reliance. From 1978 to 2010, the annual growth rate of China's GDP is 9.9%, and that of the foreign trade grew by an average of 16.3% a year, in 2010 China overtook Japan to become the world's second – largest economy (World Bank). In 2008, the center of capitalism's worst crisis after postwar spread to the whole world, in 2012, China's rapid economic growth experienced a turning point, the government and academy began to pay close attention to "middle – income trap" put forward by World Bank in 2006. This concept is not new at all, we immediately remember Latin America. At the same time, developing countries still occupy quite proportion in the world, so it is also an important aspect of the theory of economics, especially in the development economies. The study of middle – income trap has not only a certain theoretical significance but also a certain practical value.

In this paper, based on the theories of marxist economics, from the perspective capital accumulation and contradictions accumulation in capitalist globalization, we use literature research, case study, qualitative analysis and quantitative analysis and other research methods, with the help of HP filter, Logistic regression, impulse response, correlation analysis, non – parametric kernel density estimation, combined with China's economy is the new – normal, research the middle – income trap and the related problems. The whole article is divided into six parts: the first part, namely chapter 1 and chapter 2, it points out that the research topics and related literature review; The second part, namely chapter 3, we try to build an explanation of the middle – income trap from marxist economics perspective; The third part, namely chapter 4, the preliminary measures of the middle – income trap; The fourth part, namely chapter 5, we test theory framework through empirical facts and econometric analysis; The fifth part, namely chapter 6, we analysis the middle – income trap risk problem faced by China; The sixth part, namely chapter 7, we summarize the main conclusions and give some policy suggestions. The six parts of this article are closely linked and related.

Based on the above ideas and framework, this paper studied the several aspects of content:

The first chapter. This part mainly discussed the research perspectives and research significance, define the core concepts, put forward the main research content and logical structure, introduced the research methods, points out the possibly innovation and shortage of our work.

The second chapter, we reviewed the relevant theory and literature, economic growth, economic development and growth Trap. On the basis of previous literature, we study the middle – income trap formation mechanism and the mechanism and solution.

The third chapter, the middle – income trap: Marxism economics theory explanation. This chapter is the core of this paper – theoretical part, based on Marxism economic theory, we carried out theory of middle – income trap mechanism. First of all, from the basic contradictions of capitalism and the cyclical economic crisis in this paper, the developed capitalist countries exploited developing countries, resulting developing countries can't accumulate economic take – off "power" for the first time but in poverty trap in long – term. Second, in this paper, we discusses the double imbalance of the capitalist world system, and the formation of the middle – income trap mechanism. Finally, we put forward the cross mechanism of the middle – income trap.

The fourth chapter is the measurement of middle – income trap. First, we took a overview of the economic growth and differentiation statistics; Second, we distinguished income level thresholds; And through the evolution of the world's economy density, we found some index for middle income trap; Finally, we do some research about China's possibility of falling into the middle – income trap.

The fifth chapter, the theory of the empirical test: empirical facts and econometric analysis. First of all, we distinguish two groups of countries. Secondly, we analysed the cause of their fall into the trap and the reason of some other countries' success. Finally, by filtering analysis, correlation analysis and SVAR analysis, we test theoretical analysis and the related conclusion.

The sixth chapter is China's economic growth, fluctuation and middle – income trap. First, an overview of Chinese economy's development; Secondly, from the evolution of China's industrialization process, economic growth, economic fluctuation rule for China to maintain growth trend break through the direction of the middle – income trap and pressure; Finally, according to the evolution of income distribution, typical provinces trying to explore the distance between Chinese economy and the trap.

The seventh chapter is the main conclusions and policy Suggestions. Capitalist commodity production contains the contradiction. The two stages of the contradiction of the middle – income stage of developing countries have a huge impact. Avoiding the two stages of conflicts is the key to cross the middle – income trap.

目　录

第一章　导论

第一节　提出问题

如果我们将不同国家在历史上的经济增长数据绘制成一幅三维立体图，就会发现曾出现过三个发展经济学家十分感兴趣的现象，一个是低水平均衡陷阱（Low – income Equilibrium），一个是高水平均衡陷阱（High – income Equilibrium），还有新近出现的中等收入陷阱（Middle – income Trap）。

公元后的第一个千年，世界范围内的经济增长发动机似乎处于集体休眠状态，这一阶段可以称作世界经济体"共同贫穷"的漫长岁月。经济史学家，特别是经济增长理论研究者把这一时期形象地概括为"低水平均衡陷阱"阶段。大约1300年，世界经济增长出现了一些局部的、零零散散的骚动，此时中国处于元代中期，正酣睡在"高水平均衡陷阱"之中。这种骚动，在我们绘制的三维立体空间里，像持续跳动的音符，历经中国的元、明、清三个朝代，持续了近500年。当然，经济增长的波动乐章，不可避免地也伴随着世界政治、经济、社会和文化等各个方面的不安、振荡、变革和冲击。

阿根廷，一个位于南美洲的国家，作为如今陷入"中等收入陷阱"经济体的典型代表，在1800年，与位于北美洲的美国，这个当今世界上最强大的经济体，实力不相上下。让人感到奇怪的是，1800年之后，阿根廷仿佛两次踏上了"百年孤独"的梦魇之旅，而像美国这样的少数几个明星国家则步入了经济发展的快车道。这两种截然不同的经济增长的表现似乎在提醒我们，1800 年以后，世界范围内的经济体离"共同贫穷"的记忆越来越远。历史几多变幻，今天我们知道，它们没有奔向"共同富裕"，而是桥归桥、路归路，各自收敛到不同的时空里。

关于"如何脱离贫困陷阱"的学术研究集中在二战前后的几十年里，在一系列因素的影响下，出现了一大批解释发展中国家长期贫困现象和促进发展中国家赶超步伐的理论和模型，也取得了一定的现实效果。关于"中等收入阶段发展困境"，尽管从现象上在 20 世纪 70 年代以后已经初露端倪，如拉美地区经济增长乏力、停滞甚至倒退，然而直到 21 世纪初世界银行的一篇报告才将它正式地介绍到学术研究中来，而且争议不断。可这个问题本身的重要性，已经远远超越了一个后发国家如何实现经济增长和发展的层面。从某种意义上说，中等收入国家不同于陷入低水平均衡陷阱的那些国家，低收入国家几乎对整个世界经济的增长与波动没有什么影响，但是一般而言，中等收入国家经济规模大、人口众多、影响深远。比如战后拉美地区发展的黄金年代，曾为整个世界的经济增长提供了引擎般的作用；再如 20 世纪中后叶东亚的一批新兴经济体（如"亚洲四小龙"）的腾飞，也曾给世界经济良性发展带来诸多积极影响。

就中国而言，作为世界上最大的发展中国家，改革开放以来经历了40 年高速经济增长，经济总量位居世界第二，人均 GDP 达到 8000 多美元，已迈入中高等收入水平的国家行列。但近几年，在承受了崩溃论与威胁论等国际舆论转换，见证了数次世界经济波动，特别是 2008 年世界金融危机之后，中国经济于 2012 年进入了新常态，经济结构调整迫切，经济增长速度放缓，确定的"灰犀牛"和不确定的"黑天鹅"因素增多，引起了世界范围的广泛关注。可以说，中国经济在保持数十年的高速发展的同时，内部的结构性矛盾也在不断的累积，诸如居民收入差距扩大、城乡发展失衡、产能过剩、金融系统性风险增大、人口红利趋淡、环境污染严重等问题；并且面临更加严峻的外部环境，如世界经济持续衰退、外资转移撤走、外贸外汇双顺差长期并存、人民币升值压力陡增、地缘政治挤压以及美元霸权围剿等因素的影响。以至于从2012 年开始，经济增长速度式微下降到8% 以下，"十三五"期间，再降至6.5% 左右；巴罗、艾肯格林、萨默斯等宏观经济学家还从经济增长统计视角预言了中国经济增速下降的规律。中国经济增长是否进入了一个下降通道，甚至是否会出现一个较长时期的停滞不前？于是，一个值得研究和判断的问题，即"中等收入陷阱"风险摆在我们面前。

21 世纪以来，尤其是继世界银行提出中等收入陷阱概念之后，国内外对中国经济是否面临陷阱危险的担忧和争论日渐增多。的确，中国作为一个发展中大国，在改革开放数十年基础上创造的经济发展奇迹实属不易，更为世界经济增长注入了中国元素与新鲜血液，为世界和平发展和人类文明进步做出了卓越的贡献。中国经济如果顺利经过中等收入阶段，经济增长继续保持驱动力，人均GDP 达到高收入国家水平，这不仅会提高中国13 亿多人口的生活质量，如期建成全面小康社会，实现中华民族伟大复兴的中国梦，而且还会为世界经济、政治诸多方面的稳定有序发展和进步带来正面作用，更会增加发展中国家经济发展的自信和为他们提供一个更具参考价值的可行方向和道路。所以说，无论从整个世界经济的振兴和建立公正、合理的国际经济新秩序角度，还是从中国特色社会主义经济可持续发展的角度来看，中等收入陷阱的相关问题都是值得深入研究的领域。

第二节　研究视角与研究意义

一　研究视角

中等收入陷阱，世界银行把它定义为一种经济增长停滞现象①，很

---

① 周建勇：《东亚发展模式的再思考——政府干预的反思》，《珠江经济》2006 年第11 期，第59～69 页。

多学者又进一步将其理解为一种经济发展现象。① 毫不奇怪，经济增长本来就是经济发展的（真）子集。同时，这也说明对于该问题的认知，随着时间的推移，从国际组织到学界有着逐步深入的过程。对发展问题的研究，主要是针对发展中国家，具体就中等收入陷阱问题而言，指的是处于中等收入水平的发展中国家所面临的障碍。很明显，以往对中等收入陷阱的研究很好地把握了这些方面，也取得了一定的现实效果。

但我们仍不禁生出疑问，能否单就发展中国家或者说处于中等收入阶段的发展中国家来讨论中等收入陷阱问题，其所承继的过往历史、所处的世界体系结构、体系结构中的其他类型的国家（如发达国家）等对其当前阶段的发展有无影响呢？或者我们将上述一系列疑问拆解成两个具体问题：一是在低收入水平开始"经济起飞"时以"工业化"为中心的发展战略，与进入中等收入阶段的发展中国家面临的中等收入陷阱问题有无联系，存在什么样的影响？二是中等收入陷阱问题是发展中国家中的"内生问题"，还是"外生问题"，能不能将内部因素和外部因素分开来谈？

带着这样的疑问，我们将研究视角投向经济全球化和资本主义世界体系，将发展中国家的中等收入陷阱问题置于这样的背景和结构之中予以考察。运用马克思主义经济学的研究范式，从发达资本主义国家的资本积累、资本积累一般规律、资本扩张和资本主义周期性经济危机，分析现代资本主义世界体系的形成，在此背景下考察落后国家工业化和经济发展过程中积累的内部矛盾和外部矛盾威胁，并以此为基础进一步剖析中等收入陷阱的形成机制和跨越机制，这样，构建了一个马克思主义经济学的研究框架，为中国可持续经济增长和中等收入陷阱跨越提供了

---

① 蔡昉：《中国经济如何跨越"低中等收入陷阱"?》，《中国社会科学院研究生院学报》2008 年第 1 期，第 13～18 页；郑秉文：《"中等收入陷阱"与中国发展道路》，《中国人口科学》2011 年第 1 期，第 2～15 页。

有理论意义的解读和实践意义的政策建议。通过梳理马克思主义理论文献，我们知道，迄今为止，从经济学角度而言，有经典马克思主义经济学和现代马克思主义经济学等。经典马克思主义经济学以马克思的著作为核心，如《资本论》，从分析商品入手，创立科学劳动价值论，发现剩余价值学说，并在此基础上揭开资本剥削雇佣劳动的历史之谜、揭示资本主义内在经济运行规律、论证资本主义社会发展趋势。此外，还有恩格斯、列宁等有关经济学的著作和思想。现代马克思主义经济学主要是灵活运用马克思学说的分析思维来剖析当前的社会现实问题，如经济全球化、资本主义发展新趋势、发展中国家的经济发展等。本书选择的研究视角在经典马克思主义经济学（马克思、恩格斯、列宁等）和现代马克思主义经济学家（斯威齐、普雷维什、桑托斯、卡多佐、巴兰、沃勒斯坦等）的发展理论中早已有所体现。特别是现代马克思主义发展理论，不仅研究了主流增长理论所强调和关注的物资资料生产，而且涉及经济增长背后的生产关系过程，后者对于处于资本主义现代世界体系中的发展中国家的经济增长和发展问题研究不可或缺。从马克思本人开始，马克思主义经济学一向以辩证唯物主义和历史唯物主义方法为指导，透彻地分析了资本主义的萌芽、兴起和扩张历史，演绎出资本主义资本积累、矛盾积累、周期性危机等经济运行规律，尤其是对落后地区人民生活和发展中国家经济发展，有着鞭辟入里的理论分析，又不乏建设性的对策研究，这些给本书研究带来了很多重要启示。

二　研究意义

（1）理论意义。二战以后，发展中国家的经济增长一直受到政府和学界的广泛关注，特别是中等收入陷阱命题的提出，激起了各派经济学家的强烈兴趣，纷纷参与到该命题的研究中来。现有的理论和研究几乎穷尽了中等收入陷阱现象的所有特征，如居民收入差距与两极分化、产业结构落后、要素禀赋优势劣化、金融滞后等，但关于中等收入陷阱的形成机制，除了一些零散论述和讨论，尚未形成一个前后逻辑一致的解释框架。众所周知，病征不等于病因。本书将发展中国家的经济发展纳入资本主义世界体系的大背景中来，以资本积累、矛盾积累、矛盾消解与转嫁为线索，初步建立了发展中国家从低收入水平到高收入水平的经济增长与停滞的发生机理，尝试将低水平均衡陷阱、中等收入陷阱这两类后发国家碰到的增长陷阱纳入统一和贯通的框架下进行解释。这种做法，一是能够避免从逻辑抽象的角度将发展中国家连续的经济增长过程"割断"，以便从动态全景的角度加以描述；二是为中等收入陷阱问题的研究提供了一个逻辑一致的研究框架，以保证分析过程与论证结论的内在逻辑严谨自洽。

二战之后，凯恩斯主义和新古典综合学派的经济理论相继大行其道。当然，这两股风气盛行有其存在的道理，前者曾为资本主义国家甚至世界经济走出大萧条阴霾有所贡献，后者在滞涨时期为资本主义国家摆脱困境发挥了一定的作用。尽管如此，他们对大萧条和滞涨的解释都难以撇清同马克思主义经济学的关系，但是人们总是在危机爆发时刻才在痛彻中恍然认识到马克思主义经济学的价值所在，而在危机还没有来临的时候往往将其遗忘。其实，资本主义世界体系形成后，后发国家的经济发展无一不被裹挟在资本主义全球化的进程之中，其经济增长和停滞都深深烙上资本主义扩张与矛盾积累的印迹。自然，迈入中等收入阶段的发展中国家的经济表现也是以资本主义世界体系为舞台和背景的。所以，本书从马克思主义经济学框架研究中等收入陷阱问题，既是马克思主义经济学解释现实世界的一个理论应用，同时又是基于现实对马克思主义经济学的一个创新和丰富的努力尝试。

（2）现实意义。20世纪60~70年代，拉美国家的经济表现赢得包括滞涨边缘的发达国家在内的整个世界的"羡慕"，一时间将其视为世界经济增长的新引擎。可惜好景不长，70年代后的几十年，大部分曾风光一时的拉美国家经济仍然原地踏步，甚至有所倒退，这个不可思议的现象震撼了主流经济学界，他们又齐呼拉美掉进了陷阱，纷纷寻找"拉美陷阱"的原因，也开出了很多药方（尤其是所谓"新自由主义"的拯救）。时至今日，这些被一轮又一轮主流药剂"注射"过的国家仍然处在中等收入水平上，鲜有例外（唯一的例外是智利），甚至有些国家已经出现了不良反应，如民主陷阱、福利陷阱、出口依赖等。本书提出的这一框架和思路有别于西方主流经济学解释，较为透彻地分析了曾"开出药方"的发达国家和"药方子"本身对中等收入国家经济发展明里暗里的压制和负面作用，对发展中国家如何规避陷阱风险、保持自主发展，具有一定程度上的现实参考价值。

转身回到东亚，这个也曾被誉为奇迹和世界经济增长引擎的区域。20 世纪末期至 21 世纪以来，世界银行等国际组织机构，还有以保罗·克鲁格曼等为代表的一些经济学家，不止一次地警示该地区，提防进入中等收入陷阱。他们提出的问题远不如资本主义世界体系对发展中国家经济发展的钳制重要，只要认真看看 1997 年亚洲金融危机和 2008 年世界金融危机的来龙去脉就一目了然。当然，这样讲并不是想掩盖发展中国家经济内部发展问题及区域差异性。例如，中国经济经历了近 40 年的高速增长，已经到达经济发展的重要关口，特别是 2008 年世界金融危机之后中国增速换挡，逐步进入经济发展的新常态，内部存在着一系列不平衡及矛盾。同时，又遭遇诸多外部失衡和冲击，很可能倾跌至一种高不成、低不就的发展轨道，裹足不前，正如世界银行所言，既无法与发达国家技术竞争，又无法与落后国家要素价格竞争。而这种两难境地与本书所依托的理论基础之一，资本主义"中心－半外围－外围"世界结构体系极为相似，发展中国家就像"卡"在这一结构之中，慢慢被锁死，活动空间或动弹余地都愈加狭小。所以，本书解释的中等收入陷阱形成机制的框架图景和政策建议，对于那些至今还没有到达或者即将跨越中等收入陷阱的发展中国家，在战略规划和政策制定上也具有一定的现实指导意义。

第三节 研究现状和文献评述

一 研究现状

（一）国外研究状况

（1）中等收入陷阱的测度

对于这个概念的界定和测度，已有文献主要从三个视域进行有关研究：经济增速滞退、经济收敛乏力和经济增长分化。

关于经济增速滞退。Eichengreen 等[1]在借鉴 Jankowska 等[2]方法的基础上，考察自 1956 年以来经济增速显著下滑的经济体。发现人均 GDP 达到 16740 美元时，经济增速在平均意义上从 5.6% 下降至 2.1%。研究还显示，增速下滑集中发生在 1.0 万~1.1 万美元和 1.5 万~1.6 万美元两个区间上，那么这意味着中等收入阶段经济体存在较大概率遭遇比原来预计更大的困难[3]。Aiyar 等将经济体收入水平作为控制变量，发现中等收入国家出现经济增速下滑的概率显著高于低收入国家和高收入国家[4]。

关于经济收敛乏力。经济体在进入中等收入水平后，长期徘徊在该收入群组，难以跨越高收入门槛，收入水平也不能尽快地向高收入经济体收敛。中等收入经济体水平收敛到高收入经济体的时间可以由公式

① Nino, V. D., B. Eichengreen, M. Sbracia, "Real Exchange Rates, Trade, and Growth: Italy 1861－2011," *Quaderni Di Storia Economica*, 2013, https://core.ac.uk/download/pdf/6259032.pdf.

② Jankowska, A., A. Nagengast, J. R. Perea, "The Product Space and the Middle Income Trap: Comparing Asian and Latin American Experiences," OECD Development Centre Working Paper No. 311, 2012.

③ Eichengreen, B., D. Park, K. Shin, "Growth Slowdowns Redux: New Evidence on the Middle－income Trap," NBER Working Paper 18673, http://www.nber.org/papers/w18673, January 2013.

④ Aiyar, M. S., M. R. A. Duval, M. D. Puy et al., "Growth Slowdowns and the Middle－income Trap," IMF Working Paper, 13/71, 2013.

$T = \dfrac{\ln R}{\ln(1 + g_M) - \ln(1 + g_H)}$ 来表示，其中 T 为收敛所需时间，R 为收

入差距，g_M 和 g_H 分别为中等收入经济体和高收入经济体的长期平均增
速。与 g_H 相比，当 g_M 过低时，就会使得 T 过长，从而使其陷入中等收
入陷阱。Jesus Felipe 等的研究发现，中等收入经济体停滞在中低收入阶
段的时间门槛是 28 年，停滞在中高收入阶段的时间门槛是 14 年。如果
在相应的阶段滞留时间超过门槛年限，该经济体被认为落入了中等收入
阶段对应的两个陷阱：中低收入陷阱和中高收入陷阱。他们还计算出了
经济体跨越中等收入两阶段所需要的人均收入增速门槛，分别为 4.7%
和 3.5%。[1] Fernando Gabriel 和 David Rosenblatt 的研究发现，中等收入
国家存在向高收入国家收敛的可能性，但也是一个非常漫长的过程。根
据这些国家与美国或 OECD 国家收入水平的差距，假定高收入经济体年
均增速为 1.8%，中等收入经济体保持过去 30 年来平均的增长速度，那
么赶超不可能在 50 年内实现，只有中国是唯一的例外。[2] 另外，Robert-
son 等则从不同的收敛角度重新定义了中等收入陷阱的含义。他们测量
了中等收入经济体与高收入经济体人均收入之比的动态趋势，如果某个
中等收入经济体的比值在长期趋于平稳，则可以认为它落入中等收入陷
阱。即该收敛意指向中等收入水平群组内部的收敛趋势，经济增速下
滑、结构性冲击导致的增长不稳等则被忽略。在他们研究的 46 个中等收
入经济体中，近一半呈稳定收敛的趋势，约有 19 个收敛于中等收入水平，
4 个则收敛于低收入水平。[3]

　　关于经济增长分化。该视角的研究深受 Quah 对收入水平转移矩阵
开创性研究方法的影响，分析在长期中各类经济体跃升、滞留或倒退在

[1]　Felipe, J. et al., "Tracking the Middle – income Trap: What Is It, Who Is in It, and Why?" Levy Economics Institute of Bard College, Working Paper, Number 715, 2012.

[2]　Im, Fernando Gabriel and David Rosenblatt, "Middle – Income Traps: A Conceptual and Empirical Survey," Policy Research Working Paper 6594, 2013, http://econ. worldbank. org.

[3]　Robertson, Peter E., and Longfeng Ye, "On the Existence of a Middle Income Trap," University of Western Australia Economics Discussion Paper No13 – 12, 2013.

各收入阶段的概率[1]。他们指出，中等收入经济体，长期经济增长出现明显的分化，一部分经济体从中等收入重新回到低收入水平，而另外一部分则跃升至高收入水平。中等收入经济群组内部，长期增长的效果差异性很大，显著高于高收入和低收入经济体。这种较大的差异本身意味着中等收入经济体所面临的潜在风险。Quah[2]、Kremer 等[3]、Fernando Gabriel 和 David Rosenblatt[4] 分别考察了世界经济体收入水平不同时间间隔的分布变化情况，得出了一致的结论：对于富国和穷国，收入水平仍留在本组的概率超过了 90%，而中等收入经济体仍留在本组的概率很低，以大致相同的概率跌入低收入组或跃升至高收入组。

（2）中等收入陷阱的可能原因

Kharas 和 Kohli 从经济长期增长和社会发展来看发展中国家的中等收入陷阱风险，论述了什么是中等收入陷阱，为什么这么多国家掉入陷阱，跨越陷阱的关键是什么等问题[5]。Griffith 从经济统计和经验证据的视角描述了中等收入陷阱，并从新能源绿色技术、公共部门和私有部门的效率等方面论述了陷阱的跨越之路[6]。Aiyar 等以增速放缓为出发点研究了中等收入陷阱的发生机理[7]。Lee 在熊彼特式创造性毁灭和经

[1] Quah, Danny "Galton's Fallacy and Convergence in Models of Distribution Dynamics," *Scandinavia Journal of Economics*, 1993, 95 (4): 427 – 443.

[2] Quah, Danny "Galton's Fallacy and Convergence in Models of Distribution Dynamics," *Scandinavia Journal of Economics*, 1993, 95 (4): 427 – 443.

[3] Easterly, W., M. Kremer, L. Pritchett and L. Summers, "Good Policy or Good Luck: Country Growth Performance and Temporary Shocks," *Journal of Monetary Economics*, 1993, 32 (3): 459 – 483.

[4] Im, Fernando Gabriel and David Rosenblatt, "Middle – Income Traps: A Conceptual and Empirical Survey," Policy Research Working Paper 6594, http://econ.worldbank.org, 2013.

[5] Kharas, H., H. Kohli, "What Is the Middle Income Trap, Why do Countries Fall into It, and How Can it be Avoided?" *Global Journal of Emerging Market Economies*, 2011, 3 (3): 281 – 289.

[6] Griffith, B., "Middle – income trap," in Nallari, Raj, Shahid Yusuf, Breda Griffith, Rwitwika Bhattacharya (eds.), *Frontiers in Development Policy* (World Bank, 2011), pp. 39 – 43.

[7] Aiyar, M. S., M. R. A. Duval, M. D. Puy et al., "Growth Slowdowns and the Middle – income Trap," IMF Working Paper, 13/71, 2013.

济赶超理论的基础上，阐释中等收入陷阱的发生机理①。Eichengreen 等从发展速度较快的一些经济体增速戛然而止的新事实出发，找出经济增速分化时的人均收入水平，并以人口数量、教育水平、工业技术等变量的国别差异为考察视角，分析了这些关键因素的影响②。Rigg 等以泰国的农村部门经济发展状况为例，讨论了人口迁移对于发展中国家中等收入陷阱风险的影响③。Agénor 和 Canuto 利用两阶段 OLG 模型分析内生性技术下的经济增长路径，讨论了低效率和资源错配下的低速增长现象，指出高效的基础设施供给是走出陷阱的良好选择④。

（3）典型国家或地区的实证研究

Perera 等以斯里兰卡为例，详述了中等收入阶段经济体面临的发展陷阱，并提出应该如何跨越这个阶段性增长障碍⑤。Ohno 结合越南过去十几年的新自由主义经济改革的成效和不足，总结了外向型经济发展的短板效应，提出可持续的内向型经济发展是避免掉入陷阱的可选模式⑥。Kohli 和 Mukherjee 讨论了亚洲发展中国家面临中等收入陷阱的潜在跨越成本⑦。Jankowska 等比较了亚洲和拉美发展中国家的经济发展状况，指出一个国家或经济体的教育、基础设施、创新、金融等领域的政

① Lee, K., *Schumpeterian Analysis of Economic Catch - up: Knowledge, Path - creation, and the Middle - income Trap* (Cambridge University Press, 2013).

② Eichengreen, B., D. Park, K. Shin, "Growth Slowdowns Redux: New Evidence on the Middle - income Trap," NBER Working Paper 18673, January 2013, http://www.nber.org/papers/w18673.

③ Rigg J, Promphaking B, Le Mare A., "Personalizing the Middle - income Trap: An Inter - generational Migrant View from Rural Thailand," *World Development*, 2014, 59: 184 - 198.

④ Agénor, P. R., O. Canuto, "Middle - income Growth Traps," *Research in Economics*, 2015, 69 (4): 641 - 660.

⑤ Perera, M., G. Gunatilleke, P. Bird, "Falling into the Medical Poverty Trap in Sri Lanka: What can be Done?" *International Journal of Health Services*, 2007, 37 (2): 379 - 398.

⑥ Ohno, K., "Avoiding the Middle - income Trap: Renovating Industrial Policy Formulation in Vietnam," *ASEAN Economic Bulletin*, 2009, 26 (1): 25 - 43.

⑦ Kohli, H. A., N. Mukherjee, "Potential Costs to Asia of the Middle Income Trap," *Global Journal of Emerging Market Economies*, 2011, 3 (3): 291 - 311.

策选择是在中等收入阶段增长表现差异的重要原因①。Robertson 等给出了中等收入陷阱存在的国际经验证据②。Egawa 从收入分配不公的角度考察亚洲的一些经济体是否会掉入中等收入陷阱，并比较了马来西亚、泰国和中国的经济状况，从教育水平提高和产业结构升级等方面给出政策建议③。

（二）国内研究状况

对于中等收入陷阱问题，中国学者已经进行了比较广泛的研究，也积累了大量的文献。笔者按照中等收入陷阱的概念、实质、诱因三个层次论述，并对中国经济新常态背景下中等收入陷阱的研究予以介绍。

（1）中等收入陷阱的概念

按照经济发展理论，陷阱被认为是一种超稳定的"经济均衡状态"④。中等收入陷阱意味着处于该阶段的经济体面临不同于前一阶段的困难，即使借助暂时的或偶然的力量使其收入水平在短期得到提高，可是长期必然会被众多制约因素的作用抵消，出现经济增长停滞甚至退回原来收入水平，基本上很难向高收入水平收敛。姚洋参照 Fernando Gabriel 和 David Rosenblatt 的方法，考察了 1962～2008 年各国收入水平分布的变化，与其结论基本一致，但是发现中等收入水平经济体跌入低收入水平分组的概率要远高于跃升至更高收入水平分组的概率⑤。

（2）中等收入陷阱的实质

关于中等收入陷阱的实质，主要有三种看法。一是经济增长问题。

---

① Jankowska, A. , A. Nagengast, J. R. Perea, "The Product Space and the Middle Income Trap：Comparing Asian and Latin American Experiences," OECD Development Centre Working Paper No. 311, 2012.

② Robertson, Peter E. , and Longfeng Ye, "On the Existence of a Middle Income Trap," University of Western Australia Economics Discussion Paper No. 13 – 12, 2013.

③ Egawa, A. , *Will Income Inequality Cause a Middle – income Trap in Asia?* (Bruegel, 2013).

④ 蔡昉：《理解中国经济发展的过去、现在和将来：基于一个贯通的增长理论框架》，《经济研究》2013 年第 11 期。

⑤ 姚洋：《不平等和中等收入陷阱》，《经济学家茶座》2013 年第 1 期，第 23～27 页。

这和世界银行的定义也是契合的。吴敬琏①、马岩②、刘伟③等指出发展中国家进入中等收入阶段，遭遇内需不强、效率不高和创新不足等问题，面临与低收入阶段迥然不同的增长难题，驱动要素不足以继续维持现代经济增长，从而出现"滞退现象"。二是经济发展问题。蔡昉提出中等收入陷阱意味着一种均衡状态，在跨越前一个低水平均衡时的作用因素具有不可持续性，阻碍当前人均收入的进一步提高④。郑秉文指出经济体在不同的发展阶段，面临不同的外部环境，迫切呼唤发展战略的转变，适应环境以可持续发展。三是不存在中等收入陷阱⑤。江时学依据罗斯托的经济起飞理论，认为发展中国家由中等收入阶段向高收入阶段的跨越是漫长的，不可将人均收入与发展阶段简单挂钩，避免陷入片面追求 GDP 的漩涡⑥。刘福垣认为 MIT 是人们对于"现代化陷阱"的一种错觉，不能对生产方式转化存而不论，破坏环境、摧残劳动力为代价的经济增长不是经济发展⑦。姚洋利用真实世界数据的观察和分析，指出中等收入陷阱确实存在于经济增长和发展的过程之中，而且还引用"拉美现象"来加以证实⑧。

（3）中等收入陷阱的诱因

关于发展中国家跌入中等收入陷阱的原因，现有文献主要从以下 6 个视角展开。一是社会建设滞后论。发展中国家注重经济建设忽视社会建设，造成收入差距过大，中间阶层"夹心化"，城市化进程中形成新

① 吴敬琏：《坚定不移地推进改革开放》，《江南论坛》2008 年第 3 期，第 4~5 页。

② 马岩：《我国面对中等收入陷阱的挑战及对策》，《经济学动态》2009 年第 7 期，第 42~46 页。

③ 刘伟：《突破"中等收入陷阱"的关键在于转变发展方式》，《上海行政学院学报》2011 年第 1 期，第 4~11 页。

④ 蔡昉：《中国经济如何跨越"低中等收入陷阱"？》，《中国社会科学院研究生院学报》2008 年第 1 期，第 13~18 页。

⑤ 郑秉文：《"中等收入陷阱"与中国发展道路》，《中国人口科学》2011 年第 1 期，第 2~15 页。

⑥ 江时学：《真的有"中等收入陷阱"吗》，《世界知识》2011 年第 7 期，第 54~55 页。

⑦ 刘福垣：《中等收入陷阱是一个伪命题》，《领导文萃》2011 年第 19 期，第 24~25 页。

⑧ 姚洋：《中等收入陷阱不是臆想》，《南风窗》2011 年第 17 期。

的二元结构。郑秉文认为"拉美陷阱"就是社会建设滞后的典型代表[①]。二是转型失败论。胡鞍钢认为，经济发展模式转型或者民主政治转型的失败都会将发展中国家带入 MIT[②]。郑秉文认为拉美国家在 20 世纪 30 年代和 80~90 年代两次转型合计延迟 50~70 年，尤其是后一个延误侧面解释了拉美经济为何整体上停留在中等收入水平[③]。三是社会流动性不足。蔡洪滨认为社会流动性决定了一个国家长期经济表现，特别是与 MIT 之间，它比其他结构变量（如通胀水平、投资率、外贸依存度）有更加显著的相关关系[④]。另外，相对于政府规模过大、劳动收入比例低和收入分配不均等静态不平等相比，社会流动性不足导致阶层和利益结构固化，引起和加深动态不平等。四是发展模式缺陷论。正如哈罗德－多马模型的描述，经济体的早期发展需要提高资本积累和储蓄率，也就是投资驱动可以帮助它们迅速摆脱"低水平均衡陷阱"的困扰。吴敬琏提出进入中等收入水平以后，这种经济发展战略不可持续，因为它们资本稀缺的拮据状态已经得到缓解并且日益受到资本边际报酬递减规律束缚，提高投资率和储蓄水平会形成恶性循环[⑤]。Garrett[⑥]、蔡昉[⑦]、陈亮[⑧]认为处于较低发展阶段的经济体，产业链中很有可能存在"木桶效应"，经常处于难以脱离全球市场分工体系却又获益甚少的尴尬境地——"比较优势真空"。Fischer 从早期结构主义理论出发，分析外围后发工业化弱势下的发展中国家面临的两类问题：以两极分化和边

---

① 郑秉文：《转型发展中警惕中等收入陷阱》，《杭州》（周刊）2012 年第 8 期，第 64 ~ 65 页。

② 胡鞍钢：《十二五：如何跨越中等收入陷阱》，《财经界》2011 年第 8 期，第 16 页。

③ 郑秉文：《"中等收入陷阱"与中国发展道路》，《中国人口科学》2011 年第 1 期，第 2 ~ 15 页。

④ 蔡洪滨：《中国经济转型与社会流动性》，《比较》2011 年第 2 期。

⑤ 吴敬琏：《坚定不移地推进改革开放》，《江南论坛》2008 年第 3 期。

⑥ Garrett，G.，"Globalization's Missing Middle," *Foreign Affairs – New York*，2004，83（6）：84 – 96.

⑦ 蔡昉：《"中等收入陷阱"的理论、经验与针对性》，《经济学动态》2011 年第 12 期，第 4 ~ 9 页。

⑧ 陈亮：《中国跨越"中等收入陷阱"的开放创新——从比较优势向竞争优势转变》，《马克思主义研究》2011 年第 3 期，第 50 ~ 61 页。

缘化为代表的内部失衡和以贸易支付差额的结构性不足形式存在的外部失衡，发现中国的外部账户具有诸多拉美工业化特征。五是福利赶超陷阱。陈昌兵从财政体系变化的角度，论述发展中国家财政经历生产支持型向公共支出和行政管理型转变的过程中，支出超过承受水平，如盲目福利赶超，容易滑入 MIT①。郑秉文以拉美国家为例，详细讨论了赶超的社会福利体系和中等收入陷阱之间的强相关关系②。六是消费不足论。周学根据社会经济发展三个阶段（传统农业、轻纺工业、重化工业、服务经济）的演变内在地受制于消费者需求支配的市场机制，中等收入阶段对应的是重化工业社会阶段，此时如果主导需求不旺盛，无法顺利进入服务经济即高收入社会阶段③。

（4）经济新常态与中等收入陷阱

那么经济新常态与中等收入陷阱之间有何关联性呢？学界也有所探讨。魏杰、杨林基于中央调低增长预期的背景，强调中国经济带着"成长中的烦恼"回归新常态④。他们从扩大民主广度深度、改变政府支出结构、保持政府独立性等方面探寻中国跨越中等收入陷阱之路。叶子荣、段龙龙指出新常态情境下中等收入陷阱命题存在理解不当甚至主观扩容之嫌，从真实收入水平测量、政府投资主导型增长方式、要素成本上涨与效率固化等三个方面阐述"中等收入陷阱论"之于中国经济的适用性⑤。王少国、潘恩阳关注经济"中高速"增长新常态，运用新增长理论建立 VAR 模型，从人力资本、技术水平、产业结构等三个变量

---

① 陈昌兵：《"福利赶超"与"增长陷阱"》，《经济评论》2009 年第 4 期，第 97～105 页。
② 郑秉文：《"中等收入陷阱"与中国发展道路》，《中国人口科学》2011 年第 1 期，第 2～15 页。
③ 周学：《经济大循环理论——破解中等收入陷阱和内需不足的对策》，《经济学动态》2010 年第 3 期，第 48～57 页。
④ 魏杰、杨林：《回归新常态与跨越"中等收入陷阱"》，《学术月刊》2015 年第 5 期，第 28～35 页。
⑤ 叶子荣、段龙龙：《"中等收入陷阱论"于中国适用性之辩》，《经济学家》2015 年第 4 期，第 13 页。

寻找中等收入陷阱的突破口①。洪银兴提出全面深化改革应对经济发展新阶段，以改革支撑经济新常态、以改革跨越中等收入陷阱、以改革克服二元结构，一是处理好政府与市场的关系，二是要坚持和完善基本经济制度②。李扬、张晓晶基于长周期理论，以国际视野对新旧常态更替进行鸟瞰式研究，提出打造创新驱动引擎、妥善处理政府市场关系、全面构造对外开放格局、改善生态环境等措施正确引领中国经济摆脱中等收入陷阱③。

二　文献述评

已有文献表明，发展中国家的经济增长和发展受到了世界范围内的广泛关注和高度重视。特别是针对一些发展中国家的中等收入陷阱现象，展开了一系列深入的研究，其中不乏真知灼见，而且中等收入陷阱的测度、国际经验事实分析、可能诱因、出路选择等方面给本书的研究带来许多启迪。结合本书的研究目的和视角，对上述文献进行以下几个方面的评述。

首先，在研究经济发展问题上，学术界遭遇了中等收入陷阱的真伪之争④，我们发现，不管学者们站在什么角度上去看待这个问题，他们之间还是存在着共识的。持反对意见的学者并没有否定曾出现的"拉美现象"的铁定事实，他们同意这一现象的存在。只不过，他们不接受将这个现象归结为中等收入阶段出现的问题，认为这是经济发展和转型中遇到的共通问题。争论实际上是将整个问题引到另外一个层面上去了，即这一现象背后的真正原因是什么。而要探讨这一现象背后的原因，首

---

① 王少国、潘恩阳：《新常态下中国中等收入陷阱风险研究》，《中国特色社会主义研究》2015 年第 2 期，第 34～39 页。

② 洪银兴：《论新阶段的全面深化改革》，《南京大学学报》（哲学·人文科学·社会科学）2015 年第 4 期，第 2 页。

③ 李扬、张晓晶：《论新常态》，人民出版社，2015，第 3～6 页。

④ 江时学：《真的有"中等收入陷阱"吗》，《世界知识》2011 年第 7 期；刘福垣：《中等收入陷阱是一个伪命题》，《领导文萃》2011 年第 19 期；姚洋：《中等收入陷阱不是臆想》，《南风窗》2011 年第 17 期。

先必须把握这个现象的本身以及特征，这相比到底该如何称呼这个现象而言，显得更加重要。

其次，关于测度，现在有许多文献单从增速下滑的视角来探讨中等收入陷阱[①]，这样做容易忽略发展过程中结构调整带来的经济增速下降趋势。这种与经济发展和结构变迁相伴随的增速下滑，显然并不意味着中等收入陷阱。同时，增速下滑具体幅度的界定也具有一定的随意性。还有文献从收敛的视角进行研究，这隐含着将先进经济体作为经济发展成功的标准，仅以此为标准是值得商榷的。因为二战以后，即使那些差距被进一步拉开的后发国家和地区，经济发展也实现了实质性的进步。经济增长是实现发展目的的工具，而不是目的本身。如果仅以这些经济体的收入水平未能缩小与发达国家的差距，而断言其落入某种陷阱之中，将有可能忽视和低估这些国家发展的成就以及为实现这些成就所付出的巨大努力，显然这不公允，而且具有片面性和误导性。分化的视角则指出了中等收入陷阱发生的或然性，更为切合经济发展的经验事实[②]。增长的分化意味着中等收入经济体可能会遭遇某些特殊的困难，继续保持较快的增长，需要经济、社会、政治制度和政策进行及时调整，以应对增长环境和条件的变化。少数国家能够及时满足这些要求，顺利跨越中等收入陷阱，而有些国家则难以适应形势的变化，长期停滞在陷阱之中。所以，世界银行和一部分学者进一步将中等收入细分为中

①　Eichengreen, B., D. Park, K. Shin, "Growth Slowdowns Redux: New Evidence on the Middle - income Trap," NBER Working Paper 18673, http://www.nber.org/papers/w18673, January 2013. Jankowska, A., A. Nagengast, J. R. Perea, "The Product Space and the Middle Income Trap: Comparing Asian and Latin American Experiences," OECD Development Centre Working Paper No. 311, 2012. Aiyar, M. S., M. R. A. Duval, M. D. Puy, et al., "Growth Slowdowns and the Middle - income Trap," IMF Working Paper, 13/71, 2013.

②　Quah, Danny. "Galton's Fallacy and Tests of the Convergence Hypothesis," *Scandinavian Journal of Economics*, 1993, 95 (4): 427 - 443. Easterly, W., M. Kremer, L. Pritchett and L. Summers, "Good Policy or Good Luck: Country Growth Performance and Temporary Shocks," *Journal of Monetary Economics*, 1993, 32 (3). Im, Fernando Gabriel and David Rosenblatt, "Middle - Income Traps: A Conceptual and Empirical Survey," Policy Research Working Paper 6594, http://econ.worldbank.org, 2013.

低收入和中高收入两个阶段。本书在借鉴已有文献的基础上，将把握和测度这一现象作为主要工作之一①。

再次，关于中等收入陷阱的实质，三类观点中的前两者，即增长问题②和发展问题③，在某种程度上是不矛盾的，经济增长本来就是经济发展的真子集。他们都注意到了不同发展阶段具有差异性，问题在于发展中国家经济发展的不同阶段之间连续性和一致性也不能忽略，唯有如此，才能"引线穿针"将经济增长这条线索贯穿于不同发展阶段之中。第三类观点涉及中等收入陷阱的真伪之争，前面已有评论，故不再赘述。

最后，关于解释中等收入陷阱诱因的理论，可谓众说纷纭。对于社会建设滞后④、消费不足⑤、社会流动性不足⑥、福利赶超⑦等视角对于中等收入陷阱的诱因，是值得研究的领域。但需要注意的是，我们同时还可以将这些因素作为中等收入陷阱的特征和表现来看待，也就是说，它们与中等收入陷阱之间的因果关系和方向是不明确的。我们引用奥尔森对经济增长理论的评述再为合适不过，"这些解释并未追溯到影响经济增长的最根本的原因，就像找到了江河源头的小溪和湖泊，但是没有说明注入这些源头的雨水是怎样形成的，同时，那些理论没有说明，经

---

① Felipe, J. et al., "Tracking the Middle - income Trap: What Is It, Who Is in It, and Why?" Levy Economics Institute of Bard College, Working Paper, Number 715, 2012.

② 世界银行：《东亚经济发展报告（2006）》，2006；吴敬琏：《坚定不移地推进改革开放》，《江南论坛》2008年第3期；马岩：《我国面对中等收入陷阱的挑战及对策》，《经济学动态》2009年第7期，第42~46页；刘伟：《突破"中等收入陷阱"的关键在于转变发展方式》，《上海行政学院学报》2011年12月，第4~11页。

③ 蔡昉：《中国经济如何跨越"低中等收入陷阱"？》，《中国社会科学院研究生院学报》2008年第1期；郑秉文：《"中等收入陷阱"与中国发展道路》，《中国人口科学》2011年第1期。

④ 郑秉文：《转型发展中警惕中等收入陷阱》，《杭州》（周刊）2012年第8期，第64~65页。

⑤ 周学：《经济大循环理论——破解中等收入陷阱和内需不足的对策》，《经济学动态》2010年第3期。

⑥ 蔡洪滨：《中国经济转型与社会流动性》，《比较》2011年第2期。

⑦ 陈昌兵：《"福利赶超"与"增长陷阱"》，《经济评论》2009年第4期，第97~105页。

济发展的渠道是如何被堵塞的"①。相比之下，转型失败论②和发展模式缺陷论③则较好地说明了发展阶段之间的联系，将中等收入陷阱置于一个经济整张和发展的动态过程之中予以考察。在这种研究的基础之上，我们才能够思考"原有的发展模式存在什么样的缺陷""为什么需要转型""需要往哪里转""如何评判转型是否成功"等重要命题，以探求发展中国家中等收入陷阱的跨越之路。实际上，秉承历史唯物主义发展观的马克思主义经济学，在分析这类问题上具有与生俱来的先天优势，至少可以规避奥尔森式的"诘问"。遗憾的是，20 世纪以拉美经济学家为主要代表的"马克思主义发展理论"研究，随着新自由主义的兴起，日渐"沉默"。

自 2006 年世界银行提出发展中国家面临"中等收入陷阱"隐忧的命题以来，该问题就引起很多研究者的关注，出现了许多解释中等收入陷阱的理论和学说，如从收入分配、金融发展、产业升级、国际贸易等许多角度给予解释，取得了一定的成效，有些研究甚至影响到国家和地区的经济发展政策。总体而言，本书正是以这些研究成果为基础，来展开工作的，当然，以往大部分的研究，一方面是强调中等收入陷阱属于落后经济体发展过程中的内生性问题，另一方面受新古典经济增长理论影响，主要从供给的角度来阐释该命题。众所周知，自 18 世纪世界各国和各地区的经济发展出现差异，特别是 19 世纪末、20 世纪之交资本主义世界体系的形成之后，任何一个国家的经济增长或经济发展很少能够独立完成，不管是取得成就还是面临困境，都与世界体系中的其他国家息息相关。而这些问题，无论是将所有国家的经济发展置于统一的资

---

① 〔美〕曼库尔·奥尔森：《国家兴衰探源》，吕应中等译，商务印书馆，1999，第 7 页。

② 胡鞍钢：《十二五：如何跨越中等收入陷阱》，《财经界》2011 年第 8 期，第 16 页；郑秉文：《"中等收入陷阱"与中国发展道路》，《中国人口科学》2011 年第 1 期。

③ 吴敬琏：《坚定不移地推进改革开放》，《江南论坛》2008 年第 3 期；Garrett, G., "Globalization's Missing Middle," *Foreign Affairs – New York*, 2004, 83 (6): 84 – 96；蔡昉：《"中等收入陷阱"的理论、经验与针对性》，《经济学动态》2011 年第 12 期，第 4 ~ 9 页；陈亮：《中国跨越"中等收入陷阱"的开放创新——从比较优势向竞争优势转变》，《马克思主义研究》2011 年第 3 期。

本主义经济生产方式的框架下，还是需求对经济增长或发展的重要意义，在马克思政治经济学研究中都得到了很好的体现。以现有文献来看，从马克思主义经济学视角来解释中等收入陷阱问题的研究还不多，本书就是从该角度进行研究的一个初步尝试。再一个就是到目前为止，中等收入陷阱问题研究的数量很多，然而不同研究之间存在的争议也和研究本身的数量一样多，一个很关键的问题就是大家对中等收入陷阱的定义尚存疑问，也就是说不同的研究者对"中等收入陷阱是什么"还存在分歧，因此，通过国际经验数据，对中等收入陷阱进行测度就显得很有必要。本书的第四章依据国际经济发展历史数据，努力尝试从"经济增长滞退时间"这个角度对已经存在于一些发展中国家、未来可能发生在某些发展中国家的中等收入陷阱进行了初步测量，并以经济"停滞时间门槛"和经济增长"临界速度"两个可触可摸的指标作为衡量标准，尽管可能还不完善，但是至少提供了一个大家可以比较不同意见的平台，在这个基础上，无论是测度还是中等收入陷阱其他相关问题研究更容易一点点积累经验，推动研究进展。

第四节　研究内容和逻辑结构

一　研究内容

全文共七章，各章内容概述如下。

第一章是导论部分，首先提出了本书的研究问题、研究视角、研究意义，其次区分和界定了与本书研究主题密切相关的核心概念，还概括了本书的研究内容、勾勒出主要研究框架和逻辑进路，并且归纳出本书主要运用的几种研究方法，最后总结全书的创新与不足之处。

第二章是文献综述部分，回顾了经济增长、经济发展、增长陷阱等理论的发展过程和争论。在既往文献的基础上，提出以马克思主义经济学为核心的对中等收入陷阱机制的分析框架。

第三章是本书的核心，以马克思主义经济学框架为基础，对中等收入陷阱机制展开理论解释，并在分析结论中凝练出"或然性"理论假设。一是从资本主义的基本矛盾和周期性经济危机阐述发达资本主义国家剥削发展中国家的历史必然性，导致发展中国家长期不能积攒经济起飞的"第一次推动力"而陷入贫困陷阱。二是阐述资本主义世界体系萌芽、形成和发展，以及在此过程中"中心国家"和"边缘国家"面临的矛盾和冲突，中心的矛盾和成本如何向边缘地区转移。三是论述了资本主义世界体系的双重失衡状态。一种失衡表现在时间上，从1820年到21世纪，世界资本主义经济总是在飞速前进与增长放缓之间左右摇摆，某些时候宏观经济指标恶化，某些时候出现所谓的黄金时期，在这种潮起潮落之间，受伤的不只是资本主义核心国家，发展中国家处在该体系中发展能力较差，只能根据中心国家的资本积累进程不断调整自己的发展路线，这种适应性调整也带来了诸多问题。19世纪末到20世纪末一个世纪的时间里，资本主义经济经历了非平衡发展，资本积累在不同时期差异显著。另外一种失衡表现在空间上，即趋同效应和分化效应，具体分别对应着发达国家内部和发达国家与发展中国家之间存在的问题。由于资本主义生产方式的基本矛盾和资本积累过程的内在矛盾，其生产必然在资本主义内部的资本家阶级和劳动者阶级之间产生日益扩大的两极分化，剩余价值的实现遇到难以逾越的障碍和困难。这种约束逼迫其在资本主义之外开疆扩土，非资本主义国家受到剥削和掠夺，经济剩余流出，经济发展滞后，资本主义世界体系日益明显的分为两个部分：一边是富裕的发达国家，一边是贫穷的发展中国家，恰如"依附学派"所分析的"中心 – 外围"框架，如果考虑发达国家和发展中国家两个组群间的变动情况，则又契合了沃勒斯坦的"核心 – 半外围 – 外围"资本主义世界体系结构。四是论述不发达国家的发展问题，从内部用资本积累这一条主线将"低水平均衡陷阱"和"中等收入陷阱"串联起来，按照后发国家工业化战略调整和矛盾积累的视角论述中等收入陷阱发生的可能性，我们按照历史发生的时间先后提出了四种可能导致发展中国家资本积累进程被打断的模型：阶级剥削模型、资本输出模型、不平等交换模型和金融资本模型。在资本主义世界体系的框架下，每一种模型都对发达国家和发展中国家产生的截然不同的结果做出了相应的解释。五是提出"或然性"理论假设的解释。

第四章是中等收入陷阱的测度问题。因为统计意义上的或然性，中等收入陷阱的存在性颇受争议，那么度量其存在与不存在就显得很重要了。对于中等收入陷阱测度，长期不能达到高收入水平即收敛到高收入国家群，是一个无可争议的硬性指标，但对于精确把握和测度这个概念尚显不足；而相比之下，"经济增长停滞期"是一个更为重要的指标。后发国家在各个收入阶段滞留时间的长短，关乎其将要分化到哪一个阶段的重要因素，也是其是否能够跨越中等收入陷阱的重要依据。因此，我们首先要确定区分各个收入阶段的阈值标准，而不是简单的以发达国家的水平为依据；然后依托阈值将现有的国家进行分类描述，以及测定它们在各个收入阶段的滞留时间；最后通过滞留时间来分析与预测后发国家的经济分化现实与前景。另外，本部分还将通过世界经济体人均收入概率密度的动态演进，对中等收入国家向更高收入群分化的难度趋势做出初步研判。在本章的最后一个部分，结合中国经济增长步入高速转向中高速的新常态时期，在国际经验数据测度的基础上，从统计、计量和模拟的视角，利用 HP 滤波、logistic 函数估计、反事实模拟分析等工具测算和研究中国是否已经落入中等收入陷阱、是否面临中等收入陷阱威胁、未来落入中等收入陷阱的可能性有多大等问题。

第五章是检验前面提出的中等收入陷阱解释框架。通过经验事实和计量模型分析，证实"或然性假说"的存在，按照两类不同（成功跨越陷阱和跨越失败）的国家群的划分进行比较分析。首先是描述性统计。其次对"拉美陷阱"和亚洲突破陷阱的代表性国家进行案例分析，通过两类国家的发展经验教训总结，为中国跨越中等收入陷阱提供一定的启示和借鉴之处。再次利用滤波分析工具发现拉美与东亚代表性国家都存在人均收入增长长期趋势，但是拉美代表性国家人均收入在长期收敛于较低水平，而东亚代表性国家的人均收入收敛于较高水平上，另外拉美国家的增长差异性较小。在人均收入波动方面，拉美与东亚表现出很强的关联性，1995 年之前，两个区域代表性国家人均收入波动呈现同幅同周期态势，1995 年之后，周期一致性仍然很明显，但是振幅出现了差异，拉美国家的波动幅度要剧烈很多。计算 23 个代表性国家的经济波动相关系数以及显著性检验发现：①经济波动是世界各国经济发展过程中的普遍现象；②世界范围内的波动尽管很显著，但联系程度也带有很强的区域差异性；③20 世纪以来，美国经济增长在世界经济增长中占了很大的分量，美国的经济增长出现变化，一定会对世界经济普遍增长产生干扰；④中国作为发展中大国，近几十年来对世界经济增长的贡献发挥了日益增大的作用，其经济波动与世界各个区域之间的波动关联性很强。最后通过 SVAR 模型和脉冲响应分析，考察了代表性国家经济受内部和外部冲击的影响。

第六章主要在经济新常态的背景下研究中国的经济面临的陷阱风险。改革开放 40 年，中国经济迅速蓬勃发展，取得了举世瞩目的伟大成就，保证了和平稳定，建立起全面的物质生产体系，如钢铁、家用电器等在内的许多工业产品生产居世界第一位。与此同时，中国经济规模和经济总量也不断扩大。快速经济增长使中国在世界经济中的地位不断上升，中国的国际政治地位也不断提高。以加入 WTO 为标志，中国经济已经完成市场化和国际化进程，融入世界经济体系和经济全球化浪潮之中。中国的改革开放释放出巨大的生产力，政府主导、大力投资和不断强化的工业经济使中国经济增长一直高于世界经济增长水平，社会经济取得全面进步；经济发展水平不断提高。从中国工业化历程、经济增长演进、经济波动规律等方面寻找中国维持增长趋势突破中等收入陷阱的方向和存在的压力，并结合中国经济新常态和资本主义世界经济体系的失衡讨论经济波动风险的外部风险。本章最后，按照代表性省份的收入分布演进模拟，试图探寻中国经济与陷阱之间的距离。

第七章是主要结论和政策建议。当今发展中国家的经济发展处在资本主义主导的经济全球化之中。中国自对外开放以来，积极参与经济全球化，也就无法完全避免资本主义经济矛盾通过各种传导机制对其经济的影响。对于资本主义商品生产所包含的矛盾体现在经济增长的缓慢和停滞上主要分为两个阶段，一个是资本原始积累阶段，另一个是资本持续积累阶段。这两个阶段的矛盾对处于中等收入阶段的发展中国家影响巨大，前者主要是内向型资本原始积累的矛盾，后者主要是资本主义相对生产过剩以及中心国家转移转嫁的矛盾。消解和规避这两个阶段性的矛盾将成为我国能否越过中等收入陷阱的关键。

二　逻辑结构

本书首先对经济增长理论、经济发展理论和三类发展陷阱等理论文献进行回顾和总结，并围绕发展中国家中等收入陷阱问题进行系统性梳理分析，提出本书马克思主义经济学视域下的研究思路和研究框架。在此基础上，对发展中国家中等收入陷阱形成的背景、原因和或然性等方面进行阐述和数理模型分析，揭示资本主义世界体系不平等结构中，发展中国家面临内部矛盾消解和中心国家矛盾转移、危机转嫁的压力，是导致前者跌入中等收入陷阱的可能原因。其次，利用麦迪逊统计数据，重新估算与修正了国家收入水平阈值，并以国际经验为基础，提出以中等收入阶段滞留时间和增长临界速度等统计特征为判断发展中国家是否存在中等收入陷阱存在的主要依据，着重分析和模拟了中国经济与中等收入陷阱的各种可能关系。然后利用两类国际经验事实，并结合计量回归分析，检验本书提出的以马克思主义经济学解释框架为基础的理论假设，特别是对正处在中高收入阶段与新常态下的中国经济，在本书的逻辑架构内分析了跌入中等收入陷阱的风险点、挑战之处和跨越中等收入陷阱的机遇期、优势所在。最后，结合本书的理论和实证分析结论，判断未来资本主义世界体系的发展趋势，给处在该趋势下的中等收入国家尤其是中国，如何成功避免陷阱，达到高收入阶段提出一些政策建议。

所以，按照常规套路本书的逻辑思路结构仍然可以归结为：提出问题→分析问题→解决问题。

第五节 研究方法

一 理论分析法

本书坚持以辩证唯物主义和历史唯物主义世界观为指导的马克思主义经济学研究方法，包括历史分析与逻辑分析相一致的方法，如分析资本主义现代世界体系中，坚持从资本主义兴起、资本积累及矛盾、资本积累的一般规律、资本扩张到经济全球化的历史和逻辑顺序来阐述；矛盾分析法，如分析资本积累矛盾、中心－外围矛盾、发展中国家跌入陷阱和跨越陷阱矛盾等；理论联系实际的方法，如在中等收入陷阱形成机制中结合了中国经济新常态的现实。

二 实证研究法

依据麦迪逊千年经济统计、世界银行和中国国家统计局等研究机构、国际组织和政府部门的经济统计数据，观察、记录、测定与中等收入陷阱相伴随的经济现象及其变化趋势，来验证理论命题和逻辑构建，确定条件与现象之间的相关关系，并尝试寻找各个变量之间的因果联系。

三 定量分析法

中等收入陷阱这个命题，自出现以来就颇具争议。本书采用定量分析的方法，通过多种指标比较和选择，找出划分国家收入阶段的阈值，测定发展中国家在中等收入阶段的"滞留时间"和"临界速度"，以判定一个发展中国家是否落入中等收入陷阱。

四 文献研究法

根据本书的研究目的，通过梳理文献，力争能够较清楚地把握中等收入陷阱的研究现状，了解和掌握与中等收入陷阱密切相关的经济学理论，如经济增长理论、发展经济学理论等。在借鉴现有文献研究的基础之上，寻找、整理和构建本书的研究视角、主题思路和分析框架。

五　案例研究法

从世界范围内发展中国家的发展历史来看，在中等收入阶段掉入中等收入陷阱具有或然性，本书先是从理论上对或然性给予解释，并结合两类国家（落入中等收入陷阱和成功跨越中等收入陷阱）的发展事实，如拉美陷阱和亚洲经济奇迹，对中等收入陷阱问题以及发展中国家掉入陷阱或然性问题进行案例研究和比较分析。给中国经济如何实现可持续增长，跨越中等收入陷阱提供一些启示和借鉴的经验。

第六节　创新与不足

一　可能的创新

在相关的现有理论文献的基础上，本书可能做出的创新之处主要体现在以下几个方面。

（1）本书构建了一个以马克思主义经济学为基础的分析中等收入陷阱问题的研究框架，在研究中等收入陷阱问题上尝试马克思主义经济学的创新与发展，在同类研究文献中尚不多见；特别是借助这个研究框架去分析和解释中等收入陷阱的一些"病征""病因"，这与仅从"病征"入手研究中等收入陷阱问题的其他相关文献存在不同之处。正因为此，本书核心理论部分提出的中等收入陷阱形成机制和跨越机制上具有内在逻辑上的一致性。

（2）本书提出了中等收入陷阱"或然性假设"，并纳入理论分析框架中讨论，从理论上回应了统计意义上的或然性现象，将这一现象上升到理论高度，并通过案例研究、计量分析等实证检验证实假设的合理之处，这不仅是对中等收入陷阱命题真伪性给予回答，更重要的是体现了逻辑分析自洽性鲜明特征。

（3）本书采用麦迪逊经济统计数据，重新确定了国家收入阶段划分阈值，在此基础上，初步描述与测算了中等收入陷阱的相关指标和数字特征。本书还尝试着对中国经济新常态背景下的中等收入陷阱风险进行了一定程度上的定量分析和模拟，这与国内相关研究成果比较中具有一定的前瞻性和预测性价值。

二　不足之处

（1）对于博大精深的马克思政治经济学理论，本书作者无论是在知识广度还是在深度上都积攒有限，尽管努力尝试着将中等收入陷阱问题纳入马克思主义经济学的解释框架之中，难免感到力不从心、出现挂一漏万的情况。本书对资本主义发展历史把握得不深不透，特别对战前的资本主义世界体系的论述还主要停留在既往文献研究的基础上。

（2）此外，对于数理模型和计量分析，历来是马克思政治经济学遭到"对手"攻击的地方，因为越是在高度抽象和严密逻辑基础之上构建起来的理论，越难在现实世界中找到对应的"宏观表象"，本书尽管做了大量的努力尝试，但是也出现了一些难以规避的缺憾。对于抽象逻辑到宏观表象之间的"联接"困难，对大部分社会科学甚至自然科学都是存在的。然而，这些无法构成本书作者逃避困难、推卸文责的理由，唯有希望在以后的学术研究中继续努力。

第二章　概念界定、理论基础与分析框架

第一节　核心概念界定

（1）中等收入陷阱

中等收入陷阱（Middle - income Trap）指从低收入水平进入中等收入水平的发展中国家，由于经济增长动力不足而出现停滞或倒退的一种状态，这个概念是世界银行正式提出的。在《东亚经济发展报告（2006）》[①] 中，世界银行指出了中等收入陷阱的基本含义，主要表达两层意思：一是从统计学意义上讲，很少有中等收入水平的经济体跨越该阶段，它们往往在中低收入或中高收入水平上"久居不上"；二是从经济增长动力上讲，中等收入水平的发展中国家竞争劣势日益显著，要素价格比低收入国家高，技术水平又比高收入国家低。中等收入陷阱的出现既与发展中国家起飞阶段及以后的发展模式相关，又与到达中等收入阶段以后在资本主义世界体系结构中所处的位置有关。前者源于资本积累的固有矛盾，这是不同发展阶段的所有国家都必须面对的；后者则源于资本主义世界体系中心国家向外围、半外围国家的矛盾转移或转嫁。因此，依据本书的逻辑思路，中等收入陷阱并非所有发展中国家的必经

---

① 世界银行：《东亚经济发展报告（2006）》，2006。

阶段，即具有或然性。而这种或然性就取决于发展中国家能否成功消解内部资本积累的矛盾，同时规避或者消化中心国家转移的矛盾。

（2）发展中国家

一般来说，发展中国家（Developing Country），指经济状况差、技术水平低、人民生活条件艰苦、待实现工业化和城市化的落后国家。这是从经济维度对发展中国家的界定。目前来看，主要的数字衡量标准是人均国内生产总值（GDP per Capita），世界银行等国际组织机构定期会发布一些判断指标，将世界范围内的国家分为低收入国家、中等收入国家（其中又包括中低收入国家和中高收入国家）、高收入国家三大类别，发展中国家一般都是前两种收入水平的国家；发展经济学通常又将发展中国家界定为，二战之后经由殖民地或半殖民地完成国家主权和政治独立的民族国家，这又相当于是从历史维度对发展中国家予以界定；从空间维度看，发展中国家集中分布在亚洲、非洲和拉丁美洲。上述三个方面之间，是没有冲突的。这样从三个维度对发展中国家进行界定，基本满足本书研究的需要，不会产生歧义和误解。

（3）现代世界体系

现代世界体系是世界范围内资本主义国家与非资本主义国家相互联系逐渐形成的体系，涵盖资本主义世界政治体系、殖民体系和经济体系，是一种发达国家处于主导地位、不发达国家处于被动依附地位的不平等结构。而本书从研究需要规定，着重对其经济体系展开研究。

世界体系理论最早由伊曼纽尔·沃勒斯坦[①]明确提出，用以分析资本主义世界的不平等问题，该体系在19世纪和20世纪之交完全形成。资本主义萌芽、形成、发展、演变的过程，既是资产阶级征服世界的过程，又是资产阶级按自己意愿改造世界的过程。19世纪60～70年代，资本主义制度扩展到整个世界，标志着现代世界政治体系的形成；自工业革命开始至20世纪初叶，亚洲（日本除外）大部分国家和地区

---

① 〔美〕伊曼纽尔·沃勒斯坦：《现代世界体系》（第一卷），尤来寅等译，高等教育出版社，1995。

沦为资本主义国家的殖民地或半殖民地；而非洲基本上全军覆没，沦陷为殖民地；拉美国家被沦为殖民地，成为英美等核心强国的附庸国，资本主义已经奴役和控制世界上绝大部分土地和人口，现代世界殖民体系最终形成；同时，被侵占和剥削的亚洲、非洲和拉丁美洲一方面成为资本主义核心国家原材料产地，另一方面成为资本主义工业品的对外输送市场。资本的输出和掠夺性的贸易，瓦解了落后地区的自然经济模式，把它们拽入资本主义经济运行逻辑，卷进资本主义世界市场，形成现代世界经济体系。

（4）中心－半外围－外围结构或中心－半边缘－边缘结构

阿根廷经济学家劳尔·普雷维什[①]首先提出了"中心－外围"理论分析模式，将世界分为中心发达国家和外围不发达国家两个部分，中心的生产结构具有同质性和多样化，外围则具有异质性和专业化，中心与外围相互联系，构成了一个统一的、动态的世界经济体系。该结构体系是以中心发达国家为主导的，具有三个主要特征：一是具有整体性，中心脱离了外围就不叫中心，外围脱离了中心也不叫外围；二是具有差异性，这种差异主要体现在技术水平上，中心的技术水平远高于外围地区，并长期保持优势；三是具有不平等性，从资本主义"中心－外围"体系起源于剥削、发展过程中技术进步的不均匀溢出效应和中心霸权之争的趋势三个视角，都可以看出"中心"与"外围"之间的不对称和不平等。伊曼纽尔·沃勒斯坦在普雷维什的基础上提出了"中心－半边缘－边缘"结构，也称为"中心－半外围－外围"结构，他不仅秉持了"普氏结构"的核心理念，而且增加了半外围地区，作为资本主义发达国家向不发达国家扩张的过渡区域，沃勒斯坦巧妙地利用它分析了中心国家的行为[②]。半外围地区是两中心或多中心霸权之争和地缘政治

---

① Vos，R.，"Latin America's Path to Equitable Growth: Rocky Road or Wrong Way?" ECLAC Seminar on Development Theory at the Threshold of the Twenty – First Century Commemorative Event to Mark the Centenary of the Birth of Raul Prebisch，Santiago，Chile，2001.

② 〔美〕伊曼纽尔·沃勒斯坦：《现代世界体系》（第一卷），尤来寅等译，高等教育出版社，1995。

的产物，相对于外围地区而言，半外围地区的经济发展状况稍好一些，但它也仍然不能摆脱中心国家的剥削。从这个方面来看，半外围地区和外围地区之间的共同点和差异之处，或许可以为我们研究中等收入陷阱发生的"或然性"提供重要的参考价值。

（5）依附

在经济学领域，依附是指某些国家（通常是落后不发达国家）的经济受到它们所依从的一些发达国家经济发展和扩大的影响这一现象。特奥托尼奥·多斯·桑托斯认为，发展中国家的经济变化是发达国家经济主动扩张和自我发展的被动反映，是一种依附形式①。桑托斯的依附理论包括以下几个方面的内容：不发达国家处在一个发达国家急速扩张的世界进程之中；应当用历史的眼光去看待不发达，不能将其视为发展中国家的原始条件，也就是说，"贫穷是因为贫穷"是没有道理的；依附不仅仅是一种不发达国家的外部依赖现象，在其内部结构中，如社会、经济和政治等领域，也会非常明显地表现出来。

依附理论将发展中国家的发展作为自己的中心议题，认为世界资本主义生产体系、国际分工格局、国际交换体系和国际经济秩序是发展中国家发展缓慢与依附发达国家的主要原因。坚持依附理论视角的学者，对于落后国家如何发展和赶超发达国家，他们强烈反对照搬发达国家发展模式，并提出实行社会主义道路，如另一位著名的经济学家萨米尔·阿明认为，坚持社会主义是发展中国家摆脱依附的唯一道路②。

（6）制度成本转嫁

制度成本是相对于制度收益而言的，任何制度变迁，既会产生制度收益，也会发生制度成本。如资本主义制度，一方面带来了巨大的生产力变革和物质产品的极大丰富，这是制度收益，另一方面积累了资本主

---

① Santos, T., "The Structure of Dependence," *The American Economic Review*, 1970, 60 (2): 231–236.

② 《悼念萨米尔·阿明：只有社会主义才能摆脱依附与危机》，https://user.guancha.cn/main/content? id=32119，2018 年 8 月 13 日。

义制度下不可消解的矛盾和周期性经济危机趋势。制度成本转嫁是指，一个国家、区域或群体享受了某种制度变革收益的同时，却将与制度收益同时发生的成本转嫁给其他国家、区域或群体。如我们熟知的资本主义核心国家向不发达国家转移资本主义矛盾和转嫁周期性经济危机；如在经济现象上表现为转嫁过剩的产品、转嫁超额发行而要谋求暴利的货币流量、转嫁淘汰的技术或环境污染的产业等。从定义中，我们也可以看出，制度成本转嫁也可以发生在一个经济体内部的不同群体之间。这一概念是由中国经济学家温铁军在比较国际经济体与国内不同经济区域，依靠特奥托尼奥·多斯·桑托斯和萨米尔·阿明的依附理论和伊曼纽尔·沃勒斯坦的现代世界体系理论归纳得出[①]，也称成本转嫁理论，认为制度成本转嫁造成了世界发展不平衡和贫困，因此现代化的发展过程根本不可能化解全球化进程中贫富加速分化。发展中国家在现代化发展的起点和过程之中，会频频遭遇外部转移或内部累积的各种矛盾的冲击。

第二节　基础理论

本书研究的主要理论基础是马克思的资本积累理论，以此为基础展开了资本主义积累矛盾和现代世界体系的分析。同时，经济增长和经济发展是本书研究中至关重要的理论内容。长期以来，人们对增长和发展理论所进行的研究和著作如汗牛充栋，出现了各种理论和思想。一方面反映了人们对影响宏观经济增长各种因素的识别和认识过程，另一方面也反映了对各种因素的相对重要性及各种因素间的相互关系本身也在随着时间不断发生变化。发展陷阱，更具体地说，如低水平均衡陷阱或者中等收入陷阱，从一定程度上讲，都包含着经济增长和发展问题，所以我们先按照时间先后顺序回顾本书研究的相关理论文献，然后，在此基础上以马克思主义经济学（主要是经典马克思主义经济学和现代马克思

---

① 温铁军：《八次危机：中国的真实经验》，《学习月刊》2013 年第 5 期，第 41 页。

主义经济学）为核心构建全书的分析框架。

一　资本积累理论

资本积累，即剩余价值再转化为资本，表现为资本规模不断扩大的资本主义再生产。资本积累理论是马克思主义经济学的重要组成部分，在《资本论》第一卷第七篇"资本的积累过程"[①] 中，马克思研究了资本积累的实质、影响资本积累的因素和资本积累的一般规律，如资本有机构成理论、相对过剩人口理论、一般利润率下降趋势规律等。美国学者大卫·哈维认为应该从总体上理解马克思的资本积累理论[②]，《资本论》中主要有三个积累动态模式：第一卷揭示利润的来源，说明了剥削率趋于提高的内在机制；第二卷阐释资本的流通过程，展开了扩大再生产图式；第三卷围绕一般利润率下降趋势，论述了资本主义周期性危机规律。这些都是和资本积累密切相关的主题。当然，围绕着马克思的资本积累理论，在马克思主义经济学家中间有过数次论战，如"崩溃理论"[③]"帝国主义根源"[④]"一般利润率下降规律"[⑤]"相对人口过剩趋势"[⑥] 等。

资本积累，特别是关于资本主义发展和资本积累对落后地区产生的影响，马克思也有过论述，如在讨论"资本原始积累"[⑦] 和"殖民理论"[⑧] 的章节，马克思讨论了温和的传统政治经济学和"非田园诗"式

[①] 马克思：《资本论》（第一卷），人民出版社，2004，第 651~819 页。

[②] Harvey, D., *A companion to Marx's Capital*（Verso Books, 2010）.

[③] 有伯恩斯坦、考茨基、康拉德·施密特、卢森堡、格罗斯曼、鲍威尔等。

[④] 该论战的一方是卢森堡及其追随者，另一方是希法亭、布哈林、列宁等。

[⑤] 该论战在历史上反复出现，争论不休：19 世纪和 20 世纪之交，主要在卢森堡和莫兹科斯娃之间；1940~1960 年，以斯威齐和罗宾逊对该趋势规律的批评为导火索，吉尔曼从理论分析、数学证明、历史统计等方面展开论战；1970 年至今，出现了许多论战者，美国左派刊物 RRPE 曾组织两次专题研究。

[⑥] 这个方面主要是同古典经济学派、马尔萨斯主义、后凯恩斯主义经济学家之间关于就业和失业问题的论战。

[⑦] 马克思：《资本论》（第一卷），人民出版社，2004，第 620~875 页。

[⑧] 马克思：《资本论》（第一卷），人民出版社，2004，第 876~887 页。

的资本原始积累和现代殖民理论，深刻地剖析了资本主义的兴起和扩张对落后国家发展带来的灾难。这种思想在卢森堡那里得到更加深入的发展[1]，卢森堡将剩余价值的实现问题作为资本积累的核心，特别是在扩大再生产过程中，资本主义内部不可能存在一个满足剩余价值完全实现的市场，因为这一点，她论证了一个纯粹资本主义和非资本主义共存的混合体系存在的必要性，资本主义全球化的内在逻辑也由此呈现。

保罗·斯威齐还讲到，无休止的积累包含在资本主义进程之中，并不断地对生产结构、社会制度等方面发生影响[2]，这实质上指明了马克思资本积累理论的进化观点，其本身也蕴含在历史唯物主义方法之中。这种视角在法国调节学派[3]（Regulation）和美国的社会结构积累学派[4]（SSA）中得到了很好的体现。调节学派以马克思的一般利润率下降趋势规律为基础，从生产范式、积累体制、调节模式、发展模式等层次看待资本主义经济的繁荣与危机。社会结构积累学派认为特定发展阶段下的资本积累（Accumulation）对应着特殊的社会结构（Soocial Structure），一整套包括政治、经济、文化以及国际、国内规则在内的制度体系。SSA 的基本功能就是为资本积累和经济增长提供制度性支持，但其最终将走向衰落，经过较长一段时期的危机和动荡，直到一个新的SSA 建立为止，这在战后资本主义周期性经济波动和现代资本主义世界体系中一些国际组织和规则的存废上具有很好的解释力。

---

① 转引自熊敏《资本全球化的逻辑与历史：罗·卢森堡资本积累理论研究》，人民出版社，2011，第1~9页。

② 〔美〕保罗·斯威齐：《资本主义发展论》，陈观烈、秦亚南译，商务印书馆，2000，第128页。

③ 阿列塔（Michel Aglietta）1974年出版的《资本主义调节理论：美国的经验》是该学派的开山之作，代表人物还有博耶（Boyer）和利皮兹（Alain Lipietz）。

④ 马克思主义经济学家大卫·戈登（David Gordon）发表《漫漫滑行道上的升与降》一文，首次提出积累的社会结构概念，在其后的一篇论文《积累阶段与经济长周期》中，戈登进一步阐释了这一概念。参见 D. M. Gordon, "Up and Down the Long Roller Coaster," in Union of Radical Political Economists, ed., *US Capitalism in Crisis* (New York: URPE Monthly Review Press, 1978), pp. 22 - 35。该学派的代表人物还有鲍尔斯、科兹等美国马克思主义经济学家。

二 经济增长理论

（1）古典经济增长理论

古典经济学是现代经济学的思想宝库，其中的增长理论也是现代经济增长理论的思想源头。对经济增长相关命题论述较多的古典经济学家有：弗朗斯瓦·魁奈、亚当·斯密、托马斯·罗伯特·马尔萨斯、大卫·李嘉图等，他们得到的一些结论，就算是站在今天来看，依然熠熠生辉。不可否认，也有一些观点，就像最初出现时一样，备受争议。

在弗朗斯瓦·魁奈的著作《经济表》① 里，社会由三个阶级组成，分别是以农民为主的剩余产品生产阶级，由地主、教会和国家构成的剩余产品占有阶级，由制造业从事者构成的非生产阶级。他依托这种简化社会模型，分析社会总产品如何在三个阶级之间流动，以及再生产如何进行。其中，再生产得以进行的条件是，当期所需的生产要素必须在上期末准备就绪，并投放在所需要的地方，这其实就是投资。仅仅这个简单而重要的条件，在后来所有的增长理论和模型中，从未消失。魁奈的"再生产图式"距离经济增长模型只有一步之遥，或者只存在称呼的区别而已。所以说，最早论述了经济增长问题的桂冠落在亚当·斯密头上，这不是偶然。斯密对经济增长的研究主要体现在《国富论》中。斯密认为，经济增长或者说国民财富增加，主要原因是劳动分工引起劳动生产率的提高。"劳动生产力上最大的增进，以及运用劳动时所表现的最大熟练、技巧和判断力，似乎都是分工的结果"②。他还注意到，劳动分工受到市场范围的限制，这实际上隐含了市场在供给与需求之间的巨大连接作用，因此他主张自由竞争、反对政府干预。另外，斯密区分了生产性劳动和非生产性劳动，并认为经济增长能否维持下去，在于全体劳动者中从事生产性劳动的比例。这给研究经济增长国别差异提供了一个很好的视角。托马斯·罗伯特·马尔萨斯在《人口论》中基于

---

① 〔法〕弗朗斯瓦·魁奈：《经济表》，晏智杰译，华夏出版社，2006。

② 亚当·斯密：《国富论》，唐日松译，华夏出版社，2005，第1页。

"两个级数"和"食物为人类生存必需"两个抽象前提，首次证明了经济增长的停滞趋势，也因此被冠之以"悲观主义者"称号①。尽管后世对其褒贬不一，很多人指责其忽略了技术进步的作用，但马尔萨斯对人口与经济增长关系的研究深深影响了后来的许多研究者。大卫·李嘉图在《政治经济学及赋税原理》中抽象出经济增长学术研究中一个至关重要的概念——报酬递减规律②。特别是依据土地投资的边际报酬递减规律，李嘉图也认为经济增长最终将趋于停滞状态。另外，他明确指出国民收入分配在经济增长中的重要作用，这也与报酬递减规律密切相关，因为经济剩余中，投资者所占份额减少，直接减少了经济体中的储蓄，而利润率下降间接地抑制了投资。

（2）马克思的经济增长理论

马克思继承与批判了古典经济增长理论。马克思在《资本论》中充分肯定了积累对经济增长的决定作用，与古典增长理论中悲观主义者不同的是，马克思辩证地考察了资本主义制度对积累的促进和阻滞作用，并结合资本主义发展史，严密分析了资本主义经济"周期性停滞（危机）"现象。在《资本论》（第一卷）中，他借助货币流通手段和支付手段的分析，指出了资本主义经济危机（增长停滞）的潜在可能性；在《资本论》（第二卷）中，他利用对生产与消费、商品供给与需求、剩余价值生产与实现之间的矛盾揭示，论证了资本主义经济危机（增长停滞）的内在必然性；在《资本论》（第三卷）中，他通过积累规律和一般利润率下降趋势的总结，阐述了资本主义经济危机（增长停滞）的周期性和趋势性③。

马克思的经济增长理论包含在其再生产理论之中，特别是扩大再生产理论之中。马克思从微观个别资本再生产和宏观社会资本再生产的依

---

① 刘霞辉：《从马尔萨斯到索洛：工业革命理论综述》，《经济研究》2006 年第 10 期，第 108～119 页。

② 大卫·李嘉图：《政治经济学及赋税原理》，周洁译，华夏出版社，2005。

③ 马克思：《资本论》，人民出版社，2004。

存关系出发，论述资本主义经济增长特征，古典经济学家所强调的"实物补偿"增长原则并没有被马克思抛弃，而且他还结合资本主义生产方式提出"价值补偿"增长原则。实物层面将社会产品细分至两大部类，价值层面将社会产品划分为不变资本、可变资本和剩余价值三个部分。然后在简单再生产（经济增长速度为零）的基础上，导出扩大再生产（经济增长速度为正）的实现条件。更为重要的是，他强调资本主义生产方式不可能满足这种平衡条件，马克思认为古典经济学家担忧的"实物补偿"增长原则不是问题所在，问题出在"价值补偿"增长原则上。每每资本主义经济危机时刻，大量存在像"倾倒牛奶"之类扭曲的、病态的现象，就恰好佐证了他的这种见解和判断。

（3）凯恩斯的经济增长理论

约翰·梅纳德·凯恩斯对经济学研究视角改变的速度和程度，在经济思想史上，是具有"革命"性的。资本主义经济"大萧条"对人们造成的困惑乃至恐惧，急切地呼唤新的经济学解释，传统的奉"萨伊定律"为圭臬的古典经济学理论在此明显力不从心。在《就业、利息和货币通论》[1] 中，凯恩斯主张国家扩张性政策干预、刺激需求、促进经济增长。基于"三大心理规律"[2] 之上的有效需求不足，是凯恩斯重视政府作用的主要依据。

凯恩斯经济增长理论模型，主要以哈罗德－多马模型（H－D 模型）为代表[3]。H－D 模型以凯恩斯有效需求不足理论为基础，假定全社会只有一种产品生产、劳动和资本两种要素、生产函数具有规模报酬不变性质、不存在技术进步等，集中考察储蓄率、资本产出比和稳态增长率三个变量，认为在储蓄率和资本产出比保持不变的情况下，只有储

---

①　〔英〕约翰·梅纳德·凯恩斯：《就业利息与货币通论》，高鸿业译，商务印书馆，1999。

②　边际消费倾向递减规律、资本边际收益递减规律和流动性偏好规律。

③　Harrod, R. F., "An Essay in Dynamic Theory," *The Economic Journal*, 1939, 49 (193): 14－33. Domar, E. D., "Capital Expansion, Rate of Growth and Employment," *Econometrica*, 1946, 14 (2): 137－147.

蓄全部转化为投资，才能使经济产出、资本存量和投资按照"有保证的"增长率年复一年增长下去。在实际的经济中，现实增长率可能和"有保证的"增长率不相等，前者大于或者小于后者会使未来时期中出现累积性的经济收缩或经济扩张，这种背离会使一个社会经济长期处于停滞或者高涨的波动状态。二者相等时的增长率也称为均衡增长率，但是很显然，这种增长路径的要求十分严格，很多经济学研究者形象地称其具有"锋刃"性质。H－D 模型继承凯恩斯的思想，肯定了政府作为在经济增长，特别是熨平经济波动中的重要作用。

（4）新古典和内生经济增长理论

新古典经济学派是从供给视角来研究经济增长问题的，其最重要的理论前提是承认"萨伊定律"在长期中的有效性，也正是因为这一点，新古典各种经济增长模型都是在总产出的规模及变动与要素投入及积累之间建立一定的函数关系，试图以要素积累的动态变化来说明总产出的动态变化①。

新古典经济增长模型是从 20 世纪 50 年代发展起来的，其中"索罗模型"对这个领域的研究做出了奠基性贡献，许多新古典经济增长模型甚至后来的内生经济增长模型（新增长模型）都是以索罗模型为基准和坐标系建立起来的。除了"萨伊定律"这个基本前提，还增加了如下假设：外生的技术进步；规模收益不变；储蓄全部转化为投资；投资边际收益递减；劳动与资本可以相互替代，所以生产函数通常采用 C－D（柯布－道格拉斯）函数形式；满足稻田假设；等等。其最重要的数理结论是稳态方程②：

$$sf'(k) = (n + g + \delta)$$

其中，s 代表储蓄率；$f(k)$ 代表集约形式的生产函数，满足 $f'(k) > 0$、$f''(k) < 0$；k 代表人均资本存量；n 代表人口增长速度，g 代表技术进

---

① 赵峰：《新古典主义经济增长理论：批判性回顾》，《当代经济研究》2009 年第 8 期，第 21～25 页。

② Solow, R. M. , "A Contribution to the Theory of Economic Growth," *Quarterly Journal of Economics*, 1956, 70（1）: 65～94.

步率，δ 代表资本折旧率。这样，通过上面的稳态方程可以分析经济到达稳态时一些重要经济变量的变化规律。索罗模型的基本结论有：无论初始点在什么位置，经济都会向平衡增长路径收敛；保持其他外生变量不变，人均资本低的经济体拥有更高的经济增长速度，穷国会向富国收敛；通过影响和调整储蓄率，可以实现以最优消费和最优资本存量为特征的"黄金增长率"；储蓄的变化只有水平效应，没有增长效应，经济增长的终极源泉是技术进步等。

索罗模型很好地解释了"卡尔多事实"而声名远播。随着时间的推移，也招致了许多批判，比较有说服力的有：未能解释长期经济增长的真正动力，将技术进步视为外生，而模型中导出技术进步是经济增长的终极源泉，有"以假定的增长来解释增长"之嫌；理论预测与现实不符，关于经济收敛的结论与现实世界大相径庭，特别是战后大多数发展中国家不仅没有追赶上发达国家的苗头，而且它们之间的差距还有越来越大的趋势，这也直接导致了后来出现的经济增长不同类型收敛过程研究。

1986 年，保罗·罗默发表的《递增报酬与长期增长》[①] 一文点燃了经济增长内生化的激情之火，直至今天这条研究道路上的执着者仍然络绎不绝。内生经济增长模型又包含两条具体的研究思路。第一条以罗默的知识溢出模型、卢卡斯的人力资本模型为代表，用收益递增、技术外部性解释经济增长的思路，他们强调增长的发动机是内生的人力资本投资而不是外生的技术变化。第二条以琼斯－真野模型、雷贝洛模型为代表，用资本持续积累解释经济内生经济增长的思路。他们认为完全竞争假设条件太严苛，限制了模型的解释力和适用性，无法较好地描述技术商品的特性，如非竞争性和部分排他性，甚至一些内生经济增长模型出现逻辑不一致等严重缺陷。

三 经济发展理论

经济发展理论，是在研究经济增长的基础上，分析经济与社会结构

---

① Romer, P. M., "Increasing Returns and Long－run Growth," *The Journal of Political Economy*, 1986, 94 (5): 1002－1037.

现代化演进过程的理论，这与本书的研究主题更加紧密。经济发展理论，与战后众多民族国家政治独立和实行经济赶超目标息息相关，所以它主要是以发展中国家经济发展为研究对象。规模差异不是发展中国家与发达国家的本质差别，结构悬殊才是。因此，首先，我们回顾了结构主义学派的经济发展理论；其次，相当长一段时间与之相对应的是新古典经济增长理论，但是这些理论常常忽略发展中国家的特殊性而将所有国家看成同质经济体，但是其中也不乏重要的有利于经济发展的思想观点；再次，不得不提的是激进主义学派，该学派成长于拉美国家经济发展的现实土壤之中，特别是承袭了马克思经济学研究的优良传统，将发展中国家经济发展的研究视野扩展到更加广泛的国际政治经济层面；最后，需要说的是最近出现的新结构主义学派，其特征是跟进了经济发展新现实，指出了传统经济发展理论的滞后和局限，也十分具有参考意义。

（1）结构主义发展理论

结构主义发展经济学家被誉为发展经济学的先驱，他们最早关注不发达国家的经济发展问题，主要包括保罗·罗森斯坦·罗丹（Paul Rosenstein – Rodan）[1]、雷格那·纳克斯（R. Nurkse）[2]、威廉·阿瑟·刘易斯（William Arthur Lewis）[3]、纲纳·缪达尔（Karl Gunnar Myrdal）[4]、辛格（H. Singer）[5]、劳尔·普雷维什（R. Prebisch）[6]、阿尔伯

---

[1] Rosenstein – Rodan, P. N., "Notes on the Theory of the 'Big Push'," Cambridge, Mass.: Center for International Studies, Massachusetts Institute of Technology, 1957.

[2] Nurkse, R., "Problems of Capital Formation in Underdeveloped Countries," *Punjab University Economist*, 1966, 2 (4): 1 – 23.

[3] Lewis, W. A. "Unlimited Supplies of Labor," Manchester School, 1954.

[4] Myrdal, G., P. Sitohang, *Economic Theory and Under – developed Regions* (London: Gerald Dnckworth and Co., 1957).

[5] Singer, H. W., "The Distribution of Gains Between Investing and Borrowing Countries," *The American Economic Review*, 1950, 40 (2): 473 – 485.

[6] Prebisch, R., et al., "Change and Development: Latin – America's Great Task," *Praeger & The Interamerican Development* 1970, 49 (2).

特·赫希曼（Albert Otto Hirschman）[①] 和霍利斯·钱纳里（H. Chenery）[②] 等人。他们采用非均衡分析、重视就业问题、主张国家干预，从结构变革角度分析和研究发展中国家如何实现经济腾飞。

在结构主义经济学家眼中，落后国家很难自然地向发达国家收敛，新古典主义经济学家推崇的渐进、和谐、乐观的道路过于虚幻。首先，他们将经济发展看成非渐进、非连续的过程，而要在相对短的时间内，使经济规模和增长速度变大和加快，"像飞机起飞之前，要积攒起来一个临界速度，才能飞向空中"[③] 一样。这一点在保罗·罗森斯坦·罗丹的"大推进理论"（Big – push Theory）中得到很好的体现。飞机起飞的隐喻，与后来所谓的"经济起飞理论"极为神似。辛格早在1950年就意识到，经济发展的关键不在边际增量，而是全面增长和结构变动[④]，不可能是一个平滑的过程。其次，他们将经济发展看作非和谐过程。发展中国家的"结构刚性"被新古典主义经济学家忽略，经济发展成果并没有均匀地流向社会各阶层，却往往扩大了收入差距，加剧了利益冲突。冈纳·缪达尔描述，"一些发展中国家的收入差距比发达国家更显著"[⑤]，经济增长的"扩散效应"和"回波效应"的差异不在于增长本身，而在于落后国家与发达国家的结构差异。落后国家的"扩散效应"弱，市场的力量会恶化原有的不平等。霍利斯·钱纳里从落后国家不完全要素市场结构出发，论述资本和劳动的机会成本根本无法真实反映，要素市场均衡假定如空中楼阁。更进一步，结构主义经济学家在讨论落后地区收入差距和利益冲突时，存在向比"结构刚性"更加深刻的制

① Hirschman, Albert O. , *The Strategy of Economic Development* (Westview Press, 1988).

② Chenery, H. B. , M. Syrquin, H. Elkington, *Patterns of Development*, 1950 – 1970 (London: Oxford University Press, 1975).

③ Rosenstein – Rodan, P. N. , "Notes on the Theory of the 'Big Push'," Cambridge, Mass. : Center for International Studies, Massachusetts Institute of Technology, 1957.

④ Singer, H. W. , "The Distribution of Gains Between Investing and Borrowing Countries," *The Strategy of International Development: Essays in the Economics of Backwardness* (London: Macmillan, 1975).

⑤ Myrdal, G. , *Development and Under – development: a Note on the Mechanism of National and International Economic Inequality* (National Bank of Egypt, 1956).

度原因进军的倾向[①]。最后，结构主义经济学家认为发展过程并非令人乐观的过程。雷格那·纳克斯的"贫困恶性循环论"[②] 是这方面的典型代表，他从供给、需求两方面的"低收入→……→ ……→低收入"循环链向世人展示了落后国家"贫穷是因为贫穷"的直观画面，然而纳克斯绝对不是试图用科学的解释去对落后进行道德审判，而是一方面提醒我们"多因素循环群集"作用下价格机制"英雄用武之地甚微"，另一方面清晰地梳理出贫困循环链，也好为政府作为的着力点指明方向。

结构主义经济学家并非只批判、不建设，他们还提出了资本形成、就业、国际贸易等领域的发展经济学理论，力图为不发达国家的经济发展出谋划策。

（2）新古典主义发展理论

依据结构主义发展理论奉行计划和政府干预的落后国家，未达到预期的目标，同时存在种种困难和威胁。如此尴尬的现实，直接促进新古典主义经济发展理论的诞生。新古典主义发展理论强调外向发展和对外贸易、经济私有化、农业发展和人力资本投资等。在学界和政策上产生较大影响的有西蒙·史密斯·库兹涅茨的收入再分配理论[③]、加里·贝克尔的人力资本理论[④]、西奥多·舒尔茨的农业发展论[⑤]。

与结构主义发展经济学家不同，新古典主义发展经济学家重视市场机制、提倡农业发展、强调人力资本投资、注重对外贸易。他们所强调的内容，存在一定的道理，也是很多发展中国家努力的方向。然而，源自古典主义的新古典主义，存在很多不适用于发展中国家实际的部分，

[①] Chenery, H. B., A. M. Strout, "Foreign Assistance and Economic Development," *American Economic Review*, 1966, 56 (4): 679 – 733.

[②] Nurkse, R., *Problems of Capital Formation in Developing Countries* (New York: Columbia University Press, 1953).

[③] Kuznets, S., J. T. Murphy, *Modern Economic Growth: Rate, Structure, and Spread* (New Haven: Yale University Press, 1966).

[④] Becker, G., B. R. Chiswick, "Education and the Distribution of Earnings," *The American Economic Review*, 1966, 56 (112): 358 – 369.

[⑤] Schultz, T. W., "Economic Growth and Agriculture," American Journal of Agricultural Economics, 1968, 51 (3).

比如其倡导的全球贸易自由化忽略了落后国家与发达国家之间不对等的现实，因此新古典主义发展理论常常作为依据，被资本主义发达国家的霸权主义利用；新古典主义发展经济学家经常不加区分或者直接以发达国家的标准研究落后国家的发展难题，直接导致他们高估市场机制在不发达地区的作用。

（3）马克思主义发展理论

马克思主义发展理论，常常被称为激进主义发展理论，它彻底批判新古典主义。马克思主义发展理论源于马克思主义经济学理论，特别是以国际剥削关系为基础分析落后国家的经济状况，刚好指出了经济发展理论的历史起点和逻辑起点，将发展中国家的发展问题置于整个世界经济发展的洪流之中，这是其与众不同之处，也可以说是其优于其他发展理论之所在。代表性较强和影响性较大的有萨米尔·阿明的帝国主义与不平等发展理论[1]、费尔南多·恩里克·卡多佐的依附性发展理论[2]、埃曼努尔的不平等交换理论[3]、特奥托尼奥·多斯·桑托斯的帝国主义与依附理论[4]、伊曼纽尔·沃勒斯坦的现代世界体系理论等。

他们认为，落后国家的不发达根源在于帝国主义和殖民主义，发展起来的必要条件是挣脱帝国主义、殖民主义的统治。萨米尔·阿明指出发达国家在世界范围内进行资本积累、不平等的国际分工、国际贸易中的不平等交换是落后国家与发达国家经济表现差异的重要原因，因此他提醒发展中国家对全球化保持警惕[5]。费尔南多·恩里克·卡多佐分析

---

① Amin, S., "Unequal development: An Essay on the Social Formations of Peripheral Capitalism," 1976.

② Cardoso, F. H., "Dependência e Desenvolvimento na América Latina," En: Cinqüenta anos de Pensamento na CEPAL – Rio de Janeiro: Record/CEPAL, 2000, 2: 495 – 519.

③ Emmanuel, A., C. Bettelheim, B. Pearce, Unequal Exchange: A Study of the Imperialism of Trade (New York: Monthly Review Press, 1972).

④ 转引自张康之、张桐:《评多斯·桑托斯的"新依附论"》,《西北大学学报》（哲学社会科学版）2014 年第 5 期, 第 47 ~ 57 页。

⑤ Amin, S., "Unequal development: An Essay on the Social Formations of Peripheral Capitalism," 1976.

了拉美国家——既依附资本主义霸权又不得不争取主权独立——的发展起点、模式、可能性等重要问题①。特奥托尼奥·多斯·桑托斯在劳尔·普雷维什②的中心－外围理论的基础上，详尽地提出依附理论（Dependency Theory），将世界划分为先进的中心国家与较落后的边缘国家，后者受到前者的盘剥而得不到发展。埃曼努尔还提出了不平等交换理论，他基于资本世界范围快速流动和劳动国际流动迟缓两个重要现实，推理出商品价值向国际生产价格转化和发达国家工资率高于不发达国家的重要趋势，进而得出在世界范围内利润平均化过程中，因为落后国家无力参与资本国际转移，所以其大量剩余价值流向发达国家。伊曼纽尔·沃勒斯坦采用宏大叙事的手笔，计划剖析从"16 世纪"（始于1450 年前后，所以又叫"延长的 16 世纪"）到 20 世纪 70 年代整个资本主义的发生、发展和演变，特别是从历史角度详考了不平等的资本主义世界体系的演变经过，并预言了 21 世纪中叶资本主义世界体系的灭亡③，显然，"这"④ 之前，发展中国家的经济发展必然会受到现代资本主义世界体系的深刻影响。

（4）新结构主义发展理论

新结构主义发展理论由中国经济学家林毅夫⑤提出。他从发展经济学的两波思潮（结构主义和新自由主义）以及它们并不尽如人意的政策效果谈起，第一波思潮过后"政府失灵"被经济学界反复强调，并直接导致第二波思潮的涌动，可问题在于 20 世纪后半叶成功发展起来的经济体，实际上并没有至少没有完全在两次风起云涌的思想中"随波

① Cardoso, F. H., "Dependência e Desenvolvimento na América Latina," En: Cinqüenta anos de Pensamento na CEPAL – Rio de Janeiro: Record/CEPAL, 2000, 2: 495 – 519.
② 〔阿根廷〕R. 普雷维什、吴国平：《我的经济发展思想的五个阶段》，《国外社会科学》1983 年第 12 期，第 13～18 页。
③ 〔美〕伊曼纽尔·沃勒斯坦：《现代世界体系》（第一卷），尤来寅等译，高等教育出版社，1995，中文版序言第 2 页。
④ 本书对其预言的准确性不做分析。
⑤ 林毅夫：《新结构经济学》，《经济学》（季刊）2010 年第 1 期，第 1～32 页。林毅夫：《新结构经济学：反思经济发展与政策的理论框架》，北京大学出版社，2012。

逐流"，林毅夫称，这是奇怪且出人意料的事。

正是种种"怪事"，激发他为第三波发展思潮开辟道路。他运用新古典主义方法研究经济结构的决定因素和动态发展过程，认为一个经济体的要素禀赋结构蕴含（内生）了其最优经济结构，要素禀赋结构的变化和持续的技术创新是推动经济发展的动力。毫不奇怪，有着新古典基因的新结构经济学，认为每一个发展阶段对资源配置的最有效手段是市场机制。同时，新结构经济学还考虑了市场无法完全顾及的外部性问题，这些外部效应常常是无法通过市场途径完全解决的。所以他又顺理成章地提出政府的作用，认为政府应该积极帮助私有部门，确定和发展本国具有比较优势的部门，通过连续的产业升级来实现快速经济增长①。所以这样看来，新结构主义发展理论是在把前面的两波思潮"各打五十大板"的基础之上建立起来的。

四　发展陷阱理论

在经济学领域内，研究经济发展在某一阶段的停滞或徘徊不前的"陷阱"现象有相当多的文献积累，大致可以将其梳理归纳为以下三种类型。

（1）低水平均衡陷阱

托马斯·罗伯特·马尔萨斯②在《人口论》中，以农业经济发展水平为背景，基于人口增长和生存资料增长的两个不同级数假说（分别是几何级数和算术级数假说），得出人口受农业发展水平限制的结论，这种现象也被称为"马尔萨斯陷阱"。马尔萨斯首次系统的研究了人口增长与经济发展之间关系，所以"马尔萨斯陷阱"也被称作"人口陷阱理论"（The Theory of Population Trap），主要说明发展中国家在低收入水平上停滞不前的原因，冲破陷阱的最好方法是控制人口然后形成大规

---

① 林毅夫：《新结构经济学：反思经济发展与政策的理论框架》，北京大学出版社，2012。
② 〔英〕托马斯·罗伯特·马尔萨斯：《人口论》，北京大学出版社，2008。

模投资。罗格纳·纳克斯①在《不发达国家的资本形成》中，以资本形成为线索，从发展中国家人均低收入为起点，经由消费、储蓄、投资等环节，回到人均低收入的终点，提出了"贫困恶性循环理论"（Vicious Circle of Poverty）。纳尔逊在《不发达国家的一种低水平均衡陷阱》②中，通过数理模型，研究了发展中国家人均资本（capital per capita）与人均收入（national income per capita）、人口增长与人均收入增长、经济增长与人均收入增长等变量之间的关系，并将人均收入和人口增长速率作为控制变量，较好地考察了资本形成与人均资本增长问题，发现了"低水平均衡陷阱"（Low Level Equilibrium Trap）理论。实际上，纳尔逊的工作是纳克斯研究的一个推进。哈维·利本斯坦③在承认低水平均衡陷阱和贫困恶性循环理论的基础上提出"临界最小努力"理论，指出发展中国家必须积累起一定的经济规模和增长速度，才能冲破低水平均衡状态和刺激经济维持长期增长，如果规模和速度小于临界值，则不能克服发展障碍，冲破低水平均衡状态。

（2）中等收入陷阱

中等收入陷阱指从低收入水平进入中等收入水平的发展中国家，由于经济增长动力不足而出现停滞或倒退的一种状态。这个概念最早是世界银行正式提出的，在《东亚经济发展报告（2006）》④中，世界银行指出了中等收入陷阱的基本含义，主要表达了两层意思：一是从统计学意义上讲，很少有中等收入水平的经济体跨越该阶段，它们往往在中低收入或中高收入水平上"久居不上"；二是从经济增长动力上讲，中等收入水平的发展中国家竞争劣势日益显著，要素价格比低收入国家高，

① Nurkse, R., *Problems of Capital Formation in Developing Countries*（New York：Columbia University Press, 1953）.

② Nelson, R. R., "A Theory of the Low – level Equilibrium Trap in Underdeveloped Economies," *The American Economic Review*, 1956, 46 (5)：894 – 908.

③ Leibenstein, H., *Economic Backwardness and Economic Growth*（University of California, 1957）

④ 世界银行：《东亚经济发展报告（2006）》，2006。

技术水平又比高收入国家低。本书认为，中等收入陷阱的出现既与发展中国家起飞阶段及以后的发展模式相关，又与到达中等收入阶段以后在资本主义世界体系结构中所处的位置有关。前者源于资本积累的固有矛盾，这是不同发展阶段的所有国家都必须面对的；后者则源于资本主义世界体系中心国家向外围、半外围国家的矛盾转移或转嫁。因此，依据本书的逻辑思路，中等收入陷阱并非所有发展中国家的必经阶段，即具有或然性。而这种或然性就取决于发展中国家能否成功消解内部资本积累的矛盾，同时规避或者消化中心国家转移的矛盾。

（3）高水平均衡陷阱和高收入墙

高水平均衡陷阱指一种高农业技术、低工业增长的经济发展路径。关于高水平均衡陷阱的大部分研究集中于中国古代经济繁荣及中国和西欧近代文明分岔的原因上。伊懋可[①]认为，中国经济从引领世界到被欧洲反超，是因为人口众多、资源匮乏的缘故。前者造成技术创新集中于农业领域，中国的农耕技术（包括复种、灌溉、密植、耕种工具的改良等）即使在工业革命前后也还是远远领先欧洲。但是，如同马尔萨斯所言，伊懋可认为中国农业技术创新效应完全被人口增长抵消和吞噬，也就是说存在一个"农业技术发展-人口增长"的循环，因此相对于世界其他角落，古代中国在发达的农业水平上维持了飞速的人口增长，但工业一直没有进步或者成为发展的短板，整体进入一个"农业繁荣、人口激增和工业落后"的高水平均衡陷阱之中。直到今天，我们深有体会，这个巨大人口基数依然在影响着中国经济。姚洋从经济的角度重新考察了"李约瑟之谜"[②]。通过一个动态一般均衡模型，证明初始人口、资源禀赋的差异是造成中国和西欧在 18 世纪之后的文明分岔的原因。这一理论和伊懋可的高水平陷阱学说是一致的。不过姚洋指出了伊懋可的逻辑矛盾（既试图解释中国没有出现工业创新的原因，又将技术创新作为缓解资源困境的前提），发现了"工业的规模经济特征"和"马尔

---

①　Elvin, Mark, *The Pattern of the Chinese Past* (Stanford：Stanford University Press, 1973).

②　姚洋：《高水平陷阱：李约瑟之谜再考察》，《经济研究》2003 年第 1 期，第 71～79 页。

萨斯级数式的人口增长"是高水平均衡陷阱形成的两个必要条件。关于高水平均衡陷阱，类似的研究还有孔祥智[1]等。

法塔斯和米霍夫提出"高收入墙"的概念，意指发展中国家或地区达到高收入行列的边缘时，后发优势释放殆尽，以能源重化工为主的大规模生产及以居民消费需求为主的工业化和城市化接近尾声，潜在经济增长率将显著下滑，由此引发一系列的困难、矛盾和挑战，必须进行一系列制度改革才能够解决[2]。刘世锦等借用高收入墙的概念，刻画由模仿追赶的高速增长阶段向创新驱动的中速增长阶段的收入阈值，以研究后发国家在什么时候面临经济增速转折的风险及越过陷阱或高墙的可能性[3]。

（4）发展陷阱的比较说明

首先，从经济增长和发展的历史来看，发展陷阱与收入水平之间不存在特定的必然联系。低收入水平阶段存在"马尔萨斯陷阱"和"低水平均衡陷阱"在历史上比比皆是，甚至现在还有一些极不发达国家陷入此境；中等收入阶段存在过"拉美陷阱"；古代中国经济则落入了"高水平均衡陷阱"；高收入水平阶段的国家如日本在20世纪90年代以来也存在长期持续低迷增长的陷阱。

其次，从逻辑上看，国家进入更高收入阶段表明经济获得了发展，人民生活水平得到了提高，从这个意义上讲，收入水平提高是好事，无论如何不是导致陷阱的原因，显然也更不能作为陷阱的表现。如果简单地将收入阶段与陷阱相联系，必然如同"公鸡打鸣"与"太阳升起"之间的伪因果关系一样幼稚可笑。所谓病征不等于病因，陷阱的存在应该有着更为深刻的经济学理论依据。

再次，各个阶段发展陷阱之间存在联系吗？这是一个值得思考的问

---

① 孔祥智：《高水平陷阱?》，《读书》2003年第12期，第71～77页。

② Fatás, Mihov, "The 4I's of Economic Growth," INSEAD Working Paper, 2009.

③ 刘世锦等：《陷阱还是高墙：中国经济面临的真实挑战和战略选择》，中信出版社，2011。

题。在低收入水平阶段，不发达国家面临的主要威胁是"马尔萨斯陷阱""贫困恶性循环""低水平均衡陷阱"，从现有的理论来看，"资本积累"是积攒不发达国家"经济起飞"动力的主要方式。在中等收入水平阶段，许多发展中国家摆脱了"资本绝对稀缺"的困境，单纯的"资本积累"可否继续维持经济增长的动力源泉？如果答案是否定的，那么"资本积累"促进增长的模式是否会很快退出，有没有路径依赖性？该阶段发展中国家大多需要转型升级，由此引致一系列的内部制度条件、要素条件、外部的国际条件能否被一一满足？本书认为，在资本主义现代世界体系中，如果按照中心发达国家的思维模式走，大多数发展中国家无法确保这些条件一一满足。严格地讲，"高收入墙"不应被列为发展陷阱，因为它主要发生在发达国家的经济体之中，所幸的是，高收入阶段的陷阱依然能够在资本主义世界体系的框架下分析，这就涉及"中心"地位的霸权之争。

最后，基于经济发展的不同阶段以及一定历史条件下国内外经济、政治因素的制约，可能会出现不同的发展陷阱。由于本书研究的需要，结合目前中国经济发展的实际情况，重点是分析"中等收入陷阱"；当然，受事物相互联系和相互作用的影响，分析中也会旁及"马尔萨斯陷阱"或"低水平均衡陷阱""高收入阶段的陷阱"，这也是满足重点分析的需要。

第三节　本书分析框架

通过上述理论文献的梳理，本书主要以马克思经济学中关于剩余价值生产、资本积累、经济危机等元理论为基础，运用资本主义世界体系、中心 - 半外围 - 外围结构学说来构建一个对中等收入陷阱问题进行解释的马克思主义经济学理论框架。下面则对这个框架的主要支点，即中等收入陷阱解释的理论基础、中等收入陷阱形成机制、中等收入陷阱跨越机制等简要解释，以搭建全书分析框架，并在后面给出该分析框架图（见图 2 - 1）。

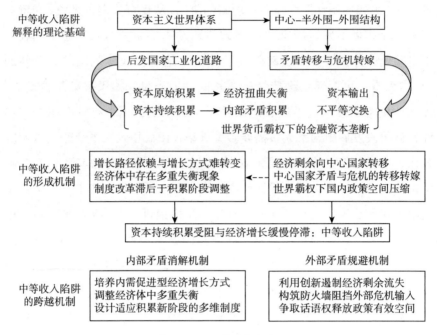

图 2 - 1　理论分析框架

一　中等收入陷阱解释的理论基础

（1）中等收入陷阱滥觞的世界元素：资本主义世界体系

经济全球化是伴随着资本主义生产方式的全球扩张，以欧洲为中心，席卷亚洲、非洲、拉丁美洲的人类社会、经济发展史上的重大事件。自萌芽和兴起开始，资本主义就以其"勃发"姿态不断冲破前资本主义的条条框框，不断打破民族和地域的界限，不断将其吸食剩余价值的触角尽可能伸向世界的每一个角落。资本主义出现和世界体系形成以后，所有国家的经济发展无一不被这个体系影响着、控制着和改变着。所以，如果不把中等收入陷阱纳入资本主义世界体系这个大背景之中来研究，认知水平就很可能飘浮在中等收入陷阱一系列"病征"的表象上面，以至于对该问题的研究不得其门而入。

资本主义世界体系运动的一切动力和矛盾的根源于资本主义生产方式

之中。资本主义的基本矛盾是生产的社会化与生产资料的私有制之间的矛盾，具体表现为：在消费层面，是生产的无限扩大与劳动者购买力相对缩小之间的矛盾；在生产层面，是个别企业有组织与社会无政府状态之间的矛盾；在阶级关系层面，是资产阶级与无产阶级之间的矛盾。资本主义基本矛盾的存在，并不代表资本主义经济时刻处在危机之中，只有各种矛盾积累尖锐到无法自拔的程度，才会爆发经济危机，危机过后原有的矛盾积累和激化又重新开始。因此，资本主义经济危机具体周期性。纵观资本主义经济发展历史，不同阶段危机的爆发，都曾无一例外地向殖民地或发展中国家转移，以资本输出、不平等交换、世界货币霸权下的金融资本垄断等方式，常常伴之以战争、侵略等各种反人类行为。既然资本主义危机具有周期性和不可避免性，而且经常向发展中国家转移矛盾和转嫁危机，那么发展中国家的经济发展不得不受到"干扰"，尤其是处于中等收入阶段的发展中国家，由于其经济规模相对小、发展阶段相对低、承受打击能力相对弱，经济增长极易被外部力量打断而掉入"陷阱"。

（2）剩余转移通道："中心－半外围－外围"结构

世界经济体系的外围地区，存在两种基本的经济活动，开采资源和生产农产品，大部门居民在司法机构规定、约束和实施的制度体系的强制下劳动。而中心地区的经济活动则极为不同，包括精耕细作的农业，欣欣向荣的城市，飞速发展的工业，在经济和政治上影响深远的商人，约束居民行为的市场机制和契约等。外围地区被卷入以欧洲为中心的资本主义世界体系中，不仅提供了资本剥削的源泉，而且解放了中心地区的一部分劳动力从事非农产业的专业化工作，比如说西北欧工人之所以能够将生活维持在基本生存需要以上的水平，很大程度上依赖外围地区可供输入的小麦等农产品，而中心国家从美洲攫取的金银使得这种输入成为可能。

中心国家之间的经济利益竞争和军事冲突，是半外围地区存在的主要原因，否则该体系中除了中心就剩下外围了，可以将这种原因浓缩为地缘政治关系。纵览历史我们不难发现，从西班牙、葡萄牙、荷兰这些曾称霸世界的超级大国之路来看，忽略对半外围地区（"中心－外围"

连续体之间的"中间点"）经济发展的培植和促进，并没有给其"大起"带来多少好处，倒是加速了其"大落"的进程，因为随着其经济在世界范围的扩张，局面就越来越难以控制。资本主义世界"中心－半外围－外围"体系结构是相对稳固的。说它稳固，是指半外围地区的存在更好地保证了中心国家的单向剩余价值转移；说这种稳固是相对的，指这种结构丝毫没有消除资本主义生产方式的基本矛盾，根本不能避免周期性经济危机的爆发。资本主义基本矛盾和周期性危机的爆发是"中心－半外围－外围"结构建立起来的内在动力；同时，"中心－半外围－外围"结构为资本主义中心国家的基本矛盾转移和危机转嫁提供了某种"通道"，通过该渠道，剩余价值从外围、半外围地区不断流向中心国家，矛盾和危机则从中心国家向半外围、外围国家转移和转嫁。后发落后国家就是在这样一种结构体系中经历着跌宕起伏的经济增长、停滞和波动，其中有的可能跌落低水平均衡陷阱，有的则跌落中等收入陷阱。

二 中等收入陷阱的形成机制

（1）资本原始积累阶段的遗留矛盾

在资本主义世界体系和"中心－半外围－外围"结构的笼罩之下，经济全球化还在以惊人的速度蔓延着。二战之后，殖民解放和民族独立运动风起云涌，许多过去的殖民地和半殖民地国家纷纷独立。这些后发国家要想自立于世界民族之林，开启工业化进程几乎是当时环境下的唯一选择，一方面是出于维护主权独立的需要，另一方面是只有工业化才能突破传统农业经济的束缚实现经济腾飞。

后发国家的资源禀赋特征，特别是资本绝对稀缺甚至为零的现实，决定了其怎么也绕不开资本原始积累阶段。从历史来看，原始积累主要有三种形式：一是大部分发展中国家采取的是内向型的资本原始积累过程；二是先发资本主义强国采取的外部殖民掠夺扩张型；三是极少后发国家主动采取或意外采取的地缘政治输入型。本书主要关注的是大部分发展中国家采取的资本原始积累方式，即具体通过部门剩余转移完成的内向型资本积累。这种积累方式必然留下至少几个方面的难题：一是部门之间的非平衡发展；二是部门之间收入不平等问题；三是居民消费的不平衡结构。此外为了配合资本原始积累而出现的一系列经济、金融、政治、社会等层面的倾斜制度、有偏规则，对于后发国家来说，极易产生路径依赖，或形成既得利益集团，以至于这些制度虽然帮助其顺利完成资本原始积累，但成为后面资本持续积累和经济增长的阻碍和桎梏，这是中等收入陷阱形成的一个有力杠杆。

（2）资本持续积累阶段的新增矛盾

完成资本原始积累，就算经济发展到中等收入阶段，仍然需要维持资本积累和经济增长。此时，后发国家在经济规模、产业结构、居民生活水平等方面，都较以前有了扩大、优化和改善，但是相对于发达国家来说，仍显脆弱。后发国家除了要面对资本积累的一般矛盾，如相对生产过剩、消费不足、周期性经济危机，还要面对来自发达国家的矛盾转移和危机转嫁，尽管这时制度成本转嫁已经改头换面，以比较隐蔽的跨国资本输出、不平等交换和金融资本垄断等形式出现，为中等收入陷阱形成潜伏下的种种诱因。

（3）内外矛盾交困下的陷阱难题

在中等收入阶段，发展中国家更加深入广泛地融入经济全球化，却面临着内外双重矛盾的夹逼。既存在资本原始积累阶段的旧有痼疾，又在经济增长的要求下不断积累新的矛盾，更重要的是在发达国家主导的国际规则框架下还承担了相当大一部分外部矛盾和风险的转移转嫁，因此，资本积累和经济增长过程极易被打断，围绕着潜在产出会出现越来越多的带有外部输入特征的经济波动，从 1997 年亚洲金融危机和 2008 年世界金融危机对中等收入国家经济发展的恶劣影响就可见一斑。

上述中等收入陷阱形成的机制机理还可以通过"财富－阶级－剥削"结构模型、资本输出模型、不平等交换模型和金融资本垄断模型等数理推导来刻画。

三　中等收入陷阱的跨越机制

中等收入陷阱的跨越机制必须依据其形成机制来设计，才能做到对症下药，避免头痛医头脚痛医脚。在资本主义世界体系背景下，资本积累与矛盾积累贯穿于发展中国家经济发展的每一个阶段，是中等收入陷阱形成的主要线索。要牵住"牛鼻子"，我们就要从以下两个维度设计中等收入陷阱的跨越机制。

（1）内部矛盾的消解机制

大体上讲，内部矛盾的形成与积累来自资本原始积累和资本持续积累阶段。如果就资本积累的一般矛盾来讲，这两个阶段面临同样的难题，都是相对生产过剩和消费不足问题，更进一步地讲是居民收入差距过大，这从一定程度上抑制了总体的消费能力。要解决这个问题，还要考虑不同类型的资本原始积累。我们主要考察内向型，即通过内部部门剩余转移（工农业剪刀差）完成的资本原始积累，这种资本积累过程必然伴随着一系列不平衡问题的出现，如前面提到的部门失衡、区域失衡、居民收入失衡、金融滞后等，而且这些不平衡问题会在资本持续积累的压力和既得利益集团的左右下进一步加剧，反过来又影响资本持续积累的效率，极易形成恶性循环。所以说，适用于资本原始积累阶段的政治、经济、社会等领域配套体制的有序退出和有助于新阶段经济增长的顶层制度设计，是消解内部矛盾最为关键的措施。在顶层制度设计基础之上，调整经济体内部积蓄已久的各种失衡状况，然后通过居民收入分配改革等手段有步骤地加快内需型经济增长方式的转变。

（2）外部矛盾的规避机制

相对于内部矛盾来说，中等收入阶段的发展中国家面临的外部矛盾转移和危机转嫁更为棘手，因为外部因素除了直接影响后发国家的资本积累和经济增长之外，还间接加深了发展中国家的内部矛盾。所以，要加大经济增长创新驱动力度，将创新作为国家的核心竞争力，利用创新和技术水平提高才能在国际分工和贸易中扬长避短，尽可能遏制经济剩余向中心国家流动；相对于实体经济，虚拟经济风险更易在国际间传导，中心国家如美国企业债和国债是 GDP 的 350% （2013 年数据），金融危机之后拥有世界货币发行权的美国却置实体经济不顾只救虚拟经济，等于是将"烂账"往后推，因此要尽可能对国际虚拟资本采取甄别淘汰和选择性屏蔽措施，截断金融危机转嫁的通道；外部矛盾和危机输入不可能靠发展中国家单方面执行国内政策解决，要积极争取国际事务话语权和国际规则的制定权。

第三章　中等收入陷阱：马克思主义经济学的理论解释

第一节　资本主义生产基本矛盾和周期性经济危机

一　资本主义的兴起

　　资本主义的起源问题，在政治经济学和历史学等学界领域讨论广泛。虽然相关著作汗牛充栋，但仍存争议之处。关于中国的资本主义萌芽问题，也曾经有过持久而热烈的讨论，甚至有人将其称作"资本主义萌芽情结"[①]。以经济理论的视角审查，人类社会经济活动的历史过程就是经济成长的过程。这个过程不仅包含着一定的技术条件，而且包含着一定的制度环境，甚至制度环境比技术条件更加引起经济学家的关注。经济学家习惯将封建社会及其以前的社会看成传统社会，把资本主义社会看成近代社会，并且如果考虑历史延续性，资本主义社会还包括现代社会阶段。如上所述，对资本主义这种制度环境的研究颇具争议。

　　那么首先，我们得研究，什么是资本主义？厉以宁教授归纳了三种解释[②]。①获取利润的私人雇佣关系。保尔·芒图曾以英国毛纺织业为

---

　　①　厉以宁：《资本主义的起源》，商务印书馆，2003，"序言"第1页。
　　②　厉以宁：《资本主义的起源》，商务印书馆，2003，第2~3页。

例，论述资本主义企业的存在，尤其是 18 世纪的产业革命，使私人雇佣关系与之前的生产组织方式形成一道分水岭[①]。[②]特定的交易关系，即市场关系。这更好地区分了资本主义与前资本主义社会，在资本主义下，交易双方人身自由、自主决策。亨利·皮朗根据这个定义认为资本主义早就存在，商业资本在 12 世纪发展的规模和速度已经令人诧异[②]。[③]以马克思、恩格斯的有关论述为根据，将资本主义看作一种特定的社会经济制度。具体来说，就是资本家完全掌握着生产资料，雇佣工人进行生产并无偿占有剩余价值，在此基础上形成一整套政治和法律制度。当然，也有人持异议，如莫里斯·多布[③]。如果仅仅将资本主义看作获利的私人雇佣关系，那么无论是在中国还是在西方应该早就出现了，还有第二种解释的缺陷也是如此，不能够区分这种社会经济制度与前面的社会经济制度特别是对立的社会经济制度，私人雇佣关系和市场的存在仅仅是资本主义出现的必要条件。

14 世纪和 15 世纪，在地中海沿岸的某些城市已经稀疏地出现了资本主义生产的最初萌芽[④]。同一时期，在北海沿岸、莱茵河畔、塞纳河畔、英格兰等地方的少数城市中，也能够找寻到最初的资本主义生产关系萌芽的产生。如悉尼·波拉德指出，欧洲的工业化好像"发疹"一样，新兴工业城市就像一个一个小红点，随着时间的推移，密集成片[⑤]。商业的发展给西欧封建社会中资本主义的兴起创造了条件。诺斯和托马斯论述道，在商业活动充分的条件下，维持生存所需要的资源较少，自旧石器时代以来，人类就一直靠着商业来改进自己的经济命运[⑥]。

[①] 〔法〕保尔·芒图：《十八世纪的产业革命》，杨人楩等译，商务印书馆，1983，第 19 页。

[②] 〔比〕亨利·皮朗：《中世纪欧洲经济社会史》，乐文译，上海人民出版社，1964，第 146 页。

[③] 〔英〕莫里斯·多布：《资本主义发展研究》（英文版），纽约出版社，1963，第 4 页。

[④] 马克思：《资本论》（第一卷），人民出版社，2004。

[⑤] 〔英〕波拉德：《工业化与欧洲经济》，《经济史评论》1973 年第 11 期，第 38 页。

[⑥] 《现代外国经济学论文选》（第 11 辑），外国经济学说研究会译，商务印书馆，1987，第 183 页。

二　资本主义生产的基本矛盾

《国富论》出版已近两个半世纪，斯密的大多数现代追随者习惯于用单纯的"市场"来解释国民财富的秘密。似乎即使没有大航海也没有发现美洲，没有英国对全球纺织业的长期垄断，没有跨大西洋奴隶贸易，没有开辟遍布全球殖民地所依靠的国家机器，没有类似于东印度公司的丰厚利润，没有实力强大的军事保护等，只要有自由"市场"，"繁荣"就随之而来。21世纪的今天，尽管很多人已经对自由市场有清楚的认知，但教科书中仍然充斥着对它的赞美乃至神化。市场是好的，这话斯密说过，可是后来人慢慢发觉了，市场本身也是博弈的结果（纳什的贡献），况且市场是有成本的（科斯的贡献）。

马克思、恩格斯认为，人类社会的基本矛盾是生产力与生产关系的矛盾，人类社会从低级形态发展到高级形态，正是这个基本矛盾运动的结果[①]。如资本主义社会，从生产力上看是社会化大生产，而从生产关系上看是资本主义私有制，因此，一方面生产资料具有共同使用的社会化性质，另一方面生产资料和产品却被资本家私人占有。社会化生产和生产资料私人所有两者之间的矛盾，又具体表现在以下三个层面上：第一，商品生产无限扩大趋势与劳动人民购买力相对缩小的矛盾，即相对生产过剩问题；第二，个别企业生产有组织与整个社会生产无政府状态的矛盾；第三，资产阶级与无产阶级之间的矛盾。在资本主义制度和生产方式下，生产资料日益集中到资本家的手中，社会分工也逐步深化，各生产部门分工协作越来越社会化，但生产什么（what）、生产多少（how much）、怎样生产（how）完全是资本家的私事，极易造成个别企业的组织性与整个社会生产无政府状态的对立。追逐利润动机驱逐资本家尽量扩大生产，并不断无偿榨取劳动者创造的剩余价值，前者直接造成生产能力无限增长趋势，后者直接造成劳动群众购买力相对缩小，这在宏观

---

① 马克思、恩格斯：《德意志意识形态》，人民出版社，2003。

上表现为可触可摸的对立现实。劳动者被资本家雇佣，资本家剥削劳动者，形成特定的阶级对立。所以说，从上述三个层面来看，生产力与生产关系的矛盾运动，对资本主义社会其他矛盾起支配的、决定的作用。

资本积累与矛盾积累，是资本主义世界体系中经济发展与演变的基础。资本主义生产与资本主义制度，以及资本主义生产与资本主义市场之间的矛盾，相互交织并推动资本主义在时间和空间上非均衡演进。这个非均衡演进，在时间上表现为经济增长的显著波动和由此体现的资本主义经济发展的阶段性；在空间上表现为发达国家之间的趋同收敛过程以及发达国家与发展中国家经济发展的趋异分化过程。

资本积累及其内在矛盾积累，是分析资本主义经济动态发展和演变的起点。资本主义企业单位以竞争机制为微观动力的积累要求，塑成其在宏观经济领域上的积累趋势，如资本有机构成提高、相对人口过剩、一般利润率下降趋势等①。从长远的眼光看，资本积累是资本主义经济迅速发展的直接推动力②。一是资本关系。它为经济发展提供制度性保障，其中资本雇佣并剥削劳动是内部关系，充分激发资本家扩大再生产的利益冲动，资本与资本竞争是外部关系，迫使资本家扩大资本主义生产规模以维持生存和发展③。二是实际资本。它是资本主义经济发展的物质基础，实际资本的积累不仅扩大了生产规模，而且增加和更新了生产工具，还刺激机器代替活劳动，促进分工与协作，为技术创新和进步提供物质前提。然而，积累所推动的资本主义经济发展的影响并非只在"量"上体现，还必然伴随着一些结构变化和性质变化，这甚至是资本主义经济发展和演变的最重要方面，资本积累和矛盾积累过程推动着性质和结构的变化，形成资本主义经济演变的根本原因。下面将从两个维度详细分析积累过程中的内在矛盾④。

---

① 马克思：《资本论》（第一卷），人民出版社，2004，第 707~819 页。
② 马克思：《资本论》（第一卷），人民出版社，2004，第 651~652 页。
③ 马克思：《资本论》（第一卷），人民出版社，2004，第 722 页。
④ 高峰：《资本积累理论与现代资本主义：理论的和实证的分析》，南开大学出版社，1991。

第一个维度的矛盾存在于资本主义生产与资本主义制度之间。从本质上讲，这是资本主义在物质内容与社会形式之间——随着资本的积累时而尖锐、时而缓和——动态的对立统一。资本主义经济制度可以划分为三个层次：第一个层次是资本主义私有制和雇佣劳动制度，它决定了资本主义经济的基本性质；第二个层次是资本主义制度的具体实现形式，如资本家个人所有制和股份资本所有制等；第三个层次是宏观经济体制，如再分配制度、财政制度、金融制度和国际货币制度等。我们的分析主要是在第二个层次和第三个层次，因为在资本主义经济发展数百年的历史长河中，具体实现形式和宏观经济体制不仅存在地域空间上的差别，而且随着社会生产力的发展而不停地演变。资本主义社会生产力的基本性质是社会化生产，可已发生的历史表明，社会化生产在特定的时期会与现存的资本主义制度发生冲突，这种冲突尽管不会触动第一层次的资本主义经济制度，然而通常会迫使其在第二、第三层次做出适应性调整，形成资本主义制度的阶段性新特征，并影响到其长期积累过程，进而出现阶段性资本主义发展表现，如周期性经济增长与经济波动。认识这一点，对于理解处于资本主义全球化之中的落后外围国家的经济发展特别重要，一是资本主义第一层次的经济制度很难发生改变，二是第二、第三层次的经济制度经常发生变化，尤其是在经济危机爆发、扩散、转移的时刻。战后西方的马克思主义经济学家，从制度演变的角度解释资本主义经济发展，大概分为两派，即美国的社会积累结构（SSA）学派和法国的调节（Regulation）学派①，他们主要是分析第二、第三层次的资本主义经济制度。这两个层次的制度与资本主义的根本制度相比，处在较低的抽象水平上，资本积累过程直接受这些制度的影响，在社会化生产力与具体制度之间矛盾运动所决定的范围之内。

第二个维度的矛盾存在于资本主义生产与资本主义市场之间。它根植于资本主义商品生产的性质。在资本主义条件下，商品生产的目的是

---

① 美国社会积累结构学派的代表人物主要有戈登、科兹等，法国调节学派的代表人物主要有阿列塔、博耶和利皮兹等。

价值增值，但问题是生产的结果不是以价值形式而是以商品的形式呈现，而市场是商品价值实现（注意是价值实现）的唯一场所，显然资本家无止境追逐价值增值会将堆积如山的商品驱赶到市场上。更加严重的问题是，无偿占有雇佣工人创造的剩余价值是价值增值的唯一基础（关于这一点本书后面将给出数理证明），恰恰是这一点直接限制了大多数人的消费能力，也就是说，价值实现此时遇到了内生性制度障碍而无法达成。也可以这么说，生产与市场之间的矛盾，实质上是剩余价值的生产与实现之间的矛盾，体现生产目的和生产过程的非一致性、生产目的和生产手段的冲突。剩余价值的生产和实现，通常具有时间上和空间上的分离性，两个阶段所受限制也有差别，如生产剩余价值只受限于社会生产能力，而实现则受到无政府主义状态下的部门比例失调、分配不公下的社会消费能力不足等市场因素的限制。与主流经济学视角不同，或者是马克思主义经济学优于主流经济学的地方在于，按照马克思经济学的理论逻辑，社会的消费能力，不取决于绝对的生产力或消费力，而是取决于以对抗性（也可说是定和性，这源于科学劳动价值论，而从效用价值论出发则得不出这个性质）分配关系为基础的消费力[①]。这种对抗性分配关系使得社会上大多数人的消费能力蜷缩在相当狭小的最低空间限度内。当然，这种矛盾可以通过扩大生产的外部需求范围求得缓解，但是，生产力的发展将在更大范围内积聚同一性质的矛盾，终究会将生产与消费之间的矛盾逼退到一个非根本性制度变革不能解决的死角[②]。

当然，积累过程中的两个矛盾之间也是相互关联的。前一个矛盾的内在要求是制度变革适应生产社会化趋势，属于制度变革问题；后一个矛盾的内在要求是资本主义市场的扩大，属于剩余价值实现问题。二者之间的关联体现在，重大的制度变革往往发生在资本主义价值实现问题

---

① 〔美〕保罗·斯威齐：《资本主义发展论》，陈观烈、秦亚南译，商务印书馆，2013，第220页。

② 〔德〕罗莎·卢森堡：《资本积累论》，彭尘舜、吴纪先译，商务印书馆，1963。

加剧的时期，如经济危机的爆发。一个社会不能停止消费，同样，它也不能停止生产①。资本积累增长缓慢甚至停滞倒退，常常是紧跟着生产过剩和市场结构性恶化，资本积累的阻碍因素堆垒导致资本内部关系和外部关系紧张，促使资产阶级不得不积极适应性调整现有制度。在这个时期，除了酝酿出一些重大的技术发明和技术变革，常常伴随着资本主义制度最为急剧的演变和外部世界市场的显著扩张。事实上，世界市场的扩张正是资本主义制度演变的一个重要结果。

至此，我们做一个简要的总结。资本积累过程的矛盾内生于资本主义生产方式的基本矛盾，即资本主义生产与资本主义制度、资本主义生产与资本主义市场之间的矛盾，是生产社会化和资本主义占有之间的矛盾在积累过程中的具体体现，是前者的动态演变和历史运动形式。资本积累过程的基本矛盾是资本主义经济发展变化的直接推动力。高峰提出了一个"制度－市场"二元假说，作为资本主义积累过程演变的一种可能解释②。在此框架下，任何长时期的资本积累滞退（"长波理论"的萧条阶段），必然是资本主义制度问题和市场结构问题空前尖锐的时期，必须在资本主义制度变革和大规模的世界市场开拓中重整旗鼓。而我们清楚，这种非第一层次的制度变革，根本无法解决长远问题而只是缓解了当下的困难，所以从历史事实观察到一个个类似于"治乱循环"结构的不平衡经济波形。那么，世界市场的周期性扩张绝对不应该看作某些偶然外生作用的结果，而是内生于资本主义经济系统（资本主义世界体系）。此外，一些马克思经济学派，则在"制度－市场"问题上有顾此失彼或一叶障目之感，如垄断资本学派，过于强调市场和实现问题却忽视了制度变革的作用，所以将 19 世纪之后的几次"扩张长波"单单归因于"划时代的发明""战争"等外部刺激的结果；再如 SSA 学派，充分强调了制度对资本积累的重要影响，深入分析了制度结构在资

---

① 马克思：《资本论》（第一卷），人民出版社，2004，第 653 页。
② 高峰：《20 世纪世界资本主义的发展与演变》，《政治经济学评论》2010 年第 1 期，第 105～125 页。

本主义经济峰谷更替中的作用，但是没有把价值实现问题提到应有的高度，没有照顾到世界市场结构性扩大是资本主义扩张经济长波先决条件的历史事实。

三 资本主义周期性经济危机

马克思曾强调，"一切真正的危机的最根本的原因，总不外乎群众的贫困和他们有限的消费，资本主义生产却不顾这种情况而力图发展生产力，好像只有社会的绝对的消费能力才是生产力发展的界限"[①]。恩格斯曾经讲过，资本主义生产方式下，生产力按几何级数增长，市场顶多只能按算术级数扩大，1825～1867年的40多年时间里面，每隔十年反复一次的停滞、繁荣、过剩和危机周期，看上去已经结束，但是我们陷入了萧条的绝望泥潭[②]。众所周知，资本主义经济周期性震荡根源于资本主义基本矛盾，如果不改变资本主义制度，这个基本矛盾就始终存在，我们在前面对此做了较为详细的论述。但资本主义经济并非时时刻刻都处于危机之中，只有各种矛盾积累尖锐导致其无法喘息的时候，才爆发经济危机。危机是一种强制性释放现存矛盾的方式，危机之后，随着资本主义生产，原有类型的矛盾重新被激活、苏醒过来，孕育着下一个危机的可能性，从而使资本主义再生产具有从危机到危机的周期性特点。在另外一处，恩格斯谈到，"市场的扩张赶不上生产的扩张。冲突成为不可避免的了，而且，因为它在把资本主义生产方式本身炸毁以前不能使矛盾得到解决，所以它就成为周期性的了。"[③]

马克思指出，"但危机总是大规模新投资的起点。因此，就整个社会考察，危机又或多或少地是下一个周转周期的新的物质基础"[④]。危机、萧条、复苏和高涨是资本主义扩大再生产一个完整周期通常包括的

---

① 《马克思恩格斯全集》（第25卷），人民出版社，1975，第548页。
② 马克思：《资本论》（第一卷）英文版序言，人民出版社，2004，第34～35页。
③ 《马克思恩格斯全集》（第3卷），人民出版社，2008，第315页。
④ 《马克思恩格斯全集》（第24卷），人民出版社，2008，第207页。

四个阶段，每个阶段都有各自的特征和作用。①危机是资本主义扩大再生产周期的标志性阶段，其实质是相对的生产过剩，突出表现是堆积如山的商品滞销、市场萎靡不振，信用关系遭到严重破坏，股票价格大幅度下跌，继而出现大批企业濒临倒闭，所以商品生产必然大幅度下降，带来庞大的失业人口，因此人民生活痛苦不堪，经济生活、社会秩序陷入混乱和恐慌的状态。危机是衔接两个周期的重要阶段，它既是上一个周期的终点，又是新周期的起点，以其强大的破坏力使得整个社会再生产在强制下达到暂时平衡，相当于"割肉刮骨"，只有这样资本主义再生产才能继续。但是需注意的是他们很少"疗毒"，所以通常情况是危机蔓延到所有领域以致生产降到谷底，商品生产与有效需求的矛盾才得以暂时性缓和，经济运行随之转入萧条阶段。②萧条是资本主义扩大再生产基本停滞的阶段。尽管动荡不居的危机渐行渐远，生产也不再继续下降，同时企业停止倒闭，然而经济远远没有从危机的重创中苏醒，生产疲惫不堪、商业萎靡不振、游资诚惶诚恐、信用呆滞乏力、失业依然严峻，陷入萧条破败之境地。逐利的资本家要么拍卖机器厂房、要么销毁过剩商品，一些精明的资本家还试图从成本控制中寻找生机，他们似乎从来不忘获取超额利润的初心。通常情况下，他们会利用劳动力市场供过于求的状况，将工人的工资压缩至极限水平；有些时候，他们还设法改进生产技术、工艺，更新机器、厂房等固定资本。恰恰是这些，无意中和客观上为经济复苏准备了必要的物质条件，社会生产开始慢慢回暖，经济运行也随之转入复苏阶段。③复苏是资本主义扩大再生产缓缓恢复的阶段。往往从那些最先创新生产技术、更新机器厂房的领域开始，压抑已久的资本家开始争分夺秒地进行投资和更新，这又产生或促发对生产资料、劳动力、消费资料的大量需求，从而加快推动整个社会生产的恢复过程，并不断发展壮大。此时，市场回暖、生产扩张、就业增多、社会需求提高、资本周转加快、企业利润增长、信用渐趋活跃。慢慢的，社会生产恢复和发展到危机前的水平，这又为高涨阶段准备了包括物质条件在内的一系列条件。④高涨是资本主义扩大再生产新危机的准备阶段。生产逐渐非理性扩大，就业人数急剧上升，市场容量无限扩展，利润奔腾式增长，商业异常活跃繁荣，信用过度膨胀，社会经济呈现一派"繁荣"的景象，即资产阶级经济学者经常挂在嘴边的"经济景气"，他们甚至编纂了详细的考察指标。实际上，那些指标不只反映了经济运行状况，很大程度上将市场引向虚拟繁荣和非理性发展的轨道，所以，这种现象，也预示着新危机的到来。社会生产超过危机前的最高点，并没有停下来反而继续加速扩大，很快地又超过了社会有效需求。与此同时，商业投机和信用扩张一起营造出虚假需求的氛围，相对缩小的社会购买力被疯狂的人们忽视，生产与消费的严重脱节也被虚假的繁荣掩盖，甚至一些权威人士还跳出来以"最好的时机"等言辞来怂恿和欺瞒公众。此时，只要商品流通梗塞发生在一两个重要的生产部门，就很可能成为新的经济危机突然爆发的导火索。

资本主义再生产周期的每个阶段都在前一阶段中孕育，每个阶段又为后一阶段准备了一系列条件和基础，相互紧密地联系在一起。当然，危机是周期最重要的阶段，这里用"不经历风雨又怎能见彩虹"来形容也许是不合适的，但直至整个体系崩溃之前，一次次危机使得资本主义再生产在内生性障碍矛盾中得以持续，构成扩大再生产周期特征的基础。显然，萧条阶段可被看作危机的延续，复苏和高涨阶段实际上不过是新危机的孕育阶段。自资本主义生产方式确立以来，历史上发生过多次大大小小的经济危机（见表 3 - 1）。

表 3 - 1　1780 ~ 2010 年世界经济危机简史

年份	危机中心	原因分析
1788	英国	工业革命后，纺织工业技术不断革新，生产效率大大超过消费能力
1793	英国	纺织工业的生产能力再次超越社会的吸纳能力
1797	英国	农业歉收，军费开支导致国际收支失衡，黄金外流
1810	英国	农业歉收，美国打压
1816	英国	英国工业扩张速度太快，欧洲、美国市场相继饱和

续表

年份	危机中心	原因分析
1819	英国	农业歉收，殖民地原材料价格上涨
1825	英国	投机商人和银行大量破产
1837	英国	铁路业兴起，美、法、德等国贸易保护
1847	英国	纺织业过剩，铁路业投机严重
1857	英国	金融投机，铁路扩张
1867	英国	铁路、造船业收缩，金融投机严重
1873	美国、德国	美国铁路业扩张超过市场容纳能力、德国重工业生产能力严重过剩
1882	美国	美国铁路建设退潮
1890	德国	铁路建设和电气革命引发工业生产过剩，股票市场剧烈波动
1900	俄罗斯	外国资本进入，铁路工业高涨
1907	英、德、法、美	工业高涨带动原材料价格飞涨
1929	美国	一战中获利，工业高涨刺激信用膨胀
1957	美国	战后投资高涨，国际贸易失衡加剧，凯恩斯经济学盛行
1973	美、英、德、日	中东战争爆发，石油价格上涨
1980	美、英、德、日	工业过剩，通货膨胀
1990	美、英、德、日	垄断财团和跨国公司，日、德、西欧至此陷入长期萧条
1997	东南亚	国际资本投机
2008	美国	房地产泡沫，次级贷款

资料来源：张廷伟《经济的坏脾气：1637—2008 全球经济危机史》，金城出版社，2009，经笔者整理。

通过资本主义发展历史上的主要经济危机时间的梳理，我们可以看出以下几个特征。一是资本主义经济危机几乎都是由经济生产过剩系统性风险积累引发的（尽管 2008 年世界金融危机有其独有特征），也就是说，经济危机是内生于资本主义制度之中①。二是资本主义经济危机表现出周期性，不论每次危机的具体原因和导火索如何不同，总的根源都

---

① 马克思认为，资本家受剩余价值和利润驱动，必然通过成本控制导致工资比重压缩，有效需求萎靡，从而表现出生产相对过剩的经济危机；凯恩斯运用"三大心理定律"，否定了萨伊定律的古典传统，论证了经济危机的内生性特征

在资本主义经济制度本身，在不改变制度本身的前提下进行危机修补，只能导致危机、萧条、复苏、高涨四个阶段的轮番上演。三是资本主义经济危机的波及范围越来越广，持续时间越来越长，破坏性越来越大，资本集中越来越明显。危机会从一个行业到整个经济体所有部门，从一个国家蔓延到其他国家。四是资本主义经济危机的引燃点，有从实体经济部门向虚拟经济部门转移的趋势，这也契合了资本从生产资本、商业资本向金融资本等形式发展的趋势。五是资本主义经济危机的爆发中心国也存在转移的趋势，19 世纪中叶之前的世界经济危机基本上是围绕着英国的经济发展与波动进行的，而之后几乎是围绕着美国的经济发展态势而发生，这表明资本主义内部世界也存在着激烈的竞争关系，争夺经济霸权自资本主义诞生以来就是资本主义世界的特征之一。

四　危机转嫁与资本主义向外扩张的动力机制

危机转嫁理论，也叫制度成本转嫁理论，基于阿明的"依附理论"和沃勒斯坦的"世界体系论"演化而来。这一理论指出世界发展在发达国家和发展中国家、一国内部的群体与群体之间是不平衡的，发展中国家或者国家内部某一群体的贫困可以部分归因于制度成本转嫁。所以，任何现代化的发展过程，并不能化解或缓解经济全球化中贫富差距，反而使之加剧和扑朔迷离。绝对稀缺的资本要素禀赋条件，是绝大多数后发国家进入所谓的发展主义现代化，首先遭遇到的最大困境。我们熟知，要素相对稀缺，是西方经济学的重要立论前提之一。西方经济学在此前提下，通过理论推导得出"市场这只看不见的手是配置社会资源最优方式"的结论。发展中国家最大的现实和麻烦，在于他们并不具备这个理论逻辑前提，发展中国家可能存在要素相对稀缺，但是最为重要的还是要素绝对稀缺，特别是资本。这一点在客观上为发达国家的危机转嫁提供了可乘之机。

纵观资本主义经济发展，不同阶段的危机，无一例外都曾有过向殖民地或者发展中国家转移的历史，这是导致发展中国家贫困的主要外部原因。温铁军归纳了资本主义历史上，西方发达国家主导的三次资本扩张和矛盾转移。第一次是在资本主义工业化原始积累初期，由于殖民地扩张的需要，欧洲国家占领了世界上资源最丰富的美洲、非洲和大洋洲，抢夺了工业化所需的廉价劳动力、原材料和销售市场，同时转移国内的贫困人口，缓解社会内部积累的矛盾，以减少社会政治动乱和经济混乱。特别是 17～19 世纪帝国主义国家的资本原始积累阶段，不仅发生了血腥"反人类"的黑奴贸易，而且欧洲各国之间为争夺殖民地爆发了大量战争，最终也触发了 20 世纪的两次世界大战，使得众多的落后国家伤痕累累。第二次是在二战之后，在资本主义发展中期，由于矛盾日益积累，产业资本存在扩张压力与日俱增，为了缓解发达国家的全面产能过剩状况，西方国家兴起制造业的向外转移的风潮。与此同时，以旧殖民主义为代表的世界秩序土崩瓦解，新兴民族国家成为承接发达国家产业转移的载体。在发达国家内部，人口老龄化背景下，劳动工人的急剧减少、中产阶级的快速壮大等因素倒逼社会福利改善。第三次是是资本主义金融扩张，20 世纪 70 年代开始，以布雷顿森林体系的崩溃为起点，至今仍在加剧的由金融资本主导的全球金融化和资源资本化进程，形成后殖民化时期"币权"主导新地缘战略（也称"币缘战略"），即美元集团与欧元集团在对抗性冲突中竞相滥用货币信用，导致整个世界遭遇虚拟资本泡沫化的金融危机[①]。

二战前后的解放殖民地运动，形成了 100 多个独立民族国家，出于种种原因，它们中间的很多国家参照资本主义模式，急于追求发展主义现代化，却不能够消解内部积累的矛盾和向外转移矛盾，并且还经常遭遇发达国家转嫁的矛盾和危机，极易堕入"发展陷阱"，如中等收入陷阱。当然，那些能够跳出陷阱的国家，要么是搭上资本主义世界体系的地缘政治便车（如日本、韩国等），要么是存在对内转嫁成本的条件。

---

① 温铁军：《解读新苏南模式》，《社会观察》2012 年第 3 期，第 16～21 页。

第二节　资本主义扩张下的经济全球化

保罗·斯威齐曾提到，"全球化既非一种状况，也非一种现象，而是一个进展很久的过程，在资本主义作为一种稳定的社会形态出现以来的几百年时间里，该过程一直没有停歇"①。经济全球化的本质是资本主义生产方式全球化。因此，对资本主义生产方式的认识有助于我们更加清楚地认识经济全球化的本质。联系到本书的主题，这是我们理解发展中国家何以需要利用工业化实现经济起飞的真正原因，也是理解有些国家在起飞过程中或者起飞后发展缓慢甚至跌入中等收入陷阱的关键。伴随着资本主义生产方式的扩张，经济全球化也在世界范围内弥漫开来。中等收入水平国家在内的不同收入层次的经济体的经济增长、拉美陷阱和东亚奇迹在内的增长与波动乃至增长陷阱都在经济全球化与资本主义扩张的幕布下"你方唱罢我登场"。正因为此，我们的研究，恰恰也要借助或者回归到这一背景下，才能更加扎实地向前推进。

资本主义生产方式最初以欧洲为中心，不断向亚洲、非洲和拉丁美洲在内的殖民地或半殖民地蔓延，在 1750 年前后，资本主义全球化格局基本形成。从意大利文艺复兴到第一次资产阶级革命的成功，从英国工业革命到美国南北战争，资本主义一经出现，就显现茁壮成长势头，不断冲破前资本主义社会阶段的种种限制，冲破疆域界限甚至时间坐标，将中世纪以前封建主义狭隘的民族史和地域史，变成资本主义独占鳌头的世界史。在科技革命浪潮的推动下，资本主义如虎添翼，其容纳的空间和国际化程度都得以空前的广化和深化。一方面，带来了社会生产力的发展；另一方面，其控制世界市场的手段和扩张的基本形式也在不断地更新。不断扩大产品销路的需要，驱使资产阶级奔走于全球各

---

① Sweezy, P. M., "More (or Less) on Globalization," *Monthly Review – New York*, 1997, 49: 1–4.

地，到处落户、开发、建立联系①。16世纪开始，先后经历了商业发展阶段、自由竞争阶段、资本输出阶段、资本垄断阶段，到20世纪金融资本与产业资本携手并进，以资本主义金融化的形态进入21世纪，"扩张"速度和程度与日俱增。

一方面，经济全球化代表了生产力的不断发展；另一方面，它又蕴含着生产关系的不断变化。上述两个方面分别对应着经济全球化的自然属性和社会属性，两个方面缺一不可，是全面、准确把握经济全球化的认知基础。也就是说，以经济全球化视角考察和比较国与国之间的经济发展，不仅要看到它们的经济差异，还要考虑它们之间的国际关系，如"中心－半外围－外围"的结构关系。生产力的发展和科学技术水平的提高是经济全球化的外在动力，使得资源和要素全球配置、国际分工逐步深化，社会财富日积月累；资本的逐利性和资本主义基本矛盾是全球化的内在动力，正是这种内在失衡导致国际关系中的"强制性"和"不平等"，发达国家和后发国家享受到的全球化益处是不均匀的。值得注意的是，发达国家主导下的经济全球化，对于发展中国家来说只能顺应、参与，而没有能力阻止、拒绝，闭关自守就不能享受其在生产力方面带来的巨大进步，而全盘接受又无疑会深深陷入不平等架构之中。在经济高速发展、社会进步明显的今天，经济全球化依然带着强烈的资本主义社会属性，无论是经济实力还是军事实力，发达资本主义国家都占据着优势地位和主导地位。1950年以后，以计算机为载体的信息科技革命，造就了美国在资本主义世界体系中的中心地位，加快了其资本积累和对外扩张进程。而发展中国家在二战后逐步摆脱资本主义旧体系即殖民体系，相当一部分国家由于政治经济等原因，相继开启工业化进程。资本的大规模跨国运动刚好就发生在这之后，因为中心国家寻求增殖的大量资本扩张，和外围国家工业化道路上大量资金、技术需求，在全球化背景下的资本主义世界体系中完美"对接"。20世纪中叶到70

---

① 马克思：《共产党宣言》，人民出版社，1997，第31页。

年代，拉美国家的经济发展似乎也验证了这种美好的愿景，可惜好景不长。所以，我们必须回到全球化的两重属性，才能全面的评价包括拉美国家在内的发展中国家的经济增长及衰退。

资本的扩张遵循着商业资本、借贷资本、产业资本和金融资本这样一条历史与逻辑相吻合的顺序，国际化程度逐渐加深，在全球大多数国家和地区铺展开来。20 世纪 80 年代末期的东欧剧变，无论是在意识层面，还是在物质层面，客观上为国际资本流动清除了障碍，此后资本扩张更加剧烈，同时中心国家的权力已经超越经济之外的众多领域。以美国为首的国际资本主义国家，凭借着遥遥领先的技术水平和极其雄厚的垄断资本，通过资本输出、不平等交换、金融垄断等手段，将很多后发国家变为廉价资源来源地、高额利润投资对象和过剩商品销售市场。它们不仅控制着世界商品和贸易市场，而且压榨许多后发国家劳动者创造的剩余价值，恶劣的是，造成后发经济体严重环境污染和生态破坏[①]，逐渐失去可持续发展的能力，更加恶劣的是它们还要站在道德制高点上要求发展中国家承担力所不能及，同时也不合理的责任和义务。

综上所述，在分析发展中国家的发展上，经济全球化视角的重要性可见一斑。看清经济全球化的实质，从生产力和生产关系全面把握其自然属性和社会属性，以资本主义生产方式的基本矛盾理解全球化的内在动因，这是研究后发国家经济问题必须首先搞清楚的。客观的说，经济全球化对世界经济的影响双重的，是一把"双刃剑"，既有积极的一面，就如同马克思所言"资本主义在历史上起过非常革命的作用"[②] 一样，也有消极的一面。

从积极方面来说，它促进了现代生产力巨大发展。首先，生产要素以空前的速度和规模在世界范围内流动，以寻求生产过程中最佳的资源配置。就目前来说，生产要素流动主要以资本、技术、劳动力（包括人

---

① 王永贵：《经济全球化趋势与资本主义的历史命运》，《当代世界与社会主义》2003 年第 3 期，第 48～52 页。

② 马克思：《共产党宣言》，人民出版社，1997，第 29 页。

才）的流动为主。而这些生产要素的流动又主要是以对外投资的形式进行的。随着经济全球化的发展，对外投资的规模不断扩大，达到了相当高的水平。生产要素全球化流动的直接原因是为了获取高额利润。从生产力发展角度看，这是有利于资源配置的。资源从效益低的地方配置到效益高的地方，可以达到节约资源、提高效益、推动经济发展的目的；经济全球化使生产网络化体系逐步形成，投资外向化现象日益凸显，从而有力地推动世界产业结构的调整和升级。所谓生产网络化，是指一些世界性大公司，尤其是跨国公司，为降低成本，垄断市场，在世界各地建立自己的子公司，从事全球范围内的生产和销售。其次，贸易自由化、金融国际化进程日新月异的扩大和推进，在中心国家主导和带领下，世界各国逐渐放宽对外贸易、国际金融的限制，不断开放商品和金融市场，使得国际贸易、国际金融的规模不断扩大、形式不断更新，至少在短时间内促进了各经济体繁荣，推动了世界经济发展。最后，科学技术知识在世界范围内得到广泛的传播和有效的应用，大力推动了社会生产力的快速发展。随着经济全球化的深入，拥有先进技术的大公司，尤其是跨国公司，在大量对外投资过程中和竞争中处于其自身利益的考虑，把先进的生产技术也带到世界各地，通过溢出效应提高了当地的生产力水平。另外，世界范围内产业结构的调整和转移，也使科学技术不断传播到世界各地，社会生产力得到不断发展。

从消极方面来说，由于经济全球化是以发达资本主义国家为主导的，是在国际经济旧秩序中进行的，因此，它必然会产生消极的影响。首先，世界范围内市场经济的盲目性、自发性更为突出，世界性经济危机的“传染性”急剧增强。其次，资本的逐利本性正在引发世界性的社会问题，如环境问题，发达国家往往利用后发国家发展经济的压力，趁机向落后国家转移环境污染严重的产业，以致对发展中国家的经济和社会发展造成负面影响。再次，世界范围内的贫富两极分化进一步加剧。因为经济全球化主要反映垄断资产阶级的利益，即无休止追逐最大限度的利润，它们主导的经济全球化充斥着剥削与被剥削的不平等关系，两极分化已经或将不可避免地在发达国家和发展中国家之间、发达国家内部出现，一些极不发达国家甚至存在被"边缘化"的危险，而且内部的两极分化问题根本无法靠自身解决。最后，经济全球化的消极作用不仅仅体现在经济层面，还涉及许多发展中国家的命运和未来。西方资本主义国家，以美国为首，从成为发达经济体开始，国家就全力配合垄断资产阶级推进经济自由化和全球化，并对外输出普适价值观念，在政治上要求按照自己的面貌改造整个世界，试图使全世界服从于它们的统治，特别是对社会主义国家来说，它们的这种政治意图昭然若揭。资本主义国家在与社会主义国家接触、进行经济金融交往、推动其融入经济全球化的进程时，必然加紧实施"西化""分化"，推行"和平演变"战略，试图颠覆社会主义制度，实现资本主义的全球化。说到底，资本主义生产方式和积累模式，从而资本主义的私有制，无论如何扩张，其都是以剥削劳动者为前提的①。

对于后发的发展中国家和地区来讲，在步入中高收入阶段，经济体内部积累的各种矛盾亟待解决，加上遭遇资本主义世界体系中心国家周期性矛盾传导和冲击，如何能够顺利经过中高收入阶段，获得可持续、高质量发展，成为一个不可回避的重大课题。拒绝经济全球化，故步自封，将自我孤立在全球化的积极影响之外，不是正确选择；不加区分地拥抱全球化，迎合以中心国家利益为上的国际规则，单方面服务发达资本主义国家的意志，也不是明智之举。无论是研究中等收入陷阱的形成机理，还是要寻找突破陷阱的机制出路，要客观回归到资本主义世界体系下的经济全球化中来。

第三节　资本主义世界体系

一　资本主义世界体系萌芽

人类历史，最终将从"民族历史"走向"世界历史"，这是德国古

---

① 马克思：《资本论》，人民出版社，2004，第 887 页。

典哲学家黑格尔曾提出一个哲学命题。黑格尔所指的世界历史是"自由精神"的自我实现，是"绝对理念"的外化。黑格尔的这一蕴含着宏伟历史感的思想，深深地影响了马克思和恩格斯，他们在批判和继承该思想的基础上，形成了科学的世界历史理论。马克思从唯物史观出发，揭示了世界历史形成的根源与过程。马克思批判黑格尔思想中的"自由精神""绝对理念"，是因为世界历史的形成并不神秘，他找出了问题的根源，即资本本性。资本家对于无限制追逐剩余价值，使得资本不断膨胀与扩张，穷尽一切办法来冲破各种限制，甚至用坚船利炮和廉价商品摧毁许多古老文明的"铜墙铁壁"，迫使资本主义文明侵蚀世界每个角落，壮大资本的生存空间和发展空间。因此，资本概念，已将创造世界市场的趋势或者说民族历史走向世界历史的趋势蕴含其中。

出于最大限度攫取剩余价值的嗜血本性，资产阶级逐渐创造出全球市场，这当然也在事实上推动了人类社会历史的不自觉发展。15世纪末至16世纪初，欧洲世界经济体系产生了。像一个庞大帝国那样幅员辽阔，但又是崭新的，因为它是世界上前所未有的一种社会经济体系。它不同于帝国、城邦、民族国家等任何政治实体，而是一个经济实体①。现代资本主义的科学和技术使得世界经济体系得以繁荣、增殖和扩张。从长远来看，这个体系为资本主义提供了一种更加稳定的攫取剩余价值的来源。需要注意的是，世界经济体系曾在多地出现，因此欧洲也不是当时唯一的世界经济体系，但是不能回避的是，只有欧洲走向了资本主义发展道路脱颖而出。② 1450年之前的300多年时间里，地中海地区、印度洋－红海混合区、中国、中亚大陆、波罗的海地区是世界上的贸易中心。而西北欧当时还是一个非常边缘的地区，那里还处在封建社会形态和组织形式之下。

---

① 帝国是一个政治单位，包含广阔而又相对集中的领土，以帝王个人或中央专制机构为中心的一个政治实体。

② 〔美〕伊曼纽尔·沃勒斯坦：《现代世界体系》（第一卷），尤来寅等译，高等教育出版社，1995，第14页。

　　封建社会制度不应当被看作贸易的对立物，相反，在某种程度上，至少是在现实的历史发展中，封建制度和贸易发展是携手并进的，只不过封建制度只能够支撑起极其有限时空的贸易，远距离的贸易只是体现在奢侈品上而非一般意义上的大宗商品。这是一种"套利"形式的贸易，并且严重依赖于上层社会的消费水平，上层社会的消费水平又取决于整个社会的经济剩余以及上层社会在剩余分配中所占有的份额。因此，商业活动水平有限。

　　13~15世纪，封建社会压迫下的农民起义遍布西欧各地，这和宗教性质或世俗性质的土地所有者对经济剩余的掠夺密切相关。14世纪末意大利北部的弗兰德沿海地区，1340年的丹麦，1351年的西班牙，1358年的法国，1525年德国等发生农民起义，不一而足。农民起义使经济出现了衰退，但这并未使最底层的人民感到特别困难，因为他们的日子从来都不好过。相反，富裕的上层社会压力倍增。所以，经济的锁紧导致了农民遭受更强的盘剥，这恰恰又带着"反生产"性质，农民纷纷发动更大规模的反抗或外逃。这种"崩溃"或者"停滞"对于资本主义世界经济体系的发生是好是坏呢？迈克尔·波斯坦将此看作倒退，而尤金·科斯明斯基将此看作消灭封建制度和资本主义经济发展的必要一步①。动荡不安加上此时的王权基本上被各地地主和庄园主架空，使得西欧封建社会制度在14~15世纪危机四伏，这也为16世纪以后欧洲的扩张及其经济方式转变提供了经济运行和社会结构的基础。

　　总的来说，中世纪的欧洲，没有形成一个世界帝国，也没有一个世界经济体系。欧洲的大部分由相对自给自足的众多小经济体组合而成，基于贵族阶级直接占用庄园经济生产的少量农产品剩余的剥削形式。1150~1300年，欧洲封建生产架构出现了一次扩张，而1300~1450年，在地理、商业和人口三个方面又出现了一次收缩，引起经济

---

① 转引自〔美〕伊曼纽尔·沃勒斯坦《现代世界体系》（第一卷），郭方等译，社会科学文献出版社，2013，第50页。

领域和政治领域的"危机"。正是这种危机压力使欧洲发展起来一种新的占用剩余产品的形式，即资本主义世界体系：它不表现在农产品剩余的直接占用、贡品形式的攫取，封建地租形式的剥夺上，而是建立在更加有效的扩大生产力（先是农业，然后是工业）的基础之上，运用世界市场机制，并结合国家机器这个非市场因素来攫取剩余产品。金银、药用香料、食物、食用香料、木材、丝织品等，从奢侈品到大宗商品的贸易额加速增长。1450 年，资本主义世界体系以欧洲为中心基本搭建而成，形成中心、半边缘和边缘地区的世界体系格局。

二 中心地区与边缘地区

16 世纪[①]，建立在资本主义生产方式基础上的资本主义经济体系处于扩张过程之中。有两个比较奇怪的事情：一是资本家没有在世界面前炫耀其旗帜；二是资本主义这种没有任何国家边界的现象，其繁荣、延续一直靠着强大的国家发展。占支配地位的思想或者说意识形态，不是个人主义、科学主义、自然主义或民族主义（这些都等到 18～19 世纪才成熟起来），而是"国家统制主义"。国家机构为新资本主义体系提供了经济基础和政治保障，如布罗代尔指出，无论如何表述，毫无疑问，国家乃是这个时代最大的企业家[②]。国家在资本主义生产中的作用，主要有以下几个层面：一是涉及国家的规模；二是其经济影响；三是涉及阶级。虽然现在，人们对国家在世界经济中的影响存在相当大的分歧，但是至少在 16～18 世纪这段时间的历史表明，国家在欧洲主导的世界经济体系中起着经济中心的作用。也有反对意见，如熊彼特，他

---

① 关于 16 世纪的划分，布罗代尔在《文明史纲》中论述："我怀疑……16 世纪究竟是一个还是几个，人们在什么基础上理解它的统一性？我看 16 世纪有两个，第一个是 1450～1550 年，第二个是 1450～1620 或 1640 年。"以不同国家为基础可能得出不同的观点，但是将欧洲世界经济体系作为一个整体来看，1450～1640 年是一个富有意义的时间单位。

② 〔法〕布罗代尔：《菲利普二世时代的地中海和地中海世界》（第 1 卷），吴模信译，商务印书馆，1996。

坚持私营企业拥有优越长期效益的观点，认为没有宫廷的奢靡，就不会有从老百姓那里剥削的大量剩余产品，这是不可原谅的[①]。无论如何，对于本书的研究，不应该停留在熊彼特式的道德层面上。我们应该看到，中心国家的中央集权化甚重，政治行为和经济行为都严重受到这样一种政治架构的影响。当然，同样不能忽视，国家机器的财政需求膨胀日后也成为一个比较棘手的难题。

在刚刚出现的世界经济体系的边缘地区，有两种基本经济活动：开采资源（主要是开采金银矿）和生产农产品。如 16 世纪，西属美洲主要是开采金银等矿产资源，东欧许多国家则是提供农产品生产。剩余产品全部输送到中心地区，在中心地区的各生产集团、国际贸易集团和地方管理人员之间分配。且边缘地区的大部分居民在司法机构所规定、约束和实施的制度体系的强制下劳动；而在中心地区的西欧，情况在许多方面是极为不同的：农业精耕细作，居民所受到的强制力小，或者说间接（主要是通过市场机制和契约来实行）；城市空前繁荣、工业快速发展，商人积极参与政治和经济事务。由于东欧和西属美洲被卷入欧洲中心国家主导的世界生产体系中了，不仅提供了资本剥削的来源，而且还解放了中心地区的一些劳动力去从事其他非农产业的专业化工作。同时，西北欧工人工资之所以能够保持维持基本生存需要的水平，很大程度上依赖于边缘地区可供输入的小麦，中心区拥有的从美洲攫取的金银使得这种输入成为可能[②]。所以说，相对于边缘地区的单一趋势而言，中心国家的发展趋势是朝着多样化和专门化结合发展的。与此同时，作为从中心到边缘这个连续统一体中的一个中间地带——半边缘地区——自有其存在的理由。因为经济和军事上不断生出紧张状态的中心国家之间，经常在夺取经济剩余以及边缘国家的特权等方面展开竞争，这恰恰是中心国家容许半边缘国家这个媒介组成部分存在的原因之一。这种全

---

① 〔美〕熊彼特：《经济周期循环论》，叶华译，中国长安出版社，2009。
② 〔美〕伊曼纽尔·沃勒斯坦，《现代世界体系》（第一卷），高等教育出版社，1995，第 120 页。

新的经济活动的架构，即建立在资本主义生产方式上的欧洲主导的世界经济体系，包括了劳动分工，而且只有在整体的视角才能对这种分工给予评价。工业部门的出现是重要的，但是更重要的是农业部门从封建形式向资本主义形式的转变。当然如同上述所言，不是所有的这些资本主义形式都是建立在"自由劳动"的基础之上，这种相对的自由只局限在中心地区。在现代资本主义世界体系的整个历史进程中，中心国家的各种优势一直在扩大和加强。

如果将世界经济作为一个整体，以表示现代经济增长的重要指标人均收入来看，基本上是处于稳步上升的趋势。但是这并非对于每一个地区或者国家都是如此，特别是世界经济体系的边缘部分，从那里时不时看到倒退、停滞、缩紧的煎熬困境和幽暗景象。

然而，边缘地区并不是退出了世界经济体系。边缘区内部占主导地位的资本家阶级希望留在这个体系中，奋力挣扎；中心区的资本家精英所期盼的繁荣需要边缘地区的资源和劳动所代表的经济潜能的支撑；中心国家即使在经济衰退的时候，由于生态、劳动力等成本因素仍然需要边缘地区的初级产品。问题是只要资本主义生产方式的持续扩张，资本主义的基本矛盾引发的世界范围内的需求不足迟早会到来。所以，我们看到两种缓解这种状况的历史事实：一种是收缩、减缓甚至停止不断扩大的生产，表现为经济增长的停滞或倒退；另一种是重新安排收入分配，以增加需求动力，换得一次新的扩张。在16世纪90年代、17世纪20年代和17世纪50年代，我们可以观察到三次相继而起世界体系边缘区的"经济震荡"[1]和中心列国之间为了争夺边缘区域控制权的军事冲突。基本上，这个时期的众多边缘地区国家处在了发展的岔路口上。事实上，只有极少数边缘国家在世界体系中获得成功，改变了在世界分工中的地位。

---

[1] 〔美〕伊曼纽尔·沃勒斯坦：《历史资本主义》，路爱国、丁若金译，社会科学文献出版社，1999，第46页。

三　资本主义世界经济体系的扩张

18 世纪末到 19 世纪初，世界历史发生了根本性的变革。在英国，具有垂范意义的第一次工业革命发生了。"革命"这个词语本身就强调着事物发展的非连续性质，表现出突然、急剧、广泛的变革。实际上，缓解了前一阶段世界体系中深厚积累着的资本主义生产的矛盾，是工业革命更为重要的意义。

借助工业革命的力量，资本主义经济体系还突破了之前其创造的边界，开始将广大的地区纳入其有效的劳动分工体系之中，其中最重要的是印度次大陆、奥斯曼帝国、俄罗斯帝国和西非地区。如我们所知，这个过程后来还将进一步加速，在 19 世纪、20 世纪之交，那些从来就没有成为资本主义体系外部区域的地区最终也被"卷入"进来。之所以说卷入，因为这些新的边缘地区并非是主动融入体系的，而是世界经济体系内部压力的结果。18 世纪中期，南北美洲一半以上的土地属于欧洲的英国、法国、西班牙、葡萄牙等国家，其余的一小半地区则处于资本主义世界的国际政治经济体系之外。约 100 年之后，到 19 世纪中期，所有的殖民地基本上都成为独立的主权国家（当然，有些经过了分裂和重组）。美洲的这一"非殖民化过程"由欧洲殖民者完成的。

资本主义世界体系是在两次工业革命的推动下完成的，在 19 世纪长达 100 年的时间里，世界在资本主义工业化的条件下逐渐成为一个整体。此时，在经济结构中，两次工业革命带来整个社会的大变化，现代化工业占主体地位，生产力发展表现在机器生产基本取代手工劳动；在社会结构中，新的社会阶级（工人、资本家等）占主体地位；在思想文化方面，经济思想是自由主义，政治思想是民主主义；在国际关系方面，全球化获得狂飙式的发展。全球化的根本原因是工业革命的推动，直接动力是市场需求，推进方式是殖民扩张。

四 现代世界体系的形成

从 1500 年前后的新航路开辟开始，历经西方列强数百年的开拓，现代资本主义世界体系于 19 世纪和 20 世纪之交最终形成，它主要包括"资本主义制度在世界范围内的确立"、"资本主义世界殖民体系"和"资本主义世界经济体系"三个组成部分。资本主义世界体系，是少数资本主义强国把持，并"对世界上大多数居民实行殖民压迫和金融扼制的世界体系结构"①。

伴随着资产阶级革命和一系列改革，还有西方列强的殖民扩张，导致亚、非、拉的许多地区变成殖民地或半殖民地并且纳入现代资本主义世界体系之中，资本主义制度最终在世界范围内广泛确立，总体上讲，其形成过程大致可以分为三个时期。第一个时期，16 ~ 18 世纪中叶，可以看作资本主义世界体系的开创期。在此期间，新航路的开辟打破了东西半球的隔绝状态，蠢蠢欲动的西欧国家开始了早期的殖民扩张，资本主义世界市场开始显现其原始雏形。与此同时，诞生于西欧和北美的早期的资产阶级革命，奠定了资本主义世界体系最终确立的基础。第二个时期，18 世纪中叶至 19 世纪 60 年代，这是资本主义世界体系发展和正式确立期。1770 年前后，英国开启了人类历史上首次工业革命，工业革命的兴起和发展也带动具备改造和统治世界能力的资产阶级迅速发展和壮大，历史表明，到 1860 年，资产阶级革命和制度改革超出西欧范围，在意大利、德意志、奥匈帝国、俄国、日本等地区以不同方式深入而广泛地开展起来。值得一提的是，适应工业资本主义发展的改革或革命还相继发生在英国、法国、美国等地区，这无疑巩固了新确立的资本主义制度。与此同时，资产阶级在工业革命的驱动下奔走于世界各地，代表国家意志的资本主义列强，趁机抢占商品市场和原材料产地，展开了疯狂的殖民扩张活动。19 世纪中后叶，亚非拉地区的大部分国

---

① 《列宁选集》（第二卷），人民出版社，1995，第 733 页。

家和地区，沦为殖民地或半殖民地，卷入资本主义世界市场体系，成为世界资本主义的经济附庸，自此以降，东方逐渐从属于西方，初步形成了资本主义世界市场体系，资产阶级开始肆无忌惮地统治世界。第三个时期，从时间上看大概是 1870 年至 20 世纪初，即现代资本主义世界体系迅速形成并最终确立期。前一时期资本主义世界市场体系的确立，为资本主义的发展和扩张准备下空前广阔的舞台，更大的空间推动了资本主义更为迅速地发展。19 世纪 70 年代，美国主导下的资本主义世界进入了第二次工业革命日臻成熟，并推动着生产和资本走向高度集中，垄断逐渐在国民经济中占据统治地位，重工业成为工业发展的新趋势，垄断资本主义取代自由资本主义成为资本主义发展的新阶段。迅速发展的垄断资本主义阶段，工业化进程先由发达国家逐步深入，因此列强对原材料产地、商品倾销市场、投资回报场所的攫取、占有、发掘欲望一下子紧迫起来。不管是在意识形态层面，还是在经济领域，资本主义统治世界的倾向进一步显化，在中心资本主义列强之间自然又盛行起一场瓜分世界的风潮。到 19 世纪与 20 世纪之交，地理版图和经济版图意义上的世界都已被他们瓜分完毕。至此，以农业经济为主的非洲、亚洲（除日本外）、拉美等地区在重工业装备起来的资本主义列强面前无力抵抗，何谈经济与社会的发展呢？从经济发展上讲，尽管落后国家零零散散地接触到西方的先进技术，但是这种发展被迫离开了其正常的发展轨道，客观上从一开始就是处于配合和适应西方帝国主义发展目的的位置上①。

不得不提的是，垄断资本主义是新时期的主要特征，并一直持续到今天，尽管从形式上发生了很多变化，如实体经济领域向虚拟经济领域的转变。垄断资本输出仍然是资本主义攫取超额利润的最重要手段，它们借此直接控制了落后国家的经济命脉，还培养落后国家对它们的财政依赖关系，为金融垄断资本统治世界奠定坚实的基础。同时，世界贸易关系也在不平等、不均衡的路径上疾驰，1870～1900 年短短的 30 年时

---

① 〔美〕保罗·巴兰：《增长的政治经济学》，蔡中兴译，商务印书馆，2000，第 276 页。

间，国际贸易总量增长近两倍之多，这在以前是不可以想象的。在这个过程中，后发国家进一步沦为发达国家的商品倾销市场、原材料来源地和资本输出场所。另外，海陆交通运输和近代邮电通信事业，在资本主义世界经济发展需要的推动下，获得大力发展，美国的铁路业就是在这一时期获得狂飙式的发展。这一切不仅极大地促进了世界各地的紧密联系，塑成"地球村"的空间雏形，而且更加重要的是资本主义的触角因此笼罩住整个世界。至此，一个"包罗万象"的世界生产和交换体系在资本主义生产方式统治下最终形成，并将不发达地区许多原本美好的东西也拽入这个肮脏的"大染缸"，中心国家对此不负责任不说，还要反过来指责外围落后国家，所以实际上，现代资本主义世界体系的许多问题，如生态环境问题、贫困问题等，主要都靠满目疮痍的发展中国家独自面对。

现代资本主义世界体系，极大地影响了人类社会经济的发展。对此，一定要辩证地、历史地来看待。它有积极进步的一面：第一，加强了世界经济联系和社会交往，促进了生产力的迅速发展；第二，冲击了殖民地和半殖民地落后的生产关系，诱使落后国家步入了近（现）代化的征程等。但同时也存在消极阴暗的一面：首先，资本主义列强对落后国家的剥削、奴役，以经济剩余攫取甚至发动残酷战争的方式，这是人类文明的倒退和悲哀；其次，经济联系和社会交往并没有在一个对等的平台上进行，一些后发国家的改善也是以本国剩余转移和生态环境破坏为代价的；最后，它不仅没有消除中心国家资本主义生产方式固有的基本矛盾，而且拖累了许多落后国家，使它们丧失自主发展的权利和可持续、包容性发展的动力。现代资本主义世界体系对后来一些发展中国家出现的"中等收入陷阱"，如拉美陷阱，产生了深远的影响。

第四节　资本主义世界体系的双重失衡

世界经济在 20 世纪获得了巨大的发展，也发生了深刻的变化。资本主义经济的发展在积累过程的矛盾运动下演变，时间和空间上的非均衡发展表现为不同时期的经济波动和世界范围内经济增长的趋同和分化趋势。

一　时间上的非均衡

麦迪逊关于资本主义发展阶段曾做过统计研究，将 19 世纪之后划分为 1820～1870 年、1870～1913 年、1913～1950 年、1950～1973 年、1973～1992 年五个时期（见表 3－2），及 1820～1913 年、1913～1950 年、1950～1973 年、1973～1992 年四个阶段。第一个阶段以 1913 年一战的爆发而结束；1950 年因为 16 个资本主义国家的经济在总体上恢复到战前最高水平作为第二阶段的截止年份；1973 年资本主义国家经历了战后增长势头终结和最严重的一次衰退而作为第三阶段和第四阶段的分界线。由于时间限制和未来的不确定性，麦迪逊最初在划分阶段的时候，无法预料后来发生的亚洲金融危机，所以在 2001 年的著作中将第四个阶段延长至 1998 年。当然 2008 年的世界金融危机显然也是一个非常重要的时间节点，尽管如此，对于我们进行 20 世纪资本主义世界的经济研究仍然具有重大的学术价值。对于 2008 年世界金融危机及后危机时代的相关特征，本书也会对其予以补充和讨论。

表 3－2　资本主义周期性增长特征（16 国 1820～1992 年平均水平）

单位：%

时间段	GDP 增长率	人均 GDP 增长率	资本存量增长率	出口增长率
1820～1870 年	2.2	1.0	–	4.0
1870～1913 年	2.5	1.4	2.9	3.9
1913～1950 年	1.9	1.2	1.7	1.0
1950～1973 年	4.9	3.8	5.5	8.6
1973～1992 年	2.5	2.0	4.4	4.8
时间段	GDP 峰谷落差	贸易峰谷落差	平均失业率	物价年均增长率
1820～1870 年	6.7	21.7	–	0.2
1870～1913 年	6.1	18.2	4.5	0.4

续表

时间段	GDP 峰谷落差	贸易峰谷落差	平均失业率	物价年均增长率
1920～1938 年	11.9	36.5	7.3	-0.7
1950～1973 年	0.4	7.0	3.0	4.1
1973～1992 年	1.3	6.4	4.1	9.5

注：数据来源于麦迪逊千年经济统计资料，对于数据的处理和计算方法借鉴高峰《20 世纪世界资本主义的发展与演变》，《政治经济学评论》2010 年第 1 期的相关研究。表中时间段划分根据研究需要，存在不连续的情况。

总的来看，世界资本主义经济在第一个阶段比这之前的一段时期有所改善；第二个阶段经济增长放缓，宏观经济指标恶化；第三个阶段经济发展加快，出现了战后所谓的黄金时期；第四个阶段经济指标重新具有恶化趋势。也就是说，19 世纪末到 20 世纪末一个世纪的时间里，资本主义经济经历了非平衡发展，资本积累在不同时期差异显著。

第一个阶段，以电力和内燃机为标志的第二次科学技术革命引起了制造业和交通运输业的狂飙式膨胀，拉动了巨额资本积累，一系列新兴重工业部门的兴起，对经济结构的影响更加瞩目。同时，与工业化并行的是城市化与人口和资源积聚，这又带动了住房、交通、通信、卫生、教育等领域的大规模基础设施建设，影响力度更加深刻。如果说第一次工业革命主要发生在英国等极少数国家，那么 19 世纪后期的第二次科学技术革命影响的范围更加广泛，席卷了美国和德国为首的一大批资本主义经济体。此外，垄断资本主义关系形成和帝国殖民主义政策深化。巨型企业或明或暗合谋垄断价格制定权获取超额利润，银行垄断资本与证券市场的发展进一步拓宽了资本积累渠道。主要资本主义国家向不发达地区大量输出资本、掠夺原材料、占领销售市场、划分势力范围，而巨额利润大部分回流至母国，进一步助推资本主义发达国家的资本积累。如"制度－市场"二元假说指出，世界市场在这一经济膨胀时期不断扩大，1820～1870 年世界贸易总量达到世界产出的 4 倍[①]，这简直

———————

① 〔英〕麦迪逊：《世界经济二百年回顾》，李德伟、善建玲译，改革出版社，1997。

是不能想象的。1870～1913 年这种势头得以延续，到 20 世纪 90 年代中期出现了一定程度的停顿，之后又恢复了快速增长。其间，美国、德国采取的贸易保护政策也没能挫伤这种趋势，这从侧面说明世界市场和贸易的扩张完全是在发达资本主义中心国家的主导下进行的。

第二阶段，科学技术效应衰减和发达国家工业化完成，技术进步更多以边际改善的形式体现，如升级设备、优化工艺、改善管理等，由于这些并不像之前进行大规模基础设施建设时期需要的那种巨额资本投入，因而资本积累的步伐明显减缓。另外，政治和经济灾难也严重打断了资本积累的步调。在此期间，资本主义国家竞争诱发的两次世界大战，使得很多国家 GDP 大幅下降、已有资本存量遭到严重破坏、国际投资面临巨大损失，除了用于军事生产的资本得到小心翼翼保护，大量资本被人为毁灭，更谈不上用于正常生产的资本积累了。1929～1933 年的经济大萧条导致的生产下降甚至超过了一战时期，"中心国家"损失惨重，如美国在 1929～1933 年，GDP 曾锐减 31%，工业产值骤降 46%，私人资本近乎崩溃地下降了 74%[①]，严重阻滞了资本积累。世界市场萎缩直接或间接的引起或触发了国际关系恶化，不仅敌对国家而且原本非敌对国家之间的贸易也大受影响，金本位制被抛弃引发国际金融市场崩溃和世界贸易秩序破坏。

第三阶段，资本主义的黄金年代。战后日渐兴起的电子、计算机和通信领域的科技革命，开启了资本主义从机械化向自动化和信息化的转变之路，不可避免地带动了大规模的基础设施建设和设备更新升级为表现形式的资本积累。以德国为代表的欧洲和日本的经济恢复需要部分刺激了世界范围内资本大规模积累的需求，它们也是资本积累和经济增长最迅速的国家。不得不提的是凯恩斯理论，其大受追捧也催生出有利于资本积累的制度和政策环境。如 SSA 学派注意到的，这个时期"中心

---

① 〔美〕韦斯科普夫：《马克思主义的危机理论和战后美国经济中的利润率》，载〔美〕谢尔曼主编《商业周期——资本主义下的增长和危机》（英文版），普林斯顿大学出版社，1991。

国家"建立了以"经济合作与发展组织""国际货币基金组织""世界银行"等西方国家主导的国际机构，形成了"有效"的国际经济秩序，被贴切地称为"美国统治下的世界和平"的世界经济秩序。当然，战后还有一个重要的现象，就是众多不发达国家纷纷取得民族独立、殖民体系瓦解。那么，这一历史进程对资本主义市场是否产生负面影响呢？历史告诉我们，答案是否定的。事实上，这个时期资本主义的市场扩张最为迅猛，发达国家对外出口和贸易的增长率空前加速，原因在于：发达国家内部迅速增长起来的资本积累创造出旺盛的投资需求，两次世界大战期间压抑推迟的个人消费需求也得以释放，很多以往的奢侈品转瞬成为发达国家人民的生活必需品，如汽车、家电、电子产品等；发达国家依靠贸易、投资和援助等经济手段将不发达地区转变为自己的能源、原材料供应地和工业制成品销售市场，这在那些战后努力发展民族经济以出口导向为主要战略的国家和地区表现得尤为突出。如果没有世界市场和国际贸易的巨大发展，发达国家仅仅依靠新的科技革命是不能够实现战后黄金时代的资本高速积累的。

第四阶段，经济增长率和劳动生产率下降。依照麦迪逊统计数据，经济年均增长率由 1950~1973 年的 4.9% 下降到 1973~1992 年的 2.5%，劳动生产率（以人均 GDP 增长率衡量）由 3.8% 降至 2%。这和罗伯特·布伦纳提供的"七国集团"同时期数据大致吻合。这个时间段经济走低的原因和资本主义生产过程及积累过程密切相关。战后黄金时期资本主义经济的高速发展，不可避免地出现了以对抗性分配关系为特征的需求不足，进而导致全球性生产过剩。同时，"中心国家"为了确保就业和经济增长，饥不择食地盲目使用凯恩斯主义扩张性财政、货币政策，美国借助"布雷顿森林体系"的掩护让美元肆无忌惮地流向整个世界，随之发生了严重的通胀局面。凯恩斯主义的扩张政策表面上看起来有利于经济病症"好转"，实际上这没有从根本上解决资本主义生产过程中的矛盾，扩张政策反而使得其患病躯壳更加臃肿，负担日渐增加，终究不能承受扩张性政策之重，进入"滞胀"的两难局面。此时的劳动生产率下降从一方面上来讲，可以看作经济增长率下降的结果。经济增长乏力导致的失业压力迫使政府在维护社会稳定的限度内采取保护就业的政策，所以大量低效率厂商硬扛着维持生产，设备利用率也严重下降，这显然会造成劳动生产率低下。当然，产业结构的变化也是不可忽视的影响因素。20 世纪 60 ~ 70 年代的西方新一轮工业化之后，发达经济体的产业结构发生新的重大变化，第三产业逐渐扩大。按照 13 个 OECD 发达国家的平均情况看，1971 ~ 1992 年，第三产业占经济总量的比例从 54.6% 上升到 65.4%，就业人数占总就业人数的比例从 52.4% 上升到 65.1%①。而服务业与制造业相比，劳动生产率水平较低，短期内其变化幅度也小，这也被麦迪逊称为"结构效果"。

二　空间上的非均衡

资本主义空间上的不平衡发展体现在两个方面：一是发达国家之间的趋同效应，趋同效应必然引起中心地位之争，这是资本主义世界动荡不安的重要原因之一，日本和德国曾经为此吃尽苦头；二是发达国家与发展中国家之间的分化效应，分化效应根源于资本主义发达建立在落后地区不发达基础之上的理论逻辑和历史现实，此时，发达国家的问题和落后国家的问题同时摆在世界面前，时常令人困惑和无从下手。

发达资本主义国家之间一直存在着地域上的不平衡发展。17 世纪末到 18 世纪初，荷兰曾是世界上实力最强的国家，人均收入水平在先进国家中也是最高的。当时，世界贸易主要通道在海上，船就像陆路运输的马车一样。造船工业先进发达，商船数量和吨位优势，使得荷兰人称霸海洋，控制了世界贸易，并不断从事海外殖民掠夺。整个 17 世纪，世界最强大的海上霸主是面积小小的荷兰，当时它被称为"海上马车夫"。发展最好的时期，荷兰的海军舰只超过英、法拥有数量的总和，游弋于世界各大洋，保护本国商船、殖民掠夺海外，在亚洲、美洲、非

---

① 黄少军：《服务业与经济增长》，经济科学出版社，2000，第 283 ~ 284 页。

洲等地称霸一时。

然而 18 世纪中叶到 19 世纪初，英国取得了迅速发展。深悉资本主义丛林法则的英国，通过武力征服了当时最强大的对手——荷兰和法国，"英荷战争""七年战争"之后，作为新的海上霸主出现在世界面前，政治强权和军事实力可见一斑。工业革命的出现（这里我们不谈原因），英国无可争辩地登上世界经济强权的宝座，这在鼎盛时期的维多利亚时代得到最完美的体现，号称"日不落帝国"①。英国霸权领导下的国际秩序被称为"大不列颠统治下的和平"。英国经济学家杰文斯在 1865 年曾这样描述："我们的玉米地在北美和俄国的宽广平原，林区在加拿大和波罗的海，牧场在澳大利亚，银矿在秘鲁，金矿在南非，茶叶种植园在中国和印度，甘蔗、咖啡、香料种植园在东印度群岛，棉花种植园在美国南部"②，形象地描绘出傲视着整个世界的大英帝国。

19 世纪后期，新兴资本主义国家，利用新科技革命发展迅猛，如美国、德国，而老牌的资本主义国家英国经济增速放缓。20 世纪上半叶因为资本主义国家之间竞争而导致的两次世界大战，美国相对获得了更为强劲的发展，50 年代以后已经在资本主义世界占据压倒性优势，成为全球资本主义新霸主。以 1950 年人均 GDP 为评比标准，若美国是 1，则英国相当于 0.55，法国为 0.46，德国为 0.37，意大利为 0.25；煤炭产量优势也是比较醒目，比同期的英国、德国高 3～4 倍；还有制造业劳动生产率也是其他国家的数倍，产出数量甚至达数十倍之多；在全球贸易中的份额也存在绝对优势，据统计，当时全球最大的 50 家公司中非美国公司只有 7 家③。尽管现在美国实力受到削弱，与欧盟、日

---

① 指太阳何时都会照在其领土上的帝国，通常用来形容繁荣强盛、在全世界均有殖民地并掌握当时霸权的帝国。世界上第一个日不落帝国是西班牙，第二个是工业革命发源地英国。而如今该词在一定的场合用来形容帝国主义，而未必特指某一统一的国家政体。

② Jevons，W. S.，*The Coal Question：An Inquiry Concerning the Progress of the Nation，and the Probable Exhaustion of the Coal - mines*（Macmillan，1865）.

③ 〔英〕阿姆斯特朗等：《战后资本主义大繁荣的形成与破产》，史敏等译，中国社会科学出版社，1991，第 187 页。

本以及一些新兴经济体成鼎足之势，但是仍然是资本主义世界体系的主导者。

　　资本主义空间上的不平衡发展，根本原因在于无政府主义下资本主义国家之间的竞争关系。从剩余价值生产到剩余价值实现，任何资本在市场上都竭力排斥其他资本，这种竞争关系源于资本的嗜血本性。在世界范围内，各国资本在国际政治、经济舞台上的角逐此起彼伏，这种竞争关系就表现为，先发资本主义国家力图保持优势、后发资本主义国家奋力追赶，这构成发达资本主义国家间不平衡发展的根本推动力。如果后发国家的追赶恰逢新技术革命兴起，且没有旧技术和旧有工业负担，那就不需要重走先发国家的老路而是直接采用新兴工业技术建立新兴生产部门，就使得经济增长率和劳动生产率极大提高，正如刘易斯的分析，这正是 19 世纪末在美国和德国所发生的故事。这种现象也被一些经济学家称为"后发优势"。需要注意的是这种所谓的"优势"，用在发达国家之间的分析尚可，而用在对后发发展中国家的经济增长分析中则需要谨慎对待。资本主义国家经济实力和发展速度的此消彼长，实质是资本主义空间上的不平衡发展，那么，现有的实力与原有的势力范围（地域、国际规则、话语权等）越发不对称，于是局面变得不可控制，旧有结构摇摇欲坠，重新瓜分世界的要求和争斗日益频繁和尖锐，战争魔鬼往往就在这种争夺中浮出水面，给人类造成深重灾难。

　　如果我们将视野扩展到发达资本主义外部，从整个资本主义世界体系看，不平衡发展的另外一番景象则映入眼帘——分化效应，即发达国家与发展中国家之间的不平衡发展。19 世纪开始，发达国家与发展中国家之间的经济差距一直在扩大，按理说在 20 世纪特别是 20 世纪 50 年代以后资本主义经济高速发展时期，这种差距状况当有所缓解，遗憾和不幸的是，这种不平衡趋势还在继续恶化。依据麦迪逊的统计数据，将西欧、欧洲后裔国和日本作为一组，将亚洲、非洲、拉美、东欧和苏联作为一组，前者在 19～20 世纪长达 200 年左右的时间里，人均 GDP 年均增长率为 1.67%，后者仅为 0.95%，即使两者处于同一起跑线上，

200 年的时间之后，差距可达 8 倍之多，再考虑起始点上的差距，发达国家和发展中国家之间的经济差距和不平衡，可见一斑。更加细致地看，西欧、欧洲后裔国、日本、亚洲（除日本）、拉美、东欧和苏联、非洲七个区域之间的最大差距呈现越来越大的趋势，除 20 世纪 70 年代资本主义滞涨时期之外（见表 3 - 3）。

表 3 - 3　1820 ~ 1998 年区域间最大人均收入差距值

	1820 年	1870 年	1950 年	1973 年	1998 年
差距（比值）	3 : 1	5 : 1	15 : 1	13 : 1	19 : 1

资料来源：麦迪逊经济千年统计，2010，经由笔者统计、估算得到。

全球发达国家和发展中国家经济发展两极分化的根源何在？主流经济学在这个问题的解释上明显力不从心。新古典经济增长模型，推导出的不同经济体长期趋同的结论，有违历史事实。马克思主义经济学则预测出这种分化现象的必然性，甚至在其尚未加剧的 19 世纪初期。由于资本主义生产方式的基本矛盾和资本积累过程的内在矛盾，其生产必然在资本主义内部产生日益扩大的资本家阶级和劳动者阶级之间的两极分化，剩余价值实现遇到难以逾越的障碍和困难。这种约束逼迫其在资本主义之外开疆扩土，非资本主义国家受到剥削和掠夺，经济剩余①流出，经济发展滞后，资本主义世界日益明显的分为两个部分：一边是富裕的发达资本主义国家，一边是贫穷的发展中国家，恰如"依附学派"所分析的"中心 - 外围"框架，如果考虑发达国家和发展中国家两个组群间的变动情况，则又契合了沃勒斯坦的"核心 - 半外围 - 外围"资本主义世界体系结构。按照这样一个资本主义核心国家主导的世界体系结构，20 世纪世界范围内的资本积累相应的就分为发达国家的资本继续积累和发展中国家的资本原始积累两个部分。原始积累和继续积累

---

① 关于经济剩余，保罗·巴兰在《增长的政治经济学》一书中做了详细的界定，包括实际经济剩余和潜在经济剩余两类，本书主要指第一种类型的经济剩余。参见〔美〕保罗·巴兰：《增长的政治经济学》，蔡中兴译，商务印书馆，2000，第 14 页。

代表了资本主义经济发展过程的两个不同的阶段。对于先进发达国家来说，16世纪开始近250年的资本原始积累奠定了其经济发展和制度形成的基础，之后便进入以生产剩余价值为目的的资本继续积累轨道；对于世界体系中落后的发展中国家来说，在20世纪取得民族独立之后，它们大多数尚处在资本原始积累阶段，而且其积累手段和环境与早先的前资本主义国家已是云泥之别，它们大多数是在由发达国家主导和支配的世界秩序中挣扎前行。这种来自发达国家的主导和支配关系不同程度地阻滞了后发国家的资本积累过程，换句话说，它们的资本积累过程已被深深卷入发达国家资本积累过程之中，世界范围内的资本积累才表现为主导性积累和依附性积累相互叠加的复杂关系。

第五节　中等收入陷阱的形成机制

马克思指出，"美洲金银产地的发现。土著居民的被剿灭、被奴役和被埋葬于矿井，对东印度开始进行的征服和掠夺，非洲变成商业性地猎获黑人的场所——这一切都标志着资本主义生产时代的曙光。这些田园诗式的过程是原始积累的主要因素"①。从资本主义发展之初的原始积累开始，落后国家和地区已经被迫融入了发达国家的发展模式之中。19世纪的德国经济学家李斯特是幼稚产业保护论之父。他认为在更发达的国家面前，落后国家如果不采用政府干预政策，尤其是关税保护政策，就无法成功地进行工业化进程。英国是第一个对幼稚产业保护技术加以完善的国家，其繁荣之后才大肆宣扬自由贸易主义。无独有偶，美国也是在违背斯密传统、保护幼稚产业的基础上，在1816年之后获得成功的，等到二战结束之后，它也像19世纪的英国一样鼓吹自由贸易。这些都是有据可查的历史事实。发展中国家加快经济参与国际化进程，存在经济增长、国际综合实力提升的发展机遇，也在与世界经济联系紧

---

① 《马克思恩格斯文集》（第5卷），人民出版社，2009，第860～861页。

密的过程中遇到种种挑战和压力，有的还支付了巨大的成本。在经济全球化浪潮中，如何看待西方先发达国家的历史，如何看待以 WTO、WB、IMF 等为代表的国际经贸和金融组织的作用，如何看待通过这些组织构架帮助发达国家对发展中国家施加的种种不平等规则、政策、制度，站在不同的角度，会有不同甚至截然相反的结论。

二战之后，顺利开启、进行和完成工业化历程，最后达到发达国家水平，是许多发展中国家梦寐以求的目标。也有很多经济学家积极参与到发展中国家的发展规划研究中去，但是大多受到美国自由贸易主义政策的影响，有一些研究客观或主观忽略战后发展中国家所处的世界政治经济格局，单单从产业结构、收入差距、政治制度、金融制度等方面去论述发展中国的振兴之路。并不是说这些研究不重要，而是说我们对比了英美等先发国家的富强道路之后发现，成功进入高收入国家行列的经济体都曾有过一段"叛逆时期"，其所"叛"的正是当时的发达国家制定的种种标准。我们自然会思考，发展中国家与发达国家到底处在一个什么样的体系之中，它们之间如何相互作用，发达国家是否对落后国家的经济发展存在抑制冲动，成功发展起来的发展中国家有哪些地方值得后来者学习和借鉴，都是值得我们研究的命题。无疑，从资本主义诞生那天开始，全球化趋势一刻也没有停息，无论是发达国家还是发展中国家，都处在同样的资本主义世界体系之中，它们的经济增长轨迹和发展道路随时随地受到这个体系结构的影响。所以说，发展中国家在中等收入阶段遭遇中等收入陷阱之困也不可避免地存在体系结构方面的原因。

中国在 1949 年至 20 世纪 70 年代末期，遭遇资本主义发达国家的经济封锁和各种"冷战""热战"频繁的国际环境，在此期间发生了朝鲜战争和越南战争，主战场都位于亚洲，而且或多或少的与中国存在关联。中国在低水平上推进资本积累以获得经济增长和发展的难度是可想而知的；同时也不难想到，这种积累过程必然伴随着经济体内部的各种结构失衡和矛盾积累。在很大程度上，中国改革开放的出发点和动机是纠正失衡和消解矛盾。谁曾料想，改革开放之后的经济发展，恰值布雷顿森林体系的崩溃初期，战后中心国家制定的国际经济规则被单方面无情撕毁，资本主义世界经济体系的矛盾性和不可持续性暴露无遗；同时，中心国家主导世界体系和摆布发展中国家的伎俩也可见一斑，它们还树立了发达国家发展之初并不存在的"自由主义"的幌子，通过贸易规则、国际组织、世界货币体系、金融体系等渠道，向落后的发展中国家转移矛盾和危机，发展中国家要想取得经济增长和社会发展，不能不被卷入西方发达国家主导的资本主义世界体系之中。在资本主义世界体系的大环境下，发展中国家发展道路上不可避免地要积累起诸多矛盾，再加上发达国家转嫁的危机和矛盾，可谓举步维艰。到达中等收入水平或中高收入水平的发展中国家，对发达国家的后发优势越发稀薄，对更不发达国家的要素成本劣势日益凸显，经济增长的各种风险和不确定性日增月累，"中等收入陷阱问题"像挥之不去的梦魇随时降临。因此，本书试图以马克思主义经济学的研究框架对中等收入陷阱的形成背景、形成机理、跨越机制给予解释。按照本书前面的分析思路，将发展中国家在现代资本主义世界体系背景下，开启工业化进程作为分析其发展困境，即本书所研究的中等收入陷阱问题的起点。很显然，发展中国家开启工业化进程之初的资源禀赋特征、来自资本主义世界体系的压力、工业化进程所需资本的积累方式等，都大致决定着其工业化之路是平坦无障碍的，还是崎岖而充满着陷阱的。

一　经济起飞时内向型资本积累困境

（一）初始起点和禀赋特征

本书所研究的发展中国家，主要是指二战之后摆脱资本主义殖民地、半殖民地地位，在政治上取得独立的民族国家。从地理位置上讲，主要集中在亚洲、拉丁美洲、非洲和东欧部分地区。发展中国家经济落后、工业脆弱、农业占主导地位，人民生活在贫困和饥饿边缘。一些研究者又将发展中国家细分为较发达国家和欠发达国家，并依据经济发展特征区别为新兴工业国家、石油输出国家、原料输出国家、最不发达国家四种类型。

如前所述，19 世纪与 20 世纪之交，自由资本主义向垄断资本主义阶段过渡，标志着世界进入了帝国主义时代。在此背景下，许多地区沦为商品倾销市场、原材料来源地、资本输出目的地的殖民地或半殖民地，同时，英、法、美、德、俄、日等帝国主义国家，丝毫没有停止向外扩张、侵略的步伐。两次世界大战终于在资本主义基本矛盾失控，以及帝国主义列强的据不妥协的条件下爆发。帝国主义强国之间因锱铢必较而相互倾轧的战争，一方面给落后国家带来无穷无尽的创伤，另一方成也给它们反帝反殖斗争的成功埋下伏笔。战后，这些国家虽然在政治上取得了民族独立，但由于经济发展长期的停滞不前甚至退步，在经济上还没有完全摆脱帝国主义的控制与剥削，国际垄断资本依然不同程度地掌握着、控制着事关落后国家经济命脉和发展走向的重要资源。因此，在发展中国家中间，就"振兴发展民族经济、维护国家主权独立、挣脱国际旧秩序"的历史使命，史无前例地达成广泛共识。不同的发展中国家在现代资本主义世界体系中如出一辙的历史命运，注定了他们相差无几的任务和愿望。

20 世纪 50 年代，以亚洲、非洲、拉美等地区为主的第三世界，作为一支新生力量积极参与国际事务，广泛开展"维护国家主权、发展民族经济、反对强权政治、变革国际旧秩序"的联合运动，主要包括不结盟、谋发展、反独裁、争民主等。可是无论从何种意义上说，冷战的结束和两极世界的淡化，作为一个政治概念的第三世界客观上已经不复存在。然而，作为一个概念集合的第三世界，对于广大发展中国家，相比并没有远去也永远无法抹去的殖民、侵略、战争记忆，却有着不一般的包容性和亲和力，特别是对于那些弱小的民族和国家，仅仅是一个概念集合，至少告诉它们"并不是一个人在战斗"，甚至给它们带来凝聚力、归属感和无穷无尽的希望。

当然，从历史、文化、制度、经济发展水平等层面来看，不同的发展中国家存在差异，有些还很大，但是这些国家拥有某些共同特征，如生活水平低下、劳动生产率不高、人口增长过快、赡养负担沉重、失业率高擎、农业依赖严重、国际劣势地位、市场经济不发达、资本绝对稀缺等。其中，资本绝对稀缺是发展中国家面临的最大难题。众所周知，无论是从政治的、经济的抑或其他视角考量，开启工业化都是战后发展中国家经济发展的不二选择，而工业化恰恰像一匹以资本为"饲料"的骏马，在一个水草不丰甚至几近不毛的环境中，它如何跑得起来，又能跑多远呢？所以说，既然选择了工业化这个"远方"，风雨兼程以求持续资本积累成为落后国家发展之初的当务之急，这是决定发展中国家能否起飞的关键支点。

所以，接下来我们参照历史事实，结合本书论述的主题，总结出一般发展中国家经历的三种类型的资本积累途径，这些积累途径或者说发展战略贯穿了其工业化进程的各个阶段。

（二）工业化初期的资本积累

（1）初级产品出口发展战略

外向发展战略包括两个阶段：初级外向发展战略和高级外向发展战略。初级产品出口战略属于前者。这是落后国家利用未经资本主义工业化染指的自然资源、初级农产品、矿藏原材料的出口贸易换汇，通过这样的"迂回"战术帮助国内民族经济"发展"的战略。

长期受到殖民统治和掠夺，第三世界国家形成了单一、脆弱的经济结构。虽然许多刚刚实现政治独立的发展中国家，为继续实现经济独立，积极改变这种单一经济结构，但由于长期形成的经济、技术、社会等诸多因素的作用，这种结构很难在短期内改变。所以，无奈之下，便采取简单易行的初级产品生产和出口换汇，以"哺育"的方式为工业化创造条件（这也是后来学界"反哺"提法的原因）。例如，美洲曾经相继在西班牙、葡萄牙统治下经历长达数百年的殖民生涯，其经济完全受控于宗主国。当时，这两个美洲的宗主国经济仍以农业为主，对外贸易也集中在少数燃料、初级原材料及贵金属等领域。大家知道，美洲资源丰富，但由于当时与宗主国产品相冲突和竞争的几乎全部被禁止，这是美洲殖民地经济单一结构和不平衡发展的重要原因①，同时也是后来它们只能采用初级外向发展战略的历史由来。细考经济发展历史，尤其是那些石油出口国，如中东地区的很多发展中国家，大多会经历这样的发展阶段。令人心痛的是，有时还是在中心国家的武力和战争胁迫下做这样的不平衡发展。该战略对落后国家经济发展，不仅是作用有限的权宜之计、无奈之举，而且还存在许多不利影响：初级产品生产部门通常并没有与其国民经济有机融合，往往更像是对外出口国的一块"经济飞地"，显然，除了不平衡的经济结构、严重依赖外部市场之外，很难带动整个经济取得实质性发展。

在政治独立初期，拉美国家选择了初级外向发展战略，仍带着很强的殖民地经济特征，严重受国际分工体系和路径依赖的制约和影响。拉美地区的独立运动是推动拉美发展的制度"临界点"，但是制度的初始选择没有给拉美国家带来制度创新，其原因在于以下几点。第一，拉丁美洲的殖民地化是欧洲贸易与海上扩张的结果。拉美殖民地的生产体系主要是向欧洲市场供应贵金属和某些农产品，从欧洲和北美购买工业品，并接受外来的资本和移民。这就决定了拉美地区后来制度演进的初始条件。拉美地区自此进入以欧洲为中心的世界体系，其经济发展所形成的路径依赖已经摆脱不了对"中心"国家的依附。第二，独立运动没有带来根本性的制度变革。虽然拉美独立运动与拉美地区民族主义的形成和启蒙思想的传播有关，但导致这场变革的外部因素要大于内部因素。法国大革命、拿破仑战争和北美独立战争的示范效应都是引起拉美革命的原因。拉美革命带来了政治上的独立，却不是社会变革，它依然是一个等级分明和依附性的社会，跟随政治独立而来的，并不是经济独立，而是新殖民主义。第三，僵化的制度安排。到 19 世纪中期，多数拉美国家实现了"考迪罗"的统治。考迪罗提出了"全盘欧化"的口号，主张尽可能地按照欧洲和北美的模式来重建其国家，崇奉经济自由

---

① 董国辉：《"荷兰病"是拉美经济转轨的主要障碍》，《拉丁美洲研究》1994 年第 2 期，第 41 ~ 45 页。

主义，加强初级产品对欧洲的出口，极力模仿欧美的政治经济制度。

（2）进口替代发展战略

进口替代战略后发落后国家工业化的又一支撑手段。发展中国家通过税收、投资、消费等领域的制度设计，限制外国工业品进口，促进本国工业品生产，以达到本国产品逐渐在本国市场上替代进口品的状态。这样就能够为本国的工业发展提供有利条件，与前面的初级产品出口导向战略不同，这是典型的内向型经济发展战略。

从本质上讲，进口替代战略属于贸易保护主义战略，经常伴随着关税保护、进口配额、本币升值等政策。美国、德国和日本等发达国家，在工业化初期，也曾大力实施进口替代战略。然而，总体上讲，18～19世纪资本主义国家的进口替代战略是成功的，而20世纪60年代之后很多发展中国家则身陷"进口替代战略"困境，该战略不断遭到诟病①。世界银行曾批评发展中国家为了重工业发展，盲目采取进口替代战略，华而不实，资本没有进入获益最多的领域，效率低下。劳尔·普雷维什也在以《迈向发展的新贸易政策》为题的报告中指出这种内向型发展战略的短板，一是受国内市场狭小所限，二是客观上保护了经济的低效率。新自由主义阵营的声音更加强烈，他们认为这不仅导致资源配置错位、技术效率低下，而且极易形成储蓄缺口，这些对于急需资本积累的工业化初期的发展中国家来说，是不合时宜的。当然，片面地肯定或者否定该战略都是不科学的，毕竟进口替代战略成功地指导过一些经济体获得发展，所以我们应该分析该战略得以成功实施的条件：通过历史经验，我们发现广阔的国内市场、要素自由流动、经济存在明显的潜在比较优势是进口替代战略得以成功的主要条件。另外，我们必须将实施该战略的发展中国家纳入资本主义现代世界体系中，才能够精准地评价它在发展中国家经济发展中的作用。18～19世纪西方先发展起来的资本主义国家不仅具备上述几个方面的条件，而且在现代世界体系中处于中心

---

① 周怀峰、张岳恒：《进口替代批判述评》，《生产力研究》2006年第4期，第274～275页。

位置，能够充分利用和主动控制其他国家配合自己实施进口替代战略。在资本主义现代世界体系中的地位，是决定发展中国家进口替代战略成功与否的关键点，一般情况下，发展中国家难以控制其他国家配合自己的工业化进程，特别是其本身还处于依附在资本主义中心国家的地位上。

（3）出口导向发展战略

出口导向发展战略，是高级外向型经济发展战略，是初级外向发展战略的升级版本，实质上依然是外向型经济发展模式。具体来说，出口导向战略，指取得一定发展的落后国家，采取各种措施扩大轻工业、重工业、化工业产品，以推动经济发展的经济政策。此时，发展中国家的工业生产面向整个世界市场，在国际比较优势的基本原则配置本国资源，鼓励本国产品参与国际竞争。

这一战略的实施过程，伴随着产业结构随着比较优势变化而动态变化，是政府主导下的转型升级的过程。一般情况下，最初实施该战略的发展中国家，都是利用劳动力成本低廉的优势，加大劳动力密集型产品出口创汇，进而拉动经济的增长，同时增加就业。然后，随着发展中国家经济发展，逐步向中等收入水平迈进，要素成本优势慢慢褪色，此时，因为路径依赖经济结构很难自发的进行调整，必须存在一个强有力的政府进行产业结构调整、推动资本和技术密集型工业的发展，如实施出口企业优惠政策（减税、低息贷、补贴等）。这一战略的顺利实施，一方面可以短期内保持较高的经济增长速度，另一方面可以增强本国商品的国际竞争力，提高本国商品的国际市场占有份额，还可以在国际竞争压力刺激和培养国内企业高生产效率、研发新技术工艺、改善经济管理，以求在激烈的国际竞争中良好的生存和发展。但是，需要注意的是，出口导向战略的实施与资本主义现代世界体系，特别是中心国家的产业结构状况息息相关，它们长期站在科技水平的最高峰，而且特别注重保护本国知识产权和经济利益，出口导向产生的"技术溢出"效应会慢慢衰减，如果依赖于出口导向战略、忽略本国市场的培育即内需的重视，发展中国家的经济增长特别容易受到世界经济波动的负面影响。

上述发展中国家经济起飞阶段的三大资本积累和工业化推动战略，还必须有利于实施的政策和制度环境，而且还是认为扭曲的制度环境①，这样的政策制度由于经济增长目标的压力、产业调整的难度、利益集团的阻挠等因素，很难顺利地在短期内（如到达中等收入阶段时）得到调整和纠正。

（三）　资本原始积累与内部矛盾积累

前面已有论述，战后发展中国家无论主观上选择何种意识形态，在"区域热战"和西方发达国家的封锁压力等客观形势下，工业化几乎成为维护主权独立的唯一选择，而任何工业化（不管是否由国家主导）都绕不开资本原始积累，历史表明内向型积累是一般发展中国家采取的方式。所以，接下来利用数理模型讨论资本主义生产方式的矛盾和内向型资本积累产生的矛盾和困境，并以此分析这个阶段导致发展中国家掉入中等收入陷阱的发生机制。

借助约翰·罗默②的工作，如果存在这样一种技术，对于单位某种物品集合 I，能够使用 a 单位该物品集合和 L 单位劳动生产出来，即 $\{a, L\} = I$，或者从净物品生产的角度看 $\{a, L\} = I - a$③。为了讨论方便，我们可以先就一种商品 i 的生产情形来看。1 单位商品 i 中所包含的劳动就是生产 1 单位 i 所必需的劳动，包括生产过程中直接投入的劳动 L 和投入生产资料 a 中蕴含的过去生产过程中投入的劳动。为了求出这个劳动数量的大小，我们可以先令 x 为一定数量的商品 i，这个数量是为了最终获得 1 单位 i，所必须生产出的商品 i 的总数量，由于生产 x 单位 i 需要 ax 单位 i（很显然，需要满足 $a < 1$，否则技术不具有生产性），则有：

---

① 林毅夫：《新结构经济学》，《经济学》（季刊）2010 年第 1 期，第 1~32 页；林毅夫：《新结构经济学：反思经济发展与政策的理论框架》，北京大学出版社，2012。

② 〔美〕约翰·罗默：《在自由中丧失——马克思主义经济哲学导论》，段忠桥、刘磊译，经济科学出版社，2003。

③ 我们在这里需要指出，a 必须满足一定的性质，使得技术具有生产性得以体现，否则，生产将进入一种蜷缩的轨道上去，这和正常的社会经济发展相悖。

$$x = ax + 1 \qquad (3-1)$$

容易解得 $x = \dfrac{1}{1-a}$ ，显然生产一单位 i 所需要的劳动数量为：

$$\frac{L}{1-a} \equiv \lambda \qquad (3-2)$$

其中 λ 是包含在这 1 单位商品 i 中的劳动。对于式（3-2）的表达形式，还存在着另外一个比较有意思的解释。因为 $a < 1$ ，我们可以将 $\dfrac{L}{1-a}$ 展开为一个几何级数：

$$\lambda = \frac{L}{1-a} = L + La^1 + La^2 + \cdots + La^t \qquad (3-3)$$

我们可以看出，式（3-3）右边第一项 L 即是当期（t）生产过程中直接投入的劳动数量，第二项 La^1 则是上一期（$t-1$）生产 ax 的过程中投入的劳动数量，以此类推。所以，我们知道，式（3-2）所示的 1 单位商品 i 中所包含的劳动量，就既包含了生产过程中直接投入的劳动数量，还包含着生产资料中蕴含的劳动数量。

我们还有另外一个比较实用的推导方式，可以与上面的方式相互印证及比较。λ 是包含在 1 单位商品 i 中的劳动价值，生产过程中直接付出的劳动是 L ，作为生产资料投入的 a 单位 i 所包含的劳动价值为 $a\lambda$ ，这样我们有：

$$\lambda = L + a\lambda \qquad (3-4)$$

直接可以解出 $\lambda = \dfrac{L}{1-a}$ ，这个式子与宏观经济理论中的乘数理论很相似①。劳动者获得数量为 b 的消费品，以维持基本的生活，这些基

---

① 在宏观经济学中，由 $Y = C + 1$ 和 $C = aY + d$ 得到 $Y = \dfrac{a+1}{1-a}$ ，投资变动 ΔI 所导致的国民收入增加量是 $\dfrac{\Delta I}{1-a}$ ，即投资增加导致消费增加 $a\Delta I$ ，这个消费支出产生的收入会增加 $a^2 \Delta I$ 的消费，以此类推。

本工资物品的价值 λb 为 $\dfrac{bL}{1-a}$ ，显然如果 $\lambda b < 1$ ，则表示劳动者受到了剥削，此时的剥削率为 $e = \dfrac{1-\lambda b}{\lambda b}$ 。

若单位商品 i 的售价为 p ，我们可以表示出货币工资为 $w = pb$ ，暗含假设为劳动者没有储蓄。所以，对于资本家来说，每生产 1 单位的商品 i ，支付的货币资本数量为 $pa + wL$ ，获得的利润为 $p - (pa + wL)$ ，并且我们由利润率的定义，利润与投入资本的比率知道，利润率的表达式为：

$$\pi = \frac{p - (pa + wL)}{pa + wL} \qquad (3-5)$$

不管是由于其追逐利润的内在动力，还是由于相互竞争的压力，资本家都希望扩大其拥有的资本数量，这首先需要积累，然后需要投资，或者说资本家必须将利润的一部分储蓄起来。显然，资本家的积累速度取决于利润率 π 。

总结一下我们的分析模型。其中，$\{a, L, b\}$ 是给定的外生变量，由这些外生变量决定的变量，也就是我们需要寻找的变量为 $\{e, \lambda, p, \pi\}$ 。实际上，我们由式（3-4）可以决定 λ ，如果我们知道了实际的货币工资数量 w ，那么由 $w = pb$ 可以求出 p ，然后由剥削率和利润率的表达式 $e = \dfrac{1-\lambda b}{\lambda b}$ 、$\pi = \dfrac{p - (pa + wL)}{pa + wL}$ 就可以顺利算出 e 和 π 。

我们将 $w = pb$ 代到式（3-5）中，可以得到：

$$\frac{1}{1+\pi} = a + bL \qquad (3-6)$$

式（3-6）很好地刻画了资本家积累的行为，即其积累和扩大资本的行为与利润率之间的关系。所以我们将 $a + bL$ 称作"投入扩张系数"，第一项是生产 1 单位商品必须支付的生产资料部分，第二项是必须支付给劳动者的生活资料部分。显然，只要利润率 $\pi > 0$ ，必有：

$$a + bL < 1 \qquad (3-7)$$

也就是说，只要存在正的利润，投入扩张系数就应该小于正在生产的产品的数量。反之，我们也可以将式（3 - 7）看成利润率为正数的必要条件。

根据剥削率的表达式 $e = \dfrac{1 - \lambda b}{\lambda b}$ ，剥削率为正的条件是：

$$\lambda b < 1 \qquad\qquad\qquad (3 - 8)$$

将 $\lambda = \dfrac{L}{1 - a}$ 代入式（3 - 8）得到 $\dfrac{bL}{1 - a} < 1$ ，稍微变形就得到 $a + bL < 1$ ，也就是说，$a + bL < 1$ 是产生正的剥削率和利润率的必要条件。正因为此，我们考虑了利润率和剥削率之间的符号关系，这就是马克思基本定理[①]。

按照马克思基本定理：$\pi > 0$ 当且仅当 $e > 0$ ，即正利润率存在的充分必要条件是劳动受到剥削。

截至目前，我们讨论的是一种商品的生产和消费情形。而现实经济运行中，劳动的社会分工几乎总是存在于一个多种商品的联合生产过程之内。所以，我们考虑一个 n 种商品联合生产的模型，$x \in R^n$，表示这 n 种商品的生产水平；生产技术由 $\{A, L\}$ 来表示，其中 A 是 $n \times n$ 的投入系数矩阵，其中第 j 列的元素 a_{ij}，表示生产 1 单位商品 j 所需要的商品 i 的投入数量；L 是 n 维行向量，其中 L_j 是生产商品 j 所需要的直接劳动的投入数量。

然后，我们规定 n 维向量 b 表示劳动者的生活消费品向量，如果 b 就是联合生产中的净产品向量，那么与式（3 - 1）类似，我们可以写出：

$$x = Ax + b \qquad\qquad\qquad (3 - 9)$$

我们知道，当矩阵 A 具有生产性[②]，矩阵 $I - A$ 可逆时，式（3 - 9）的解为：

---

① Morishima, M., *Marx's Economics: A Dual Theory of Value and Growth* (Cambridge University Press, 1973), pp. 21 - 22.

② 生产性矩阵是一个能够产生正的净产出向量的矩阵。

$$x = (I - A)^{-1}b \tag{3-10}$$

我们记 Λ 为 n 种商品的价值向量，由于劳动者没有储蓄，显然有：

$$L(I - A)^{-1}b = \Lambda b \tag{3-11}$$

这里的 Λ 是可以推导出来的。Λ 中的元素 Λ_j 就是当期生产中付出的直接劳动和过去的生产过程中的间接劳动之和：

$$\Lambda_j = L_j + \Lambda_j a_{1j} + \Lambda_j a_{2j} + \cdots + \Lambda_j a_{nj}$$

即 $\Lambda_j = L_j + \Lambda A_j$，那么对于所有的 j 我们有：$\Lambda = L + \Lambda A$，从而可以解得 $\Lambda = L(I - A)^{-1}$。

劳动者得到的工资品向量的价值为：$\Lambda b = \Lambda_1 b_1 + \Lambda_2 b_2 + \cdots + \Lambda_n b_n$，受到剥削的条件为 $\Lambda b < 1$，剥削率为 $e = \dfrac{1 - \Lambda b}{\Lambda b}$。

记 p 为表示商品价格的 n 维向量，劳动者的工资设定为 1，那么生产 1 单位商品 j 所需要投入的货币资本为 $pA_j + L_j$，利润为：

$$\pi_j = \frac{p_j - (pA_j + L_j)}{pA_j + L_j} \tag{3-12}$$

这里，我们需要讨论一下由于资本家竞争而形成的一般利润率。一开始，每个资本家都是投资于那些能够得到最大利润率的行业，这一过程一直会持续到所有行业的利润率相等时为止，我们将此时统一的利润率称为一般利润率 π [①]，那么有：

$$p = (1 + \pi)(pA + L) \tag{3-13}$$

我们仍然将维持最低生活的工资写作 $pb = 1$，显然式（3-13）转化为：

$$p = (1 + \pi)p(A + bL) \tag{3-14}$$

其中 $A + bL$ 称为"投入扩张系数矩阵"。需要注意的是，bL 是一个

---

① 马克思：《资本论》（第三卷），人民出版社，第 355 页。

n 阶列向量与一个 n 阶行向量的乘积，因此是一个 $n \times n$ 的矩阵。所以说，$a_{ij} + b_j L_j$ 是商品 j 的生产过程中所投入的第 i 种商品的投入数量和通过工人消费而间接进入产品 j 生产过程的 i 商品的投入数量之和，因此 $b_j L_j$ 又称为"劳动传递投入系数"。我们依据 Frobenius – Perron 定理，只要 $A + bL$ 具有生产性，那么就存在唯一的一个非负向量 p 及与之相对应的利润率 π。

同理，我们可以证明正剥削率存在条件 $[\, L(I - A)^{-1}b < 1 \,]$ 和拓展之后的马克思基本定理：在 n 种商品的联合生产中，当且仅当 $e > 0$ 时，$\pi > 0$，即正利润率存在的充分必要条件是劳动受到剥削。

上述分析表明资本主义生产方式的剥削本质和潜伏于生产中的矛盾。因为经济增长从形式上讲与资本积累是同一过程，资本积累的直接动力是正利润率的存在，如马克思基本定理论证的那样，正利润率的存在是以剥削率为正为前提，但是剥削的存在又会对资本主义商品流通阶段即剩余价值实现阶段造成负面影响，这反过来导致利润率下降，进而资本积累过程受阻，经济增长就表现为缓慢停滞状态，下面详细论证这个矛盾。

我们用 Y 表示以价值核算的净国民收入，工人的消费等于其工资总额 w（工人没有储蓄），c 代表剩余价值中被资本家消费掉的部分，如奢侈品，k 是剩余价值中资本家用于投资的部分，我们可以得到下面的恒等式：

$$Y = w + c + k \tag{3-15}$$

我们记 K 为生产资料存量，所以有：

$$k = \mathrm{d}K/\mathrm{d}t$$

国民收入增长时，我们假定它的三个组成部分也随之增加是合理的，尽管比例不一定相同。所以，如果将 w 和 c 看作 k 的函数，且根据资本主义条件下剩余价值越来越大的部分被资本家所积累的基本特征，显然 w 和 c 比 k 的增长速度要慢一些，即：

$$w = f(k), 0 < f'(k) < 1, f''^{(k)} < 0 \qquad (3-16)$$

$$c = g(k), 0 < g'(k) < 1, g''^{(k)} < 0 \qquad (3-17)$$

根据资本主义经济运行的特征，那么技术不变的条件下，我们可以合理假定，消费品的产量必须和生产资料的储备成比例，也意味着生产资料的增长率和消费品产量的增长成正比。即在一定的时间 $\mathrm{d}t$ 内，消费的增长是 $\mathrm{d}w + \mathrm{d}c$，那就需要增加相应一定量的生产资料 i，即

$$i = \lambda(\mathrm{d}w + \mathrm{d}c) \qquad (3-18)$$

其中，λ 是比例因素。显然，要使经济顺利发展和不断进行，为消费增长所必需的投资率 i 必须同受典型资本主义生产方式制约的投资率 k 一样起变化，即需要满足 $\dfrac{\mathrm{d}k}{\mathrm{d}t} = \dfrac{\mathrm{d}c}{\mathrm{d}t}$，否则经济发展不能顺利进行。

由 $Y = w + c + k$ 可得：

$$\frac{\mathrm{d}^2 Y}{\mathrm{d}t} = \frac{\mathrm{d}^2 w}{\mathrm{d}t} + \frac{\mathrm{d}^2 c}{\mathrm{d}t} + \frac{\mathrm{d}^2 k}{\mathrm{d}t} \qquad (3-19)$$

又由 $i = \lambda(\mathrm{d}w + \mathrm{d}c)$ 知 $\dfrac{\mathrm{d}i}{\mathrm{d}t} = \lambda\left(\dfrac{\mathrm{d}^2 w}{\mathrm{d}t} + \dfrac{\mathrm{d}^2 c}{\mathrm{d}t}\right)$

从而又可以得到：

$$\frac{\mathrm{d}i}{\mathrm{d}t} = \lambda\left(\frac{\mathrm{d}^2 Y}{\mathrm{d}t} - \frac{\mathrm{d}^2 k}{\mathrm{d}t}\right) \qquad (3-20)$$

根据式（3-16）和式（3-17），重新表述 $\dfrac{\mathrm{d}^2 Y}{\mathrm{d}t}$，即：

$$\frac{\mathrm{d}^2 Y}{\mathrm{d}t} = [f'(k) + g'(k) + 1]\frac{\mathrm{d}^2 k}{\mathrm{d}t} + [f''(k) + g''(k)]\left(\frac{\mathrm{d}k}{\mathrm{d}t}\right)^2 \qquad (3-21)$$

在国民收入以不变或递减的速度增长 $\left(\dfrac{\mathrm{d}^2 Y}{\mathrm{d}t} = \text{或} < 0\right)$ 时，显然有：

$$\frac{\mathrm{d}i}{\mathrm{d}t} = \lambda\left(\frac{\mathrm{d}^2 Y}{\mathrm{d}t} - \frac{\mathrm{d}^2 k}{\mathrm{d}t}\right) < 0$$

但同时：

$$\frac{dk}{dt} = \frac{dY/dt}{f'(k) + g'(k) + 1} > 0$$

这样，我们发现根本无法满足 $\frac{dk}{dt} = \frac{dc}{dt}$。更具体地说，在资本主义生产方式下，资本家倾向于较高的投资率（$\frac{dk}{dt} =$ 或 > 0），但是这种生产方式所容许的消费增长方式只能保证一个递减的投资率（$\frac{di}{dt} < 0$），存在着一个消费品的产出量不断超过其需求量的趋势。我们也应该注意，该结论依赖于国民收入按照不变或递减的速度增长这个假设。斯威齐在其专著中指出，对于当时的发达资本主义国家来说，这个假设显然是合理的①。

我们需要辩证地看待发展中国家在资本原始积累阶段形成的矛盾，以及这些矛盾对其到达中等收入阶段之后的影响。

首先，相对生产过剩的矛盾在本阶段表现得不是很明显，也就是说商品流通问题在该阶段构不成巨大威胁，其原因在于：一是发展初期资本绝对稀缺的禀赋特征决定了其生产矛盾的规模相对小；二是大多数发展中国家是在短缺商品经济的基础上开启资本积累与工业化进程的；三是资本积累推动下的工业化进程表现出明显的重工业化倾向（本书前面已经论述过这种倾向的可能因素），所谓"重工业优先战略"，而这种倾向特征本身就预示着很多产品根本不会像居民日常消费品那样进入流通过程，如国防、军工业、部分基础设施建设等。

其次，相对生产过剩的矛盾未在本阶段凸显和爆发，并不代表其不存在，更不代表未来不会出现。资本主义生产方式连同它的矛盾就像一个"毒瘤"一样隐藏在开启工业化进程后的发展中国家内，粗略地说，低收入阶段正是这些矛盾的潜伏期。随着发展中国家的规模扩大、告别

---

① 〔美〕保罗·斯威齐：《资本主义发展论》，陈观烈、秦亚南译，商务印书馆，1997，第210页。

商品经济短缺时代、重工业向一般消费品工业生产转变，特别是经济上升一个台阶到达中等收入阶段，这个矛盾就会被激活，越来越显著的干扰经济增长路径，时常还伴随着一些并发症状，如通货膨胀、财政赤字、债务危机等。

再次，发展中国家工业化进程伊始所需要的资本，在当时的历史背景下，通常是在国家的主导下完成的。在资本初始积累阶段一个有所作为的政府可以发挥个人和市场无法替代的优势，通过历史也可以看到，只有强大的政府才能在波诡云谲的国际环境中迅速地供给工业化开启所需要的资本，但这种类型政府的缺失也是很多落后国家长期不能突破低收入水平陷阱的重要原因之一。然而，一方面发展中国家的政府会从政治、经济、社会等多维度的制度安排保证工业化的顺利开启和进行；另一方面其中有些有违资源禀赋优势的制度安排必然是"扭曲"的。按照林毅夫的观点，在这种环境下成长起来的工业企业是没有"自生能力"的，多维制度扭曲必然会造成经济体内部的诸多失衡，如居民收入差距、工农业失衡、城乡失衡、财政失衡、金融滞后等，并且造成众多失衡的各种扭曲制度极易形成路径依赖和既得利益集团，使得原始积累时期的各种制度安排难以改变，以至于在经济体越过原始积累阶段后成为经济增长的阻碍力量。这种阻碍力量，对处于中等收入水平的发展中国家来说，无疑是导致中等收入陷阱形成的重要因素之一。

这里要强调的一点是，发展中国家完成资本原始积累后，在制度改革层面往往陷入一种两难困境：一是前面分析过的路径依赖和既得利益集团阻挠，即制度调整难问题，发展中国家会碰到一轮又一轮攻坚克难的改革，围绕着"多维制度扭曲"从易改领域到"硬骨头"，亦步亦趋地艰难行进；二是改革在释放制度红利和要素潜力的同时，也将资本原始积累阶段掩盖的矛盾释放出来，主要是资本主义生产相对过剩，也就是说，生产领域的活力释放出来，流通领域的矛盾却越堆越多。学界曾将这种两难困境概括为"一放就乱、一抓就死"。如果不能跳开资本主义发展模式的束缚，这种两难困境本身就如同陷阱一样将发展中国家锁定在中等收入阶段，不幸的国家甚至由于政治、经济、社会的动荡不安被逼迫倒退到原先的发展水平上。能不能跳出这种发展模式呢？除了发展中国家自身的清醒认识和努力奋斗之外，资本主义世界体系的影响更不容小觑。

二　资本持续积累：外部矛盾危机的转移转嫁

在低收入阶段依靠内向型资本原始积累的发展中国家可谓矛盾重重，20世纪之前先发达起来的国家几乎都有向外侵略扩张的经历，而此后的发展中国家就没有那么"幸运"了，这里的幸运加上引号，是为了强调其是建立在很多殖民地国家的"不幸"的基础之上的。战后经历一段时间经济增长到达中等收入阶段之后的发展中国家，只要能够改变资本主义经济运行方式，跳出资本主义经济发展窘境，是能够继续维持经济增长态势的。但是，世界上大多数发展中国家仍然留在资本主义制度体系之内，这除了自身经济政治条件的支配以外，还有来自资本主义世界体系的负面影响也经常使发展中国家改变发展的命运被拖延或搁置；更加严重的是中心国家通过资本主义世界体系和不平等结构源源不断"转移"发展中国家经济剩余，向发展中国家转移矛盾和转嫁危机。下面，我们就详细研究中等收入阶段的发展中国家面临的外部威胁和增长停滞倒退风险。实际上是结合上述资本主义生产方式的矛盾和内向型资本原始积累的分析，进一步对"财富－阶级－剥削"结构模型的展开探讨。

（一）中心－半外围－外围结构的不平等

为了将"中心－半外围－外围"结构的不平等性质阐述清楚，本书拟借助"财富－阶级－剥削"对应原理予以说明，并将该对应原理扩展至结构不平等性的讨论之中。考虑一个由 N 个社会成员和生产技术 $\{a,L\}$ 构成的经济。每个成员拥有的初始资产是 w^i，并且不允许耗尽这一储备，一个国家也一样存在资本损耗的补偿机制。每个成员拥有 1 单位的时间，在闲暇和劳动之间取舍。假设他们具有"生存偏好"（愿意从事的劳动，只为满足生产需求，即购买 b 数量商品所必需的劳动）。

这里，只存在劳动与商品之间的相对价格问题，我们假设劳动工资为 1，商品价格为 p。任何一个社会成员可以选择三种类型的活动：利用自己拥有的储备亲自劳动生产；支付工资雇佣他人加工自己的储备；以现行工资出卖劳动力为他人生产玉米。令 x^i 表示用储备为自己劳动而生产的商品数量；y^i 为雇佣他人加工自己的储备得到的商品数量；z^i 为在劳动力市场上出卖劳动力的数量。那么，该社会成员的全部收入可以写成：

$$x^i(p - pa) + y^i[p - (pa + L)] + z^i \qquad (3 - 22)$$

生存需求约束为：

$$x^i(p - pa) + y^i[p - (pa + L)] + z^i \geq pb \qquad (3 - 23)$$

接着考虑有形资本的初始所有权产生的约束。如果不存在资本借贷市场，只存在劳动市场，每一社会成员的选择就是出卖劳动力与否和出卖多少劳动力。假设工资是生产周期结束后再由收入的一部分支付。那么，本人在 x^i 水平上进行玉米生产和雇佣他人在 y^i 水平上生产所必须拥有的资金数量为 $(x^i + y^i)pa$，资本约束为：

$$(x^i + y^i)pa \leq p w^i \qquad (3 - 24)$$

劳动时间约束为：

$$L x^i + z^i \leq 1 \qquad (3 - 25)$$

社会成员 i 在生产过程满足上面三个约束的前提下进行目标最优化行为选择 (x^i, y^i, z^i)，目标是最小化其劳动耗费。

$$\min \ (L x^i + z^i)$$

$$\text{s. t.} \begin{cases} x^i(p - pa) + y^i[p - (pa + L)] + z^i \geq pb \\ (x^i + y^i)pa \leq p w^i \\ L x^i + z^i \leq 1 \end{cases}$$

我们知道，经济中的 N 个成员都需要解决上述的最优化问题，如

果商品的相对价格 p 能够满足两个市场的出清，经济体就达到均衡状态。此时，商品的净产量满足了社会对商品的需求 Nb，N 个成员愿意出卖的劳动加总等于他们需要雇佣的劳动总需求。定义 $x \equiv \sum x^i$，$y \equiv \sum y^i$，$z \equiv \sum z^i$ 和 $w \equiv \sum w^i$ 分别表示社会成员为自己生产的商品数量，作为雇佣人员生产的商品数量，市场上劳动的总供给和社会可使用的资本投入量。

因此，补偿之后商品净产量需要满足：

$$(x + y)(1 - a) \geqslant Nb \qquad (3-26)$$

劳动市场上需要满足供需平衡：

$$Ly = z \qquad (3-27)$$

可行的社会生产计划还需要满足：

$$a(x + y) \leqslant w \qquad (3-28)$$

如果商品的相对价格 p（劳动工资为 1）导致各社会成员最有规划的选择 $\{(x^i, y^i, z^i)\}$ 满足式（3-26）、式（3-27）、式（3-28），那么它被称为该经济的可再生产均衡价格。此时，每一个社会成员最优的生产计划得以实现。

通过社会成员受初始资产约束和"生存偏好"驱动在劳动市场上进行自我劳动时间最优分配选择的机制决定了阶级的构成。约翰·罗默用可再生产均衡下个体的最优规划解向量 (x^i, y^i, z^i) 中"0"与"+"的特殊序列来规定社会成员的阶级地位[①]。例如，商品的相对价格 p，成员 i 的最优选择 (x^i, y^i, z^i) 若为 $(x^i = 0, y^i > 0, z^i = 0)$，即一个形式为 $(0, +, 0)$ 的解向量[②]，那么该成员是一个纯粹的资本家，因为他只通

---

① 〔美〕约翰·罗默：《在自由中丧失——马克思主义经济哲学导论》，段忠桥、刘磊译，经济科学出版社，2003。
② 我们使用符号"0"和"+"表示社会成员在特定位置所代表的活动中没有投入劳动和投入了劳动两种基本情形。

过雇佣劳动力最优化目标函数。又如，解向量为（0，0，+）所表示的是一个无产者的选择，他只能通过出卖劳动力实现最优化。

由排列组合的知识我们知道，(x^i, y^i, z^i) 的三个位置上进行两种（"0"与"+"）选择，共存在 8 种可能的方式。但是，由于生存偏好和资本补偿需求的制约，(0,0,0) 的情况是可以排除掉的。此外，既雇佣他人劳动又出卖自己劳动的情况也不符合现实，即（0，+，+）和（+，+，+）的情况也可以排除掉。这样，在我们的分析框架下就确立了 5 种可能的阶级地位（见表 3－4）。

表 3－4　阶级结构

阶级结构	阶级名称（农业经济）	阶级名称（工业经济）
（0，+，0）	地主	资产阶级
（+，+，0）	富农	小资产阶级
（+，0，0）	中农	独立手工业者
（+，0，+）	贫农	半无产阶级
（0，0，+）	佃农	无产阶级

前面的分析仅仅是对社会成员依据自身初始禀赋和生存偏好冲动下最有选择行为结果的阶级地位规定（是"规定"而不是"决定"）。那么，一个人在社会中的阶级地位是由什么来决定的，或者说什么决定了各个社会成员不同的最优解向量，与其初始财富的关系是什么，阶级地位又意味着什么样的阶级关系呢？很显然的是，通常一个人的阶级地位不是外生给定，而是经济中内生的。接下来，我们就研究这些问题。

一个很容易想到的结论是，一个人的初始财富越多，那么其阶级等级就越"高"，即"阶级－财富对等"效应，所谓"出身好"。这也被约翰·罗默称作"阶级－财富对应定理"①。在我们上面的分析中，工资 w 在生产周期完成之后支付，生产 1 单位玉米的预付资本就是 pa，

---

① 〔美〕约翰·罗默：《在自由中丧失——马克思主义经济哲学导论》，段忠桥、刘磊译，经济科学出版社，2003。

利润率为：

$$\pi = \frac{p - (pa + wL)}{pa} \qquad (3-29)$$

价格为 p 时，一个人的初始财富的相对货币数值为：

$$w^i p = W^i \qquad (3-30)$$

如果一个人足够富有，显然仅仅从雇佣他人的方式中就能得到足够的收入满足"生存偏好"，另外由于"劳动付出最小化需求"，他不会付出任何劳动，即处于资产阶级（0，+，0）行列。相反，如果一个人最开始除了最基本的劳动能力不拥有任何资产，那么他收入的唯一来源就是出卖劳动力，才能满足最基本的"生存偏好"，这样，初始财产为 0 的人就处于无产阶级（0，0，+）行列。

上面分析了两种比较"极端"的情况，下面来分析那些拥有一些财产而又不足以完全不劳动的社会成员。设这样的一个人 i 的最优解向量为 (x^i, y^i, z^i)，他们必然会将其全部的资产投入生产以实现最优化，雇佣他人劳动并且自己也参与生产，那么他的约束条件是一个等式：

$$x^i + y^i = \frac{w^i}{a} \qquad (3-31)$$

生存偏好的约束改写为：

$$(x^i + y^i)p(1-a) + (z^i - Ly^i) = pb \qquad (3-32)$$

因此，有 $\dfrac{p(1-a)w^i}{a} + (z^i - Ly^i) = pb$，即：

$$(z^i - Ly^i) = p\left[b + \frac{(1-a)w^i}{a}\right] \qquad (3-33)$$

由此得出：

$$(z^i - Ly^i) > 0, 当且仅当 w^i < \frac{ba}{1-a}$$

$$(z^i - Ly^i) = 0, 当且仅当 w^i = \frac{ba}{1-a}$$

$$(z^i - Ly^i) < 0,当且仅当 w^i > \frac{ba}{1-a}$$

第一种情况描述的是半无产阶级，最优解的特征表现为 $(z^i - Ly^i) >$ 0，他们一方面出卖自己的劳动受雇与其他社会成员，另一方面还要为自己留下一部分劳动时间；第二种情况是独立手工业者，因为 $(z^i - Ly^i) = 0$，他们既不需要出卖劳动力，也不需要雇佣其他社会成员，只是依靠自己的劳动；第三种情况是小资产阶级，由于 $(z^i - Ly^i) < 0$，他们不会出卖劳动力，但需要雇佣其他社会成员，自己也需要付出一定的劳动。这样，我们已经详细地讨论了初始财富水平对阶级地位的决定作用（见表 3-5）。

表 3-5　阶级-财富对应原理

阶级结构	阶级名称	财富特征
(0，+，0)	资产阶级	$w^i \geqq \dfrac{b}{\pi}$
(+，+，0)	小资产阶级	$\dfrac{b}{\pi} > w^i > \dfrac{ba}{1-a}$
(+，0，0)	独立手工业者	$w^i = \dfrac{ba}{1-a}$
(+，0，+)	半无产阶级	$\dfrac{ba}{1-a} > w^i > 0$
(0，0，+)	无产阶级	$w^i = 0$

需要引起注意的是，初始财富与阶级之间的这种对应关系并不是外生假定的，而是社会成员在既定的约束下寻求最优化经济活动的结果。因此，阶级和剥削现象并不是市场不完美的表现，而是完美市场体系的结果，并且是每个社会成员自由选择的结果，只不过受到最初财富和劳动力禀赋的限制。

我们已经明确了阶级地位与初始财富之间的一一对应关系，接下来的问题是，阶级地位与剥削之间的关系又如何呢？首先考虑一个独立手工业者，他的初始资产 $w^i = \dfrac{ba}{1-a}$，通过上面的分析我们知道，他将单纯利用自己的劳动和资产进行生产，如果假设其最有解向量为（x^i, 0, 0），显然有 $a\,x^i = w^i = \dfrac{ba}{1-a}$，或者 $x^i = \dfrac{b}{1-a}$，因此他的劳动时间为

$$L\,x^i = \frac{Lb}{1-a} = \lambda b = SNLT。$$再来考虑一个更加富有的社会成员 j，根据财富－阶级对应定理，j 必定属于雇佣劳动的阶级，那么他的劳动时间要少于上述那个独立手工业者，也就是说劳动时间少于 λb，因而是剥削者。同理，我们知道初始财富比独立手工业者少的社会成员会处于受到剥削的境况。

所以，我们可以得到"阶级－剥削对应定理"：将自己置身于雇佣他人劳动地位的是剥削者；通过出卖劳动力实现最优化的人是受剥削者。或者说，初始财富多于一定数量（$w^i > \dfrac{ba}{1-a}$）的人是剥削者；反之是受剥削者。剥削与人的阶级地位都是作为在这一均衡经济中人的内生属性而出现的，不是从一开始就被假设的，当然，需要指出的是，如果人们的偏好是稀奇古怪的，不是我们假设的"生存偏好"和"最少劳动付出偏好"的话，那么阶级与财富、阶级与剥削之间的对应关系也将可能失效。

上面我们给出了同一个社会成员之间"财富－阶级－剥削"对应关系，同样的，在资本主义世界体系中，国家与国家之间也存在类似的"对应关系"。由于发达国家与发展中国家之间存在明显的差异和差距，发展中国家在资本绝对稀缺的禀赋特征下，也有着类似"生存偏好"假设性质的"国富民强愿景"，它们的经济增长和发展中的问题可以纳入类似"财富－阶级－剥削"关系的"中心－半外围－外围"结构的分析框架中去。发展中国家正是处在这样一个发达国家主导的不平等结构中，却又希望通过经济增长实现国家实力增强、人民生活水平提高的民族国家目标。

（二）资本输出模型

资本主义生产方式内在的矛盾和不稳定性，必然迫使中心国家向外

扩张，如实施殖民主义（Colonialism），主要是控制殖民地经济以缓解自己的发展压力。利用军事、政治和经济等强制手段，资本主义发达国家占领、奴役和剥削弱小国家、民族和落后地区，将其变为自己的殖民地或者半殖民地。殖民主义的形式因资本主义发展的不同阶段而略有差异：原始积累时期采取暴力手段，如武装占领、海盗式的掠夺、强买强卖、血腥的奴隶贸易等手段攫取落后国家的经济剩余和资源；自由资本主义时期，中心国家把自己伪装成"自由"的代言人，可是此自由非彼自由，他们借着"自由贸易"将落后地区变成商品倾销市场、原材料产地、高利润投资场所、廉价劳动力甚至雇佣兵来源地。而到达中等收入阶段的国家一般情况下已经摆脱了原西方列强对殖民地侵略的控制，此时中心国家的资本输出就成为发展中国家经济剩余流出的主要原因之一。

我们先从价值的角度描述一个经济体的经济增长路径。将经济中所有的产业部门作为一个整体，那么在某一时期 t，其产出 W_t 由三个部分组成：不变资本 C_t、可变资本 V_t 和剩余价值 S_t，即：

$$W_t = C_t + V_t + S_t$$

在总产出 W_t 中，C_t、V_t 用于补偿生产中消耗的不变资本和可变资本，剩余价值 S_t 的去向分为两个主要部分：资本家的消费 h_t 和资本积累 A_t，即：

$$S_t = h_t + A_t$$

资本积累 A_t 通过下一期不变资本和可变资本投资形式回到资本主义商品生产中，所以有：

$$A_t = \Delta C_{t+1} + \Delta V_{t+1}$$

资本积累率 $a_t = \dfrac{A_t}{S_t}$。

而 $t+1$ 期的不变资本和可变资本数量为：

$$C_{t+1} = C_t + \Delta C_{t+1} \, ; V_{t+1} = V_t + \Delta V_{t+1}$$

按照经典马克思经济学理论，任一时期的剩余价值率 $e_t = \dfrac{S_t}{V_t}$，主要受到工作日长度、劳动强度和实际工资状况等因素影响；资本有机构成 $q_t = \dfrac{C_t}{V_t}$，主要受技术水平和劳动生产率影响。那么，我们可以写出 $t+1$ 期产出的价值构成：

$$W_{t+1} = C_t + \Delta C_{t+1} + (V_t + \Delta V_{t+1})(1 + e_{t+1})$$

价值形式的经济增长率：

$$g_t = \frac{W_{t+1} - W_t}{W_t} = \frac{C_t + \Delta C_{t+1} + (V_t + \Delta V_{t+1})(1 + e_{t+1}) - C_t + V_t(1 + e_t)}{C_t + V_t(1 + e_t)}$$

通过运算和化简，我们得到 $g_t = \dfrac{\Delta C_{t+1} + V_t(e_{t+1} - e_t) + \Delta V_{t+1}(1 + e_{t+1})}{C_t + V_t(1 + e_t)}$

为了便于这里的分析，我们假设技术水平不变，劳动生产率不变，资本家的消费为 0，那么资本有机构成在两期之内没有发生变化，$q_t = q_{t+1} = q$，剩余价值全部留作资本积累和再生产投资，我们利用 $e_t = \dfrac{S_t}{V_t}$、$q_t = \dfrac{C_t}{V_t}$ 和 $a_t = 1$ 可以得到：

$$g_t = \frac{e_t}{1 + q} + \frac{e_{t+1} - e_t}{1 + q + e_t} \qquad (3-34)$$

从式（3-34）可以得出：资本主义生产方式下，一个经济体产出价值增长率与其资本有机构成水平呈反向变动关系。这不难理解，资本有机构成越高，资本替代劳动的程度越高，依据劳动价值理论，其产出商品中新创造的价值的比例是趋于下降的。考虑一种情形，剥削率不随时间发生变化 $e_{t+1} = e_t = e$，此时有 $g_t = \dfrac{e}{1 + q}$，很显然增长率同剥削率呈正向变动关系，同资本有机构成呈反向变动关系。有意思的是，我们知道，剥削率 e 受到劳动者身体承受极限和社会道德环境等因素限制会趋于一个相对狭小的范围之内，而资本有机构成 q 随着科技水平和劳动生产效率的提高有不断提高的趋势，所以在一个成熟的资本主义经济体系中，产出增长率以价值来核算有下降的趋势。以往的文献在这个问题上提及的不多，显然这从供给层面论证了资本向外扩张的逻辑和动力。

下面我们构建一个发达－不发达两国家模型。初始时期，对于两个国家（发达国家 1 和不发达国家 2）来说，都满足 $W_t = C_t + V_t + S_t$，即：

$$W_0^1 = C_0^1 + V_0^1 + S_0^1 ; W_0^2 = C_0^2 + V_0^2 + S_0^2$$

发达国家的资本有机构成高远远高于不发达国家，即 $q_t^1 > q_t^2$，（$t = 0，1，2，3，\cdots，n$），这既是世界范围内经济发展的历史和现实，又是发达国家资本向外扩张的动力逻辑和源泉。如果以 t 时期为基期，在这以后的每一时期，发达国家积累的资本都拿出一部分投资在发展中国家，那么有：

$$S_t^1 = h_t^1 + A_t^1 = h_t^1 + \Delta C_{t+1}^{11} + \Delta V_{t+1}^{11} + \Delta C_{t+1}^{12} + \Delta V_{t+1}^{12}$$

$$S_t^2 = h_t^2 + A_t^2 = h_t^2 + \Delta C_{t+1}^{22} + \Delta V_{t+1}^{22}$$

如果其中 $\dfrac{\Delta C_{t+1}^{11} + \Delta V_{t+1}^{11}}{S_t^1 - h_t^1} = 1 - \alpha$，则相应的 $\dfrac{\Delta C_{t+1}^{12} + \Delta V_{t+1}^{12}}{S_t^1 - h_t^1} = \alpha$，$\alpha$ 表示发达国家 t 期剩余价值和积累的资本投资在不发达国家中的比例。显然在 $t+1$ 时期，价值转移之前的两国经济价值总量为：

$$\widetilde{W}_{t+1}^1 = C_t^1 + \Delta C_{t+1}^{11} + (V_t^1 + \Delta V_{t+1}^{11})(1 + e_{t+1}^1)$$

$$\widetilde{W}_{t+1}^2 = C_t^2 + \Delta C_{t+1}^{12} + \Delta C_{t+1}^{22} + (V_t^2 + \Delta V_{t+1}^{12} + \Delta V_{t+1}^{22})(1 + e_{t+1}^2)$$

价值转移之后的两国经济价值总量为：

$$W_{t+1}^1 = C_t^1 + \Delta C_{t+1}^{11} + (V_t^1 + \Delta V_{t+1}^{11})(1 + e_{t+1}^1) + \Delta V_{t+1}^{12}(1 + e_{t+1}^2)$$

$$W_{t+1}^2 = C_t^2 + \Delta C_{t+1}^{12} + \Delta C_{t+1}^{22} + (V_t^2 + \Delta V_{t+1}^{12})(1 + e_{t+1}^2)$$

所以说，价值增长率也可以计算出来，分别为：

$$g_t^1 = \frac{W_{t+1}^1 - W_t^1}{W_t^1} = \frac{C_t^1 + \Delta C_{t+1}^{11} + (V_t^1 + \Delta V_{t+1}^{11})(1 + e_{t+1}^1) + \Delta V_{t+1}^{12}(1 + e_{t+1}^2) - C_t^1 - V_t^1 - S_t^1}{C_t^1 + V_t^1 + S_t^1}$$

$$g_t^2 = \frac{W_{t+1}^2 - W_t^2}{W_t^2} = \frac{C_t^2 + \Delta C_{t+1}^{12} + \Delta C_{t+1}^{22} + (V_t^2 + \Delta V_{t+1}^{12})(1 + e_{t+1}^2) - C_t^2 - V_t^2 - S_t^2}{C_t^2 + V_t^2 + S_t^2}$$

通过化简，我们得到发达国家的增长率为：

$$g_t^1 = \frac{\alpha e_t^1 + \dfrac{(1-\alpha)}{1+q_{t+1}^1} e_t^1 (1 + e_{t+1}^1) + \dfrac{\alpha}{1+q_{t+1}^2} e_t^1 (1 + e_{t+1}^2)}{(1 + e_t^1 + q_t^1)} \qquad (3-35)$$

为了便于比较分析，与前面的处理方式一样，我们先假设每个国家的资本有机构成不发生变化，剥削率也不发生变化，并且资本家的消费为 0。因为发达国家将部分资本转移到利润率更高的落后国家，那么显然有 $g_t^1 > g_t$，也就是说发达国家通过资本转移，可以将资本主义生产方式本身蕴含的矛盾转移到落后国家，而维持自己的经济增长。对于落后的发展中国家来说，剩余价值以外国资本所获利润的方式转移到发达国家，自己的资本积累必然遭受破坏和损失。

（三）不平等交换模型

除了罗莎·卢森堡，经典马克思主义经济学家[1]对帝国主义的分析，都将资本输出作为核心国家对外围、半外围国家进行剥削的主要途径。1945 年以后，帝国主义理论的分析框架日趋衰落，而针对贸易而非资本流动作为国际剥削主要工具的兴趣日益高涨，加上 1952 年之后的现实经验更加强化了这种兴趣。汉斯·辛格和劳尔·普雷维什认为，19 世纪开始，贫穷的初级产品生产国的贸易条件长期处于恶化过程之中，这是穷国和富国之间差距越来越大的主要原因[2]。

关于贸易条件对于国际剥削的影响和不平等交换的影响，马克思现有的文献中没有系统的论述，也许在其计划的"世界市场"的那一卷，

---

[1] 有马克思、恩格斯、列宁等。

[2] 〔阿根廷〕劳尔·普雷维什：《拉丁美洲的经济发展及其主要问题》，《美国经济评论》（英文）1950 年第 40 卷；〔德〕辛格：《投资和借贷在国家间收入分配》，《美国经济评论》（英文）1950 年第 40 卷，第 473~485 页。

会有比较详细的分析。有关这一重要问题的论述集中体现在《资本论》第 3 卷中，其中两处是用来说明发达国家和落后国家剥削率和利润率之间的可能联系。在第一个例子中，马克思要表明，尽管欧洲的剥削率高很多，但是在亚洲资本存在获得更高利润率的可能性，借以批判巴师夏等人"欧洲一定具有更高利润率"的预言。

$$欧洲：84c + 16v + 16m = 116$$
$$亚洲：16c + 84v + 84m = 121$$

第二个例子与第一个例子类似，讲的是一个发展中国家与一个处于较高发展阶段发达国家之间的比较，同样说明的是发展中国家存在更高利润率的可能性：

$$发达国家：50c + 100v + 100m = 250$$
$$发展中国家：400c + 100v + 100m = 600$$

以上这两处马克思并未直接论及不平等交换，在讨论利润率下降趋势的阻碍因素时，马克思论述了不平等交换的可能性，他没有提到资本有机构成差异，而是指出这样的事实：由于较发达国家具有较高的劳动生产力，这使得其能够按照高于其商品价值的价格出售商品，获得一个超额利润。在国际环境中，处在有利条件的发达国家，在交换中以较少的劳动换回较多的劳动。同劳动力商品与资本进行交换时一样，这种余额（剩余价值），总是被装入资产阶级的腰包①。

奥托·鲍威尔基于资本有机构成差异，论证发达国家和落后国家之间的贸易何以在不平等条件下发生，提出发达国家的资本家不仅直接剥削本国工人，而且通过不平等交换不断的间接占有不发达国家工人生产的大部分剩余价值。通过后来的帝国主义理论和不平等交换理论对比发现，鲍威尔竭力否认帝国主义能够使宗主国工人阶级受益，清楚地表明

---

① 马克思：《资本论》（第三卷），人民出版社，第 304 页。

剥削率在低工资的捷克波西米亚低于高工资的德国波西米亚地区①。格罗斯曼以前述马克思第一个例子为基础，指出如果利润率在国家间存在平均化趋势，将引起价值从亚洲向欧洲转移，价值转移的过程对于资本主义发达国家利润率下降是一个重要的补偿，这也有助于说明 20 世纪资本主义中帝国主义的压迫力量②。但是保罗·斯威齐在《资本主义发展论》中否定了国际贸易能够产生价值转移，因为单纯的贸易不能够使利润率在国际间平均化③。

1962 年，在巴黎研究的希腊经济学家阿格里·伊曼纽尔在一次演讲中提出，国际不平等交换是富国和穷国在实际工资上面的巨大差异导致的，而不是资本有机构成的国际差异，并且实际工资上面的差异还在继续扩大。这种工资差异造成了相对价格和劳动价值量之间的背离，引起国际贸易中劳动的不平等交换④。伊曼纽尔假设世界经济本质上是竞争性的，所以世界范围内存在利润率平均化趋势；但是同时西方移民控制所允许的有限制劳动力流动根本不足以使工资也平均化，所以落后国家和发达国家之间保持着工资和剥削率两个方面的巨大差异。那么，劳动力价值存在着很大的国际差异，这些差异是商品价格差异的原因和不平等交换的根源。

如发达国家 A 生产 30 辆汽车，耗费直接和间接劳动时间是 720 天，发展中国家 B 耗费 480 天直接和间接劳动生产 30 吨茶叶。B 国的工资比 A 国低，剥削率相应就高一些，两国的资本有机构成相同的情况如表 3 - 6 所示。

---

① 转引自〔美〕保罗·斯威齐：《资本主义发展论》，陈观烈、秦亚南译，商务印书馆，1997，第 231 ~ 237 页。
② 转引自〔美〕保罗·斯威齐：《资本主义发展论》，陈观烈、秦亚南译，商务印书馆，1997，第 231 ~ 237 页。
③ 〔美〕保罗·斯威齐：《资本主义发展论》，陈观烈、秦亚南译，商务印书馆，1997，第 251 页。
④ 〔希腊〕伊曼纽尔：《不平等交换——对帝国主义贸易的研究》，文贯中等译，中国对外经济贸易出版社，1988，第 95 页。

表 3-6　两国资本有机构成情况

国家	C	V	M	总价值	单位价值
A	480	120	120	720	24
B	240	60	180	480	16

没有国际资本流动时，A 国的利润率是 20%，B 国的利润率是 60%；按照马克思生产价格理论，以总剩余价值除以总资本等到一个相同的利润率为 33.3%，就可以求出单位商品的生产价格（见表 3-7）。

表 3-7　两国单位生产价格

国家	$c+v$	$r(c+v)$	$(1+r)(c+v)$	单位生产价格
A	600	200	800	80/3
B	300	100	400	40/3

我们可以看出，两种商品的价值比（1.5）小于其价格比（2）。假如 A 花费 80 进口 6 吨茶叶，B 利用这 80 就可以进口 3 辆汽车以维持贸易平衡，此时 B 进口的劳动力价值是 72 天，而出口的劳动力价值是 96 天。这样，富国从这种看似平等的贸易中赚取了 24 天的劳动，穷国生产的 60 天剩余劳动只剩下 36 天。这种价值转移与鲍威尔和格罗斯曼所讨论的不平等交换的区别在于工资存在差异而资本有机构成相同。

伊曼纽尔的学生萨米尔·阿明论证了国际差异并没有因为贸易增多而减小，反而出现恶化的趋势。但是经济繁荣的发达国家，允许工资进一步上涨，而发展中国家狭小的国内市场经常遇到积累障碍，失业增加和工资下降频频出现，日益扩大的工资差距和不平等交换进入了一个累加的运行轨道[1]。他们认为所有的帝国主义都有着重商主义的特征，并以此说明 1945 年以后，为何自由贸易的基础一旦建立和牢固，非殖民

---

[1]〔埃及〕萨米尔·阿明：《不平等发展》，高铦译，商务印书馆，1990，第 117～136 页。

化才得以迅速的扩散。同时，他们还提出了一个比较新颖的观点：世界范围内的无产者不再具有"完全相同"的利益，发达国家工人的高水平生活间接地依赖于对落后地区的持续剥削。

伊曼纽尔等人的分析中存在一个遭人诟病的缺陷：当具有不同劳动技能的工人以不同的劳动强度作用于数量不同的机器和原材料时，很难想象和认为他们的劳动是相等的。这样的话，从伊曼纽尔框架下的"国际价值"稍显多余。因为 A 国生产汽车不生产茶叶，B 国生产茶叶不生产汽车，对劳动生产力的比较本身就如同建立在空中楼阁之上，无法根据单位时间生产的茶叶来度量汽车的价值。反之亦不能。安德森通过引入两国都生产的第三种商品建立模型，回应了针对伊曼纽尔分析的一些反对意见[①]。

有两个国家（国家 1 和国家 2，即富国和穷国）：工资水平不同（$w_1 > w_2$）；三种商品 A（如机器）、B（如布匹）、C（如咖啡），其中 A 在国家 1 生产，C 在国家 2 生产，B 在两国均生产，B_1 表示国家 1 的产品、B_2 表示国家 2 的产品。那么，国际贸易所涉及的其实是机器和咖啡的交换。假设技术水平给定：$(A_a、L_a)$、$(A_{b1}、L_{b1})$、$(A_{b2}、L_{b2})$、$(A_c、L_c)$，产品的价格用 p_a、p_{b1}、p_{b2} 和 p_c 表示，不变资本在一个时期内耗完，工资在时期末支付，r 表示一般利润率，则我们可以得到：

$$p_a A_a (1 + r) + w_1 L_a = p_a A$$
$$p_a A_{b1} (1 + r) + w_1 L_{b1} = p_{b1} B_1$$
$$p_a A_{b2} (1 + r) + w_2 L_{b2} = p_{b2} B_2$$
$$p_a A_c (1 + r) + w_2 L_c = p_c C$$

依据安德森模型，我们就可以分析伊曼纽尔所得出那些结论是否成立，或者说在何种意义上是成立的，也就是说，我们可以通过数理方法求出不平等交换存在的条件，求出工资差异和不平等交换累加演化的路

---

① 安德森：《国际不平等交换理论的研究》，载《马克思主义、苏联经济与中央计划》，麻省理工学院出版社，1983，第 34～60 页。

径等重要问题。尽管伊曼纽尔的分析中存在着一些缺陷，但是其所强调的问题是重要的，不然无法解释斯里兰卡的采茶者为何只挣得美国饮茶的工人阶级所得实际工资的微小部分，几个世纪的国际贸易之后工资差距没有缩小反而扩大了等问题[①]。

（四）金融资本模型

中心国家具有世界货币发行权，外围国家持有世界货币资产是风险中性的，我们将无风险资产的收益标准化为 1。中心国家的产出在债券市场上销售，价值等于 GDP 的期望价值 $E(Y)$，假设中心国家国内投资者初始禀赋为 W，中心国家的产出为：

$$Y = \theta F(K)$$

其中 F 是单调递增的凹函数，θ 是代表生产力冲击的随机变量。

中心国家通过发行债券从外围国家获得低利率借款，贷给国内的企业用于投资，那么均衡时，资本的边际产出等于资本的机会成本，即：

$$E[\theta F'(K^*)] = 1$$

银行部门的资产组合为外国持有的无风险世界货币债券与国内企业的贷款，国内投资者将初始禀赋 W 存入银行，银行则需购入 B 数量的世界货币债券，贷出 K^* 给国内的生产者，那么总的世界货币债券需求为 $B + K^* - W$。

中心国家国内发行的债务（存款）为 D，中心国家可以通过汇率 e 调整，使得国内银行债务的价值和其产出与国外资产存量组合价值相等：

$$eD = Y + B$$

如果外围国家持有的债务比例为 ρ，则其期望收益等于直接在美国企业投资的收益，即：

---

① 〔加〕霍华德、〔澳〕金：《马克思主义经济学史》，顾海良等译，中央编译出版社，1990，第 200 页。

$$\rho E(Y + B) = B + K^* - W$$

则
$$\rho = \frac{B + K^* - W}{E(Y + B)}$$

中心国家投资者持有的剩余资金为：

$$(1 - \rho)(Y + B) = \left[1 - \frac{B + K^* - W}{E(Y + B)}\right](Y + B) \qquad (3 - 36)$$

我们变换式（3-36）右边可以得到：

$$(1 - \rho)(Y + B) = \left[E(Y) - K^* + W\right]\frac{(Y + B)}{E(Y + B)} \qquad (3 - 37)$$

由前面的分析，我们知道 $\frac{(Y + B)}{E(Y + B)}$ 的值是随机的，但是当 $B \to \infty$

时，$\frac{(Y + B)}{E(Y + B)}$ 的值会依概率收敛于常数 1，也就是说 $\lim\limits_{B \to \infty}(1 - \rho)(Y +$

$B) = \left[E(Y) - K^* + W\right]$，这表明中心国家国内投资者的投资份额收敛于一个常数，并且不会随着汇率 e 变化，这样，中心国家就可以通过从外围国家（通常是许多国家）借入一大笔资金，转变为国内贷款和国际债务的资产组合，从而将大部分风险转移到外围国家，近似无成本的提高本国投资者的福利。

三 简要总结与理论假设

（一）简要总结

中等收入陷阱是出现在发展中国家中等收入水平上的增长滞退，在本书的马克思主义经济学理论框架下，它类似于低水平均衡陷阱，都是属于资本积累出现的问题（见图 3-1）。因为马克思经济增长模型指明，经济增长与资本积累处在同一过程之中，部分或者全部经济剩余只有通过资本积累转化为资本才表现为经济增长，简单再生产条件下是不存在经济增长问题的，只有扩大再生产时才具备经济增长特征。因此，资本积累是依据马克思政治经济学视角分析发展中国家经济增长问题的关键环节。

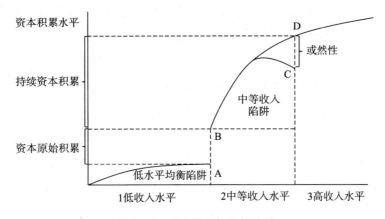

图 3 - 1　资本积累与增长陷阱

资本原始积累。长期处于低水平均衡陷阱的发展中国家，因为资本积累水平不够，难以实现经济腾飞。在这一点上，与发展经济学里的"经济起飞理论""大推进理论"不谋而合。资本原始积累大概有三种方式（见图 3 - 2）。一是，殖民掠夺。这是先发资本主义国家走过的道路，对于后发落后国家来说，具有不可复制性。二是，外部输入。这是很小一部分发展中国家的真实经历，如韩国，因为地缘政治因素，受到发达资本主义国家的"无偿"资本输入，对于大部分发展中国家来说更是可遇而不可求。三是，剩余转移。这是一般发展中国家所采取的手段，通常是以农业部门的经济剩余补偿和支撑工业部门的资本积累，完成从"A"到"B"的飞跃（见图 3 - 1）。所以，我们主要分析一般发展中国家的资本原始积累过程，以及在资本主义世界体系下，这种发展模式对中等收入阶段的经济发展埋下的隐患。

资本持续积累。从某种意义上讲，在资本主义生产方式没有改变的前提下，只要资本持续积累得不到保证，即使发展中国家通过内部剩余转移到达中等收入水平，也无法继续保持经济增长。资本积累过程本身就是资本主义矛盾爆发的火山口，矛盾爆发的具体形式则是增长停滞、经济危机等。发展中国家一般的资本原始积累模式已经造成其经济体内部各种失衡，如部门之间的不平衡、资本与劳动收益失衡、区域间发展失衡等。资本积累所蕴含的矛盾不单单针对落后的发展中国家，在发达资本主义国家表现得更加突出，发达资本主义国家可以利用其主导的资本主义世界体系将矛盾尽可能地转移出去，除了赤裸裸的殖民侵略（18世纪之后国家之间的战争几乎全部与此关联，其中包括资本主义中心国家为了争夺殖民地而进行的战争），还包括资本输出、不平等交换、金融资本控制等方式来转移矛盾，这些让处于资本积累和经济增长压力之下，本来就已经矛盾重重的发展中国家又平添诸多矛盾（见图3－3）。因此，资本积累过程，或者更具体地说，发展中国家的经济非常脆弱，增长过程回旋空间狭小，极易被打断。

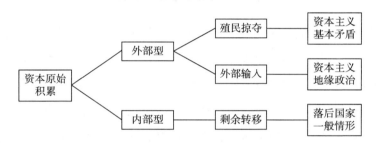

图 3－2　资本原始积累时期（低收入阶段）

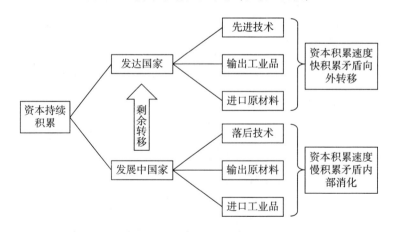

图 3－3　资本持续积累时期（中等收入阶段）

与新古典主义的资本积累理论将个人追求主观效用最大化作为资本积累的根本动力不同，马克思主义经济学的资本积累理论认为资本积累的根本动力根源于资本的内在本质，而这种内在本质通过资本主义竞争转化为一种外在的强制规律。与新古典主义将资本积累过程视为一种趋于收敛到稳态的均衡过程不同，马克思主义经济学将资本积累过程视为一个充满各种矛盾冲突的动态过程，利润率的动态变化在于资本积累，从而在资本主义经济增长动态中起着决定性的作用。发展中国家作为外围地区，从纳入资本主义世界体系之日起，资本积累过程就受到整个体系结构的"干扰"。

我们归纳了几种发展中国家资本积累受干扰的模型，以此来分析其在经济发展过程中受到的外部压力和威胁，当然这并不是否认发展中国家内部存在的经济增长抑制性因素，而是将分析视角扩展到资本主义世界体系的高度和广度来探讨。

第一个是"财富－阶级－剥削"结构模型。自先发国家借助资本主义生产方式发展起来之后，和不发达国家之间存在着发展禀赋差异，本书通过代表性个体阶级结构分析框架，揭示资本主义世界体系中"中心－半外围－外围"结构的剥削性质及经济剩余流向，这是发达资本主义国家从规则、地缘战略、话语权等角度维护现存不平等体系的核心所在。显然，这种剥削结构以及经济剩余从发展中国家流向发达国家的单向趋势，无疑对发展中国家的资本形成和积累造成了阻碍和截断的负面影响。

第二个是资本输出模型。我们从资本主义生产方式的基本矛盾入手，论述发达国家资本输出的必然性。而发达国家精心构建和维护的资本主义世界体系恰好为其资本输出提供了一个良好的平台。通过发展中－发达两国模型的推理分析，发现发达国家通过资本转移，可以将资本主义生产方式本身蕴含的矛盾转移到落后的发展中国家，而维持自己的经济增长。而对于落后的发展中国家来说，剩余价值以外国资本所获利润的方式转移到发达国家，自己的资本积累必然遭受破坏和损失。

第三个是不平等交换模型。随着经济全球化在深度和广度上的扩展，发达国家和发展中国家之间的贸易条件恶化慢慢得到重视。马克思已经从资本有机构成差异的角度论述了不平等交换存在的可能性，我们通过对资本有机构成的国际差异、穷国富国工资差异等因素导致的不平等交换强化循环模型分析指出，在马克思政治经济学视角看来，不平等交换是在"自由平等交易"等虚伪规则的幌子下进行隐蔽剥削行为，这刚好也解释了英、美等发达国家在发达起来之前和之后对贸易保护主义持截然不同态度的原因。

第四个是金融资本垄断模型。我们通过引入世界货币，分析具有世界货币发行权的中心国家将经济危机向外围国家转嫁的模型。特别是自布雷顿森林体系崩溃之后，以美国为代表的发达国家持续了几十年的贸易逆差，按理说这是十分不正常和不可持续的，但是在美元霸权和其对全球金融资源控制的作用下，不仅逆差得以持续，而且还能从贸易顺差的发展中国家吸纳资金，将极具风险的资产卖给发展中国家，提高了中心国家的金融杠杆率，进一步导致经济不平衡加深。如果不是资本主义世界体系的强制性和发展中国家在体系中的依附性，这种明显不平等的商品－金融资本流动模式简直难以存在，更不用说持续这么多年了。

通过上述四个模型，分析发展中国家在"资本原始积累"和"持续资本积累"时期受到来自资本主义世界体系的压力和威胁，说明它们在经济发展过程中资本积累被外部因素干扰甚至打断的可能性，从资本主义世界体系的角度分析中等收入陷阱的形成机制。

（二）中等收入陷阱"或然性"假设及几点说明

众所周知，许多发展中国家在中等收入阶段经历了经济增长缓慢、停滞或者倒退的现象，同时，也有一些国家（尽管是少数）并未发生明显的人均收入增长滞退现象，这就是统计意义上的"陷阱或然性"。我们借助麦迪逊经济统计数据，选取了在 1950 年处于中等收入水平的29 个国家和地区（见表 3 - 8），对这种统计意义上的陷阱或然性予以说明。特别奇怪的是，有相当一部分国家和地区来自拉丁美洲（这个在经济增长历史上"喜剧"与"悲剧"短期内相继上演的区域），还有作为引领"东亚奇迹"的日本和韩国在 1950 年尚处在低收入和中等收入界限以下，所以没有被纳入代表性国家和地区之中。

表 3 - 8　1950 年世界范围内中等收入水平代表国家和地区

单位：国际元

国家和地区	人均收入	国家和地区	人均收入	国家和地区	人均收入
阿根廷	4986.724458	南非	2534.756547	中国香港	2218.149307
乌拉圭	4659.397751	毛里求斯	2489.758687	西班牙	2188.970566
芬兰	4253.286438	匈牙利	2479.958155	纳米比亚	2159.70487
德国	3880.887181	波兰	2446.892687	哥伦比亚	2152.841293
澳大利亚	3706.074894	黎巴嫩	2428.739425	波多黎各	2143.823264
智利	3669.741798	叙利亚	2408.502291	巴林	2104.453947
斯洛伐克	3500.637125	墨西哥	2365.019284	葡萄牙	2086.405496
爱尔兰	3452.898362	秘鲁	2307.631838	危地马拉	2084.893916
加蓬	3108.377318	沙特阿拉伯	2230.766033	古巴	2046.22565
以色列	2817.303103	新加坡	2218.960963		

注：本书如无特殊注明，单位为国际元的数据均按照 1990 年标准。
资料来源：麦迪逊千年经济统计，2013。

　　20 年后的 1970 年，只有德国进入了高收入国家和地区行列；1980 年，澳大利亚和芬兰也跨越了中等收入阶段；1990 年，中国香港、新加坡、爱尔兰、西班牙、以色列实现了跨越；2000 年，葡萄牙和波多黎各跃迁至高收入国家和地区组；2010 年，斯洛伐克、智利和毛里求斯成为 21 世纪新晋的高收入国家和地区。

　　这 60 年的时间里，29 个代表性国家和地区只有 13 个国家和地区跨越了中等收入阶段，55% 以上的国家和地区滞留在该阶段。结合后面的测算分析我们知道"60 年"的跨越时间，对于大多数发展中国家来说简直"长"成了一种奢望，所以如果以 30 年或者 40 年的稍短时间范围来考察，会发现有更大比例的国家和地区未能越过该阶段。另外一点需要注意的是，拉美国家中，只有智利突破了陷阱（具体时间是 2005 年，当时人均收入 12080 国际元①）。

无论如何，统计意义上的中等收入陷阱或然性确实存在。既然如此，理论上必须对这种"或然性"给予讨论，实证上对这种假设给予检验证实，否则分析框架就难免有缺陷之嫌；再者，从理论上对陷阱或然性给予解释，也能够给到达中等收入阶段的后发国家实现跨越提供一个前后逻辑一致的参照机制。其实，本书从马克思主义经济学视角建立的中等收入陷阱分析框架给"陷阱或然性"预留了理论接口。如前所述，本书从资本原始积累和资本持续积累两个阶段来探析中等收入陷阱形成机制，那么相应的，"或然性"也必然是从这两个阶段上去考虑。一方面，在资本原始积累阶段，本书总结了三种主要的资本原始积累方式，即殖民掠夺型、地缘政治外部输入型和内向部门间转移型。第一种类型是先发国家走过的不可复制的道路，可以用以分析英国、美国等国家的工业化之路。第二种类型大多出现在半外围国家的工业化初期，由于地缘政治因素中心国家几近"无偿"向该类发展中国家输入资本，如战后德国、日本，特别是韩国最为明显。第三种类型是后发国家解决资本原始积累的最普遍的方式，通过部门间经济剩余转移，像工农业"剪刀差"，来达到资本原始积累，如中国。相比前面两种类型，部门间剩余转移必然要求在经济体内存在一套适于原始积累的政治、经济体制，并"内生"出诸多失衡，这些都会给其中等收入阶段的经发展造成负面影响和两难困境。这是中等收入陷阱或然性的第一个原因。另一方面，在资本持续积累阶段，资本原始积累阶段被压抑的矛盾逐步爆发出来，资本持续积累的新生矛盾也日益增多，加上来自中心国家的矛盾危机转移转嫁，通过资本输出、不平等交换、金融资本垄断等方式。一个经济体是否有足够的能力和智慧消解这些矛盾，比如说大国

① 需要说明的是，"国际元"即 G－K Dollar，也称 international dollar，这种公共货币单位在"多边"而不只是"双边"国际比较研究中能够满足"传递性""可比性"等良好属性。最初由爱尔兰经济统计学家 R. G. Geary 创立，随后由 H. Khamis 发展，在国际经济比较研究中广泛采用。

优势①下的影响力和话语权、有利于产业升级和技术创新的制度等，成为中等收入陷阱或然性出现的第二个原因。

第六节　中等收入陷阱的跨越机制

一　内部矛盾的消解机制

（1）不遗余力培养内需拉动型的经济增长方式

首先，内需拉动型经济是依靠国内需求，而非国外需求的一种经济自主增长和发展模式，国际经济环境对其施加的制约相对小、负面影响相对弱。其次，内需拉动型经济，将增长着力点放在居民消费上。消费不仅是推动经济增长和发展的重要力量，而且这种增长模式更能将经济增长和发展的过程与目标有机地结合在一起，同时有助于引导企业根据居民的实际消费要求来安排生产什么、如何生产、生产多少等重要问题，有效避免市场无政府主义的弊端；再次，中等收入阶段经济体受相对生产过剩矛盾（如中国的产能过剩）的威胁日益显著，主要通过内部经济结构调整来逐步消解，仅仅依靠外部国际市场是不能消除、解决的，只是将矛盾搁置和拖延，这一点对于发展中国家尤为不利，因为其无法控制外部市场的不稳定性，更无法像中心发达国家那样利用货币、金融霸权和国家债务乃至"打白条"的方式转移相对生产过剩的矛盾。

培养内需拉动型经济增长方式，首要问题是改善居民收入分配状况。从初次分配的视角上说，完善劳动力市场制度至关重要。培育"三方协商机制"和"工资集体谈判制度"，不仅有利于提高工资，而且能保护劳动者的合法权益。在中收入阶段，发展中国家一般都会面临要素禀赋转折点，未雨绸缪的劳动力市场制度，在应对中等收入陷阱风险上具有至关重要的作用。另外，改善居民收入分配状况，初次分配只是一

---

① 邹东涛：《中国经济增长的影响因素和大国优势》，《中国金融》2006 年第 19 期，第 72 页。

个方面，还可以在再分配上下功夫，合理的再分配不仅是对初次分配的调节，而且是对经济运行和资本积累矛盾的矫正。这就涉及财税制度改革和公共服务均等化两个方面，通常情况下，在工业化初期这两个方面在很多发展中国家都是扭曲的。政府最有可为并且最应该有所作为，因为这些方面关乎"公共品"和"外部性"，所以不可能完全通过市场得到解决。全体居民各类社会保险、义务教育和其他社会性基础设施的建设、供给和充分覆盖，不仅可以节省部分个人支出、提高居民实际收入水平，还可以消除劳动者和低收入家庭的后顾之忧，进而提高居民消费比重和消费水平，使收入分配与经济增长进入良性循环的轨道。

（2）竭智尽力调整经济积弊已久的多重失衡状态

多重失衡状态大多形成于资本原始积累时期，而且这些失衡状态还会随着相应的制度路径依赖和既得利益群体阻挠而加剧恶化。中等收入阶段的发展中国家，大多面临以下几个失衡问题：人口结构失衡、产业结构失衡、城乡失衡、国际贸易结构失衡等。所以，经济增速转折，即经济新常态通常还伴随着上述要素结构、产业结构、空间结构、贸易结构出现的新常态。

劳动力是生产中唯一具有主观能动性的要素。在特定的历史时期，人口规模庞大可以视为一个经济体的负担，但是针对规模的人口政策无疑也会对长期的人口结构造成负面影响。很多发展中国家在中等收入阶段都要碰到社会老龄化加剧、人口抚养比上升、人口红利窗关闭、劳动力资源短缺、创新能力下降、消费能力下降等问题，一定要抓住时机改善和优化人口结构，并且这种政策效果会因为人口代际时间差而滞后，极易造成"一步错、步步错"的局面。

产业结构失衡与工业化进程息息相关。产业结构从"一二三"、"二三一"到"三二一"的优化，是多样化、活力高和适应性强的产业结构，并非简单地调整各部门的比例，而是一个类似生态圈的演变和交替过程。从根本上说，只有当渐进式改革完成其历史使命，非均衡发展路径转变为均衡路径，政府作用转向创造公平竞争和机会均等的环境而不是实施差别待遇（这是特定背景下的战略）时，产业结构变动才可能真正走上平衡协调发展的路径，从平推式工业化转向立体式工业化道路，才能走向产业结构相对平衡的发展路径。所谓立体式工业化，就是各个领域向着绿色化、精致化、高端化的产业制高点攀登，形成各产业向上发展的差异化竞争态势，从单纯追求规模扩张转向通过技术创新实现产业深化；特别是引领经济增长的制造业的发展动力要从要素驱动转变为创新驱动，将调整结构、转型升级、提质增效落实到位。为此，要逐渐弱化直至取消各种差别化产业政策，无论是传统产业还是高技术产业或新兴产业，都应有在平等竞争中实现结构调整和技术创新的空间。

城乡失衡主要是在赶超经济发展战略下形成的，成为中等收入发展阶段的瓶颈之一。工业和农业，城市和乡村，工业化、城市化与农业现代化，是相互联系、相互依赖、相互补充、相互促进的。在工业化的不同发展阶段，工农业之间、城乡之间的互动关系是不同的。处于工业化中期阶段的发展中国家，正在由工农业、城乡平行发展向工业和城市支持农业和农村的发展转变，统筹城乡经济社会的发展，加快工农业、城乡一体化发展的进程，是顺应工业化、城市化发展规律，正确处理工农关系、城乡关系的迫切要求。

贸易结构失衡主要体现在三个方面：产品结构失衡、进出口失衡和对外贸易区域失衡。具体来说就是发展中国家的出口商品大多集中于全球分工产业链的中低端、长期维持出口导向战略和贸易逆差、过分依赖中心发达国家的市场。如果不积极改善这三种贸易失衡状况，很容易造成一种外需拉动、与经济增长和发展目的背道而驰的虚假繁荣，并且极易受到外部经济风险的冲击。

（3）群策群力设计适应新阶段的多维制度

对于资本原始积累时期的矛盾隐患的爆发问题，"堵"只是一种暂时或者说短期的应对手段，而从长期来看，必须要采取"疏"的策略，这就涉及资本积累不同阶段对应的不同制度设计。

为前一阶段由于"部门经济剩余转移"需要而制定的一系列制度

逐步退出，如一些发展中国家工业化初期采取的户籍制度、人口政策、商品价格管制制度、土地制度等，这些制度在当时的历史条件下为发展中国家的工业化开启起到"第一推动力"的作用，特别是以国家为主导的经济体，有效地避免了因个人或市场交易费用过高而耽误工业化进程和速度，取得了巨大的经济发展成就（如中华人民共和国建立初期体制绩效是比较高的，后来诸多因素造成了绩效下降的弊端）。但是，到达中等收入阶段，资本积累已经远离原始阶段，资源禀赋特征也发生了巨大的变化，特别是"资本绝对稀缺"这个大前提会随着发展逐渐得到缓解，甚至一些发展迅猛的后发国家曾出现"资本与劳动双重过剩"的局面，这次如果还是维持原始积累时期的那一套制度体系，必然会使得经济体内部的"失衡"加剧，而且"要素边际生产率递减"规律使得经济增长有"量"无"质"，甚至"量"也会受到影响。那么，新的工业化阶段，必须认清"资本不再绝对稀缺甚至过剩"的现实，反过来讲，其他要素相对稀缺甚至绝对稀缺的禀赋特征会日益显著，特别是劳动力要素，一方面关系着商品生产过程，另一方面又关切商品流通过程，是经济增长和发展手段和目的统一的重要因素。资本主义制度正是由于资本处于主导地位，自始至终没有关注劳动力要素的福祉，才陷入周期性危机的漩涡之中不能自拔。所以说，新阶段、新时期、新背景下的制度转换对于后发国家来说，是最为重要的。

二 外部矛盾的规避机制

（1）全面利用创新驱动力遏制经济剩余流失

资本主义工业化以后，整个世界经济处在一个不平等的结构之中，如果我们将整个世界分成"中心"和"外围"两个部分来看，这恰好就像一个连通器，只要中心和外围经济中剩余价值"密度"不均（即剩余价值率不同），必然会出现剩余价值转移的现象，除非将连接通道堵住，这在经济全球化和资本主义扩张的今天是不现实的。发展中国家如何避免这种价值转移损失呢，只有依靠技术进步降低经济体中的剩余价值相对量，才能做到这一点。所以，要紧扣社会经济发展重大需求，打通科技成果向现实生产力转化的渠道，破除科学家、科技人员、企业家、创业者创新的障碍，解决要素驱动、投资驱动向创新驱动转变的制约，让创新真正落实到创造新的增长点上，把创新成果变成实实在在的产业活动；要把人才作为创新的第一资源，更加注重培养、用好、吸引各类人才，促进人才合理流动、优化配置，创新人才培养模式；要更加注重强化激励机制，给予科技人员更多的利益回报和精神鼓励；要更加注重发挥企业家和技术技能人才队伍创新作用，充分激发全社会的创新活力；要根据科学技术活动特点，把握好科学研究的探索发现规律，为科学家潜心研究、发明创造、技术突破创造良好条件和宽松环境；要把握好技术创新的市场规律，让市场成为优化配置创新资源的主要手段，让企业成为技术创新的主体力量，让知识产权制度成为激励创新的基本保障；要大力营造勇于探索、鼓励创新、宽容失败的文化和社会氛围，把科技创新摆在国家发展全局的核心位置，统筹推进科技体制改革和经济社会领域改革，统筹推进科技、管理、品牌、组织、商业模式创新，统筹推进军民融合创新，统筹推进引进来与走出去合作创新，实现科技创新、制度创新、开放创新的有机统一和协同发展。同时，对于后发国家来说，短时期内在科技领域全面超越发达国家的可能性较小，所以有步骤、有计划，分领域、分层次地实施对外开放战略举足轻重，不能仅仅依赖中心国家的技术和市场，特别是在中等收入阶段的发展中国家，受到来自发达国家的技术溢出效应逐渐减弱，要与自己发展水平相当的发展中国家紧密加强经济合作关系。

（2）全力构筑金融防火墙阻挡外部危机输入

当今世界经济处于矛盾和危机多发时期，很长一段时期以来的资本主义经济发展积累和掩盖的大量矛盾将一一显现。在金融全球化以后，加之美元的世界货币霸权的确立，矛盾和危机在国际经济中传染，已经逐步由传统的实体资本和商品等介质向金融及其衍生品转变。2014年末，全球外汇市场出现了剧烈的波动，最为明显的就是俄罗斯卢布的大幅贬值和震荡。美国量化宽松政策退出，全球几乎所有的新兴市场出现普遍的贬值现象，像欧元、日元兑换美元大幅度贬值，而 2015 年人民币兑换美元也出现了贬值的现象。全球金融的动荡，对发展中国家内部资本的流动性、房地产市场，包括股市的影响巨大。所以，发展中国家要成立专门金融安全研究和决策机构，制定金融安全政策和标准。由于金融安全关系到经济安全甚至国家安全，因此保障金融安全的工作应得到国家的高度重视。如加大投入，研究开发金融电子化的软件平台和金融电子设备的核心技术，提高金融装备的国产化水平，夯实金融安全的基础；加强金融安全法制建设，提高金融监管机构监管水平，及时消除金融安全隐患；不断深化金融改革，建立适应后发国家国情的合理、公平、有序金融对外开放格局，既适应经济全球化、金融自由化的世界潮流，又确保金融安全和国家利益不受损害。

（3）全方位建设国际话语权释放政策的有效空间

国家间经济实力的重大变化和原有规则体系内在缺陷的显露是国际投资规则体系调整的内在原因，其实质是国际事务主导权的转移与争夺。如果任由少数发达国家主导国际投资规则体系调整，结果只能是以新的不公正取代旧的不公正，不仅各方很难取得共识，也会影响全球经济持续健康发展。

当前全方位建设国际话语权释放政策的有效空间，主要有以下几个方面。一是，抢抓"创始红利"，力推多边投资协定。多边投资协定是国际投资规则体系中的一项空白，涉及发展中国家的根本利益，也是其有所作为最具潜力的方面。国际经济实践证明，只有在多边规则创始期就加入并施加影响才能获得"创始红利"，否则，以后再加入就要付出较大的代价。二是，稳抓"参与红利"，全面参与多层面、多领域的国际投资规则谈判。参与国际投资活动的资本形式多种多样，既有机器设备、商品等实物资本，也有商标、专利、生产技术诀窍等无形资本，还有债券、股票、衍生证券等金融资本。与此相对应，国际投资规则不局限于专门的投资协定，服务贸易、知识产权保护、劳工、环境乃至专业技术标准等方面的国际规则都是国际投资规则的重要组成部分；发展中国家，尤其是发展中大国应广泛参与各种谈判，争取在每一张谈判桌上都有自己的代表，并根据进展情况，选择重点予以支持。三是，紧抓"改革红利"，推动国际投资规则改革。国际金融危机爆发后，国际投资规则演进的总体方向是在构建或维护有利的整体投资环境的同时，追求更广泛、更复杂的发展政策议程。如何实现投资自由化与各国管制的平衡，如何保障跨国投资者与东道国利益的双赢，如何将投资政策纳入国家发展战略，都是国际投资规则改革的重要内容。发展中国家正处于经济转型的关键期，积极参与国际投资规则改革，有助于更新观念、推动国内改革和体制创新，有助于激发经济活力、促进经济结构升级，才有可能跨越中等收入陷阱。

第四章　中等收入陷阱的测度

我们从定义中发现，对于中等收入陷阱测度，长期不能达到高收入水平即收敛到高收入国家群，是一个无可争议的硬性指标，但对于精确把握和测度这个概念尚显不足；而相比之下，"经济增长停滞期"是一个更为重要的指标。后发国家在各个收入阶段滞留时间的长短，关乎其将要分化到哪一个阶段的重要因素，也是其是否能够跨越过中等收入陷阱的重要依据。因此，我们首先要确定区分各个收入阶段的阈值标准，而不是简单地以发达国家的水平为依据；其次依托阈值将现有的国家进行分类描述，以及测定它们在各个收入阶段的滞留时间；最后通过滞留时间来分析与预测后发国家的经济分化现实与前景。另外，本章还将通过世界经济体人均收入概率密度的动态演进，对中等收入国家向更高收入群分化的难度趋势做出初步研判。

第一节　中等收入陷阱的测算方法和数据处理

世界银行自 1987 年起，按照低收入、中低收入、中高收入和高收入国家四个群组，在考虑通胀因素影响的基础上，不断地更新世界各经济体人均国民生产总值（GNI per Capita）的分类阈值（见表 4 - 1）。

表 4 - 1　世界银行划分人均国民生产总值（GNI per Capita）的标准

单位：美元

国家分类	1987 年	1990 年	1995 年	2000 年	2005 年	2009 年
低收入	≤480	≤610	≤765	≤755	≤875	≤995

续表

国家分类	1987 年	1990 年	1995 年	2000 年	2005 年	2009 年
中低收入	481~1940	611~2465	766~3035	756~2995	876~3465	966~3945
中高收入	1941~6000	2466~7620	3036~9385	2996~9265	3466~10725	3496~12195
高收入	>6000	>7620	>9385	>9265	>10725	>12195

注：以当年美元价格为标准。
资料来源：世界银行。

世界银行认为这些界限相对稳定，没有随时间发生明显变化。还据此判断，国家间收入水平相互独立，收入水平是一国经济发展综合状况的内生变量。中等收入陷阱等现象都内生于本国经济发展之中，并不是按照一个预先确定的世界动态收入分布去演变的。依据麦迪逊的数据，在 19 世纪的上半叶，除了澳大利亚、芬兰和英国是中低收入国家，其他都是低收入国家。这似乎驳斥了世界银行的说法。然而，同样依据麦迪逊的数据，19 世纪下半叶开始世界范围内的人均收入水平却表现出越来越明显的国别差异。特别是一些拉美国家，在到达中等收入阶段之后，并没有"按部就班"的到达高收入阶段，而是停留在中等收入阶段甚至出现倒退回到低收入阶段的现象。

世界银行制定的阈值标准，是以人均 GNI 为基础测算的，不能直接与以人均国内生产总值（GDP per Capita）为基础的麦迪逊数据匹配。所以，如果要想利用麦迪逊的数据优势来研究中等收入陷阱问题，还必须按照人均 GDP 来重新测算各个收入阶段划分阈值标准。参照 Felipe 等的统计工作方法[1]，确定以 1990 年为基准的人均 GDP 数据的界限。对每一个国家的 GDP 序列都设置 3 个界限，$t_{0,i}, t_{1,i}, t_{2,i}$（$t_{0,i} < t_{1,i} < t_{2,i}$），分别代表低收入到中低收入、中低收入到中高收入、中高收入到高收入的界限。$t_0 \in [1500, 4750)$，$t_1 \in [5000, 8750)$，$t_2 \in [9000, 20000+)$，单位为国际元。本书使用的数据是麦迪逊科研团队以 1990

---

[1]　Felipe, J. et al., "Tracking the Middle – income Trap：What Is It, Who Is in It, and Why?" Levy Economics Institute of Bard College, Working Paper, Number 715, 2012.

年国际元为"跨时空"基准而测算的数据，相比世界银行等组织机构发布的以美元为单位的数据，更加灵活地规避了美元与不同国家货币之间汇率波动差异而导致的误差，这也是世界银行一再更改其国家收入水平分类标准的重要原因。世界银行划分标准的频繁变动对我们观测长期经济增长现象造成一定的困扰，加上麦迪逊数据在时间上比较完整，所以很多学者青睐麦迪逊经济统计数据。

1990 年之前和之后的经济总量都可以按照一种公共货币，即国际元表示。在一个特定时点（基准点），"国际元"与美元是一致的。学术界和国际组织通常以 1990 年为基准，1 国际元的价值与 1 美元相等。本书采用的均是以 1990 年的国际元为基准点的数据，故所有的以国际元表示的数据都可以相应的看作以 1990 年美元为基准点的数据，这样纵向、横向、多边比较就更加有意义。反过来，知道了以国际元水平表示的经济总量，也可以折算为以美元表示的经济总量。所以基准点的转换因子比较重要，基于 1990 年国际元的测算与转换方法如下。首先，测算出基准年（1990 年）GDP 水平的购买力平价换算因子。获得 GDP 换算因子的方法主要有四个（汇率法、ICP 方法、PWT 方法、ICOP 方法），每种方法都存在一定程度上的偏误，样本数目也有差异，麦迪逊在测算基准年 GDP 购买力平价转换因子时综合考虑了 ICP 和 PWT 的相关测算，并且还增加了一些新的测算指标（见表 4-2）。

表 4-2　1990 年购买力平价 GDP 换算因子

单位：10 亿国际元，个

指标	欧洲及后裔国	拉美	亚洲	非洲	世界
ICP	15273（28）	2131（18）	8017（24）	-	25421（70）
PWT	59（3）	71（14）	524（16）	891（51）	1516（84）
新增指标	16（10）	38（15）	87（17）	14（6）	155（48）
综合因子	15349（41）	2240（47）	8628（57）	905（57）	27122（202）

注：括号中数据为覆盖国家数。

资料来源：麦迪逊《世界经济千年统计》，伍晓鹰等译，北京大学出版社，2009，第 230~233 页。

综合并修正多种权威转换方法而得出转换因子之后，就可以算出基准点上按国际元表示的各区域和各个经济体的经济总量。

其次，根据前面的分析，如果将精度设置在 250 国际元的标准上，即我们将上述人均收入区间按照 250 国际元的间隔进一步细分（出于不同的研究需要，在精度的选择上可以适当调整）。那么分别存在 14、16 和 45 个间隔，这样由排列组合知识我们知道，共有 10080 组界限；然后，可以利用 10080 组界限标准得到我们所考察的 144 个国家和地区在 1950～2010 年人均 GDP 的不同分类。

最后，我们比较在这 10080 个界限标准与世界银行的计算结果，以相关性高低作为判断依据，发现 $t_0 = 2000$，$t_1 = 7250$，$t_2 = 11750$（相关性为 0.974），这组阈值的效果最好。也就是说，我们通过数据统计的方法将世界银行由人均 GNI 划定的国家收入分类标准转换成由人均 GDP 表示的阈值标准，精度为 250 国际元。这些界限标准是经得起时间检验的，不会随着时间发生剧烈变化。

第二节　世界经济组群分布动态变化

1950～2010 年世界收入组群分布动态趋势如图 4-1 所示。

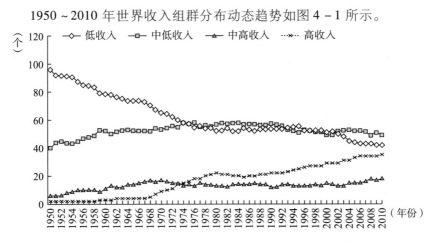

图 4-1　1950～2010 年世界收入组群分布动态趋势

首先，来看低收入国家。1950～2010 年，低收入国家数量明显减少，由 1950 年的 96 个降低到 2010 年的 42 个，在 144 个国家和地区中所占的比例也由 67% 下降到 29%。不过，1980～2000 年，低收入国家的数量几乎没有变化，维持在 52 个左右。一些国家和地区在此期间，人均 GDP（以 1990 年国际元为标准）几乎没有发生很大的改观，一直维持在 600 美元以下的赤贫水平，它们在"低水平均衡陷阱"里挣扎，不能自拔。这些国家和地区在区域上表现出集中趋势，大多集中在非洲地区，典型的如西非的几内亚、东非的马拉维等。

其次，来看中等收入国家。1950～2010 年，中低收入国家数量出现了缓慢的增加，由 1950 年的 40 个提高到 2010 年的 49 个，在 144 个国家和地区中所占的比例也由 28% 上升到 34%。基本上分为两个明显的阶段：1950～1990 年，中低收入国家的数量稳步增加，一度达到 58 个；1990～2010 年，中低收入国家的数量才出现减少的趋势。同处在中等收入阶段这个大范围的中高收入国家的数量在这一时期出现了稳步的增加，在 1950 年只有 6 个中高收入国家，而在 2010 年是 18 个，增加到 1950 年 3 倍的水平，在 144 个国家和地区中所占的比例也由 4% 上升到 12%。当然，通过数据我们也清晰地看到发展中高收入国家数量的变化也存在两个差异明显的时间段：1950～1970 年，中高收入国家数量直线上升；1970 年之后，基本上趋于平稳。这些国家主要集中在拉丁美洲和亚洲。例如，拉丁美洲的墨西哥、阿根廷、巴西等国家长期在中等收入阶段徘徊不前，以致学界将这一现象称作"拉美陷阱"。世界银行在《东亚经济发展报告（2006）》中又提出了"中等收入陷阱"的说法，它几乎成了"拉美陷阱"的代名词。不过，中等收入陷阱现象绝不仅仅局限于拉丁美洲，中等收入国家密集的亚洲也存在发生的可能性，尽管带有或然性。因此，世界银行在 2005 年、2006 年和 2007 年都警示亚洲地区的中等收入经济体，提防卷入这一漩涡。

最后，是高收入国家的数量变化。1950~1958年，全世界只有卡塔尔和科威特两个高收入国家，所占比例不足1.5%。当然，美国、瑞士等国家在此期间一直都非常接近于高收入国家。然而，按照我们的阈值标准，瑞士一直到1959年才拿到"高收入国家俱乐部"的门票，美国则是到1963年才正式成为高收入国家。此后，丹麦、瑞典、加拿大等国家或经济体逐步加入高收入国家行列中来，到2010年世界上已经存在35个高收入经济体，所占比例接近25%。其中，欧美国家占了绝大多数，此外比较引人注目的经济体是"亚洲四小龙"（韩国、新加坡、中国香港、中国台湾）。

第三节　中等收入陷阱的描述统计和初步测度

基于前面测算的国家收入组群阈值，即 $t_0 = 2000$，$t_1 = 7250$，$t_2 = 11750$，已经得出了按照此阈值标准划分的四类国家在1950~2010年的动态变化情况，相当于是将每一个横截面的情况展示了出来。接下来测算每一个国家人均GDP在此期间的纵向变化情况。具体来说，要考察每一个国家在这四个发展阶段上的"逗留"时间。2013年公布的麦迪逊数据已经逐年将每个国家的人均GDP统一换算成为1990年国际元水平，因此，需要进行的纵向比较是有可能，也是有意义的。这样做就可以更加清晰地捕捉到刻画"中等收入陷阱"的有效信息。2006年，世界银行《东亚经济发展报告（2006）》提出了"中等收入陷阱"的概念。显然，这是一个非常宽泛的界定。我们从定义中发现，对于中等收入陷阱测度，许多中等收入国家长期不能达到高收入水平是一个无可争议的事实，但对于精确把握和测度这个概念尚显不足；而相比之下，"经济增长停滞期"是一个非常重要的因素。因此，围绕"停滞期"，依据本书前面的工作，对"中等收入陷阱"做一个初步的描述与测度。代表国家和地区分阶段跨越年限计算结果汇总见表4-3。

表4-3　1950～2010年代表国家和地区分阶段跨越
年限计算结果汇总

单位：年

区域	国家和地区	低收入	中低收入	中高收入	高收入	国家和地区	低收入	中低收入	中高收入	高收入
西北欧	奥地利	0	14	12	35	意大利	0	16	12	33
	英国	0	3	20	38	比利时	0	11	12	38
	荷兰	0	25	15	21	爱尔兰	0	25	15	21
	丹麦	0	3	15	43	挪威	0	11	14	36
	希腊	1	21	28	11	芬兰	0	14	15	32
	瑞典	0	4	15	42	葡萄牙	0	28	18	15
	瑞士	0	0	9	52	西班牙	0	23	17	21
	德国	0	10	13	38	法国	0	10	11	40
欧洲后裔	美国	0	0	12	49	加拿大	0	0	19	42
	新西兰	0	0	22	39	澳大利亚	0	0	20	41
东欧	阿尔巴尼亚	23	38	0	0	波斯尼亚和黑塞哥维那	16	45	0	0
	保加利亚	3	52	6	0	克罗地亚	5	30	26	0
	匈牙利	0	52	9	0	马其顿	7	54	0	0
	波兰	0	50	11	0	斯洛文尼亚	0	20	15	26
	黑山	13	46	2	0	俄罗斯	0	57	4	0
	塞尔维亚	9	50	2	0	罗马尼亚	12	49	0	0
	科索沃	61	0	0	0					
拉美	阿根廷	0	28	33	0	玻利维亚	16	45	0	0
	巴西	8	53	0	0	哥斯达黎加	2	54	5	0
	智利	0	42	13	6	古巴	7	54	0	0
	墨西哥	0	53	8	0	多米尼加	23	38	0	0
	哥伦比亚	0	61	0	0	厄瓜多尔	10	51	0	0
	秘鲁	0	61	0	0	萨尔瓦多	14	47	0	0
	乌拉圭	0	44	17	0	危地马拉	1	60	0	0
	委内瑞拉	0	1	60	0	海地	61	0	0	0
	洪都拉斯	50	11	0	0	巴拉圭	23	38	0	0
	牙买加	5	56	0	0	波多黎各	0	26	18	17

区域	国家和地区	低收入	中低收入	中高收入	高收入	国家和地区	低收入	中低收入	中高收入	高收入
拉美	尼加拉瓜	31	30	0	0	特立尼达和多巴哥	0	17	30	14
	巴拿马	5	56	0	0					
亚洲	中国大陆	42	17	2	0	马来西亚	19	28	14	0
	印度	53	8	0	0	尼泊尔	61	0	0	0
	印度尼西亚	36	25	0	0	巴基斯坦	54	7	0	0
	日本	1	17	9	34	新加坡	0	28	10	23
	菲律宾	27	34	0	0	斯里兰卡	33	28	0	0
	韩国	19	19	7	16	阿富汗	61	0	0	0
	泰国	26	27	8	0	柬埔寨	56	5	0	0
	中国台湾	17	19	7	18	老挝	61	0	0	0
	孟加拉国	61	0	0	0	蒙古国	61	0	0	0
	缅甸	54	7	0	0	朝鲜	38	23	0	0
	中国香港	0	26	7	28	巴林	0	61	0	0
	越南	52	9	0	0	伊朗	9	52	0	0
	伊拉克	23	38	0	0	卡塔尔	0	6	19	36
	以色列	0	19	17	25	沙特阿拉伯	0	20	32	9
	约旦	6	55	0	0	叙利亚	0	52	9	0
	科威特	0	1	23	37	也门	26	35	0	0
	黎巴嫩	3	58	0	0	土耳其	23	37	0	0
	阿曼	18	29	14	0					
非洲	阿尔及利亚	19	42	0	0	厄立特里亚	61	0	0	0
	安哥拉	61	0	0	0	加蓬	0	56	4	1
	贝宁	61	0	0	0	冈比亚	61	0	0	0
	博茨瓦纳	33	28	0	0	加纳	61	0	0	0
	布基纳法索	61	0	0	0	几内亚	61	0	0	0
	布隆迪	61	0	0	0	利比里亚	61	0	0	0
	喀麦隆	61	0	0	0	利比亚	12	43	6	0
	佛得角	53	8	0	0	马达加斯加	61	0	0	0
	中非	61	0	0	0	马拉维	61	0	0	0

续表

区域	国家和地区	低收入	中低收入	中高收入	高收入	国家和地区	低收入	中低收入	中高收入	高收入
非洲	乍得	61	0	0	0	马里	61	0	0	0
	科摩罗	61	0	0	0	毛里塔尼亚	61	0	0	0
	刚果	28	33	0	0	毛里求斯	0	41	12	8
	科特迪瓦	58	3	0	0	摩洛哥	27	34	0	0
	吉布提	54	7	0	0	莫桑比克	55	6	0	0
	埃及	30	31	0	0	纳米比亚	0	61	0	0
	赤道几内亚	46	4	3	8	尼日尔	61	0	0	0
	尼日利亚	61	0	0	0	斯威士兰	20	41	0	0
	卢旺达	61	0	0	0	坦桑尼亚	61	0	0	0
	塞内加尔	61	0	0	0	多哥	61	0	0	0
	塞舌尔	1	60	0	0	突尼斯	22	39	0	0
	塞拉利昂	61	0	0	0	乌干达	61	0	0	0
	索马里	61	0	0	0	赞比亚	61	0	0	0
	南非	0	61	0	0	津巴布韦	61	0	0	0
	苏丹	50	11	0	0					

注：笔者依据麦迪逊数据在前述阈值基础上计算和统计得到，表中的"低"、"中"、"中高"和"高"分别表示不同的收入阶段。

由表4-3所示的计算结果容易发现：1950~2010年，西北欧国家和地区及欧洲后裔国家（主要是指美国、加拿大、澳大利亚和新西兰四个从欧洲移民形成的国家），基本上已经走出了"低水平均衡"阶段。它们从中低收入阶段开始，经由中高收入阶段，直奔高收入阶段，几乎没有出现"中等收入陷阱"的现象；同时，东欧、拉美、亚洲和非洲的绝大部分国家和地区在此期间，都是以低收入阶段为起点，开始经济增长和社会发展的征程。有些国家和地区，特别是很多非洲国家和地区，在长达60年的时间里面，从未走出"低水平均衡陷阱"，如几内亚、利比里亚、安哥拉、尼日利亚、坦桑尼亚、乌干达和津巴布韦等。因此1950年前后出现了一大批以贫困国家和地区为背景的经济发展理论。当然，一些国家和地区很顺利地突破了贫困陷阱，到达中等收入阶段。然而，这种早期发展经济学家预示到的"第一次推动力"并没有将这些后发国家一一送到更高收入水平上。到 1970 年前后，世界范围内的经济增长出现了一个崭新的现象——"中等收入陷阱"——不过当时这个现象主要集中出现在拉美地区，因此，最初称其为"拉美陷阱"。如阿根廷，在 1950 年已经是一个中低收入国家，竟然在中低收入阶段停留了 28 年，中高收入阶段停留了 33 年，至今停留在中等收入阶段，再如巴西，1950～2010 年几乎一直停留在中低收入阶段。还有亚洲的印度尼西亚、菲律宾、马来西亚、伊拉克、约旦、黎巴嫩、土耳其等国家和地区，非洲的阿尔及利亚、突尼斯、埃及、纳米比亚、南非等国家和地区也出现了这种状况。

基于以上分析，我们确定了测度中等收入陷阱的目标群体，以测定后发国家从中低收入水平向中高收入水平跨越、中高收入水平向高收入水平跨越所用的时间年限。与 Felipe 等不同的是，计算第一个跨越时间时我们剔除掉 1950～2010 年没有经历低收入水平的国家和地区，原因是不知道其处于中低收入阶段的时间长度；计算第二个跨越时间我们剔除了在此期间一直处于"贫困陷阱"的国家和地区，因为它们处在中等收入及以上阶段的时间长度为 0 年。这两种情况都会对我们所要测定的时间造成偏误。我们按照中等收入陷阱跨越成功、跨越失败为标准选取两类国家和地区。1950～2010 年不同类型国家和地区中等收入两阶段滞留时间见表 4-4。

表 4-4　1950～2010 年不同类型国家和地区中等收入两阶段滞留时间

单位：年

收入阶段	成功跨越国家和地区	跨越失败国家和地区	Felipe 结果
中低收入阶段	25（6.139）	37（12.112）	28
中高收入阶段	15（7.173）	19+（15.033）	14
中等收入阶段	40	56+	42

注：括号内为标准差。

资料来源：Felipe, J. et al. , "Tracking the Middle - income Trap: What Is It, Who Is in It, and Why?" Levy Economics Institute of Bard College, Working Paper, Number 715, 2012.

由表 4 - 4 的计算结果可以看出，1950～2010 年，顺利跨越中等收入阶段的国家和地区和至今未能到达高收入阶段的国家和地区在中等收入阶段的滞留时间存在着明显的差异：前者平均在中低收入阶段存在的时间为 25 年，在中高收入阶段的时间为 15 年，然后就到达高收入阶段；而后者在中低收入阶段滞留的平均时间长达 37 年之久，在中高收入阶段滞留的时间为 19 年以上，因为它们至今仍没有走出这个阶段。还有一点值得注意的是，从两个群体内部在中等收入阶段滞留时间的标准差也可以判断，该指标的离散程度也存在着群组间差异。相比之下，至今未能跨越该阶段的国家和地区的滞留时间更加分散。这大概有两个方面的可能性解释：一是高收入国家数量毕竟稀少，而且表现出区域集中的趋势，集中在西北欧和欧洲后裔国地区；二是跨越失败的国家和地区不仅数量庞大，而且比较分散，最开始出现在拉美地区，接着蔓延至东欧、东南亚以及非洲地区。区域上的差异包含着很多导致经济增长和发展出现分化的因素，这些因素本身就承继了过往的历史，还会随着之后的历史演变进一步的积累和加深。

同时，我们也比较了本书计算的结果与 Felipe 等的计算结果，发现结果之间存在差异（见表 4 - 4）。较大可能的原因就是对数据的处理方式不同，比如在中低收入阶段，本书是按照两种不同类型国家给出滞留时间，而 Felipe 等的研究是给出总体的滞留时间，而且两种类型的平均值 31 年和他们的研究结果 28 年比较接近，这从侧面说明我们所做的区分是很有必要的。另外，关于中高收入阶段的滞留时间，Felipe 等的研究结果是 14 年，本书的结果分两种经济体类型给出：分别是 15 年和 19 年以上（平均 17 年以上）。因为未跨越过中等收入阶段的经济体有一部分没有达到中高收入阶段，停留时间为 0，本书在测算时做了排除，因此从数值上看比他们的结果大一些。

那么现在，根据本书测算出的区分是否掉入中等收入陷阱的时间门槛，可以进一步测算出中等收入国家和地区成功跨越中等收入阶段所需要的增长速度。

$$Y_t = Y_0 (1 + \gamma)^t \qquad\qquad (4-1)$$

$$\gamma = e^{\frac{\ln Y_t - \ln Y_0}{t}} - 1 \qquad\qquad (4-2)$$

其中，Y_t 是目标人均 GDP，Y_0 是初始人均 GDP，按需要选取由本书测算的收入阶段划分阈值；t 是时间跨度，对应地选取本书测算的两个门槛时间。因此，我们可以由式（4-2）计算出跨越各收入阶段所需要的最低人均 GDP 增长速度 γ。例如，跨越中低收入陷阱所需要的最低人均 GDP 增长速度为 $\gamma_1 = e^{\frac{\ln 7250 - \ln 2000}{25}} - 1 = 5.29\%$，跨越中高收入陷阱需要的最低人均 GDP 增长速度 $\gamma_2 = 3.27\%$，同样，对于一个刚刚脱离贫困陷阱的国家，还可以算出，人均收入至少要保持在 4.53% 的增长速度才可以顺利到达高收入水平。

第四节　经济增长分化与差异

我们确定了划分收入阶段的"阈值"以及中等收入阶段"滞留时间门槛"来观测和度量中等收入陷阱。根据现有的文献，为了更加全面地了解中等收入陷阱，接下来从中等收入国家和地区所处的世界经济增长环境来把握其特征。

由图 4-2 所示的国别人均收入标准差在 1950~2010 年的动态变化可以看出，在这段时间里，世界各国在人均收入水平上的差异越来越大。为了过滤由于世界各国成长本身带来的差异，可将每一年的标准差数值除以该年的均值得到差异系数。由图 4-3 又惊奇地发现，人均收入的国别差异在相对意义上经历了两个不同阶段的变动：1950~1980 年差异系数明显在缩小；1980 年之后，差异系数有增大的趋势。当然，这是一个总体的指标，我们还不清楚造成国别人均收入差异在绝对意义和相对意义上的不同表现的原因。到底是哪一个收入阶段的国家群体对这种差异的贡献最大，特别是我们所关心的中等收入国家群，因为这也关系到它们跨越该阶段面临的外部条件。因此，依据麦迪逊相关数据，通过非参数核密度估计方法，找出了世界各经济体在此期间每一年的人均收入密度函数，本书以 10 年为时间间隔，共给出 7 个年份的估计结果（见图 4 - 4）。

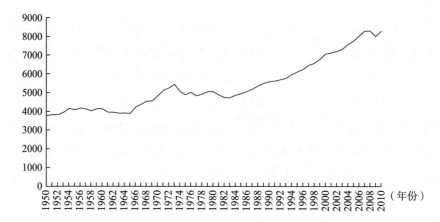

图 4 - 2　1950～2010 年国别人均收入差异（标准差）趋势

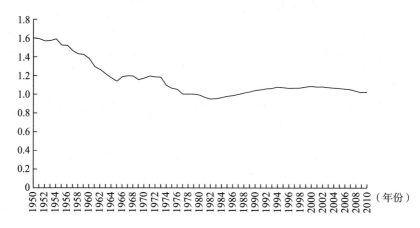

图 4 - 3　1950～2010 年国别人均收入差异系数动态变化

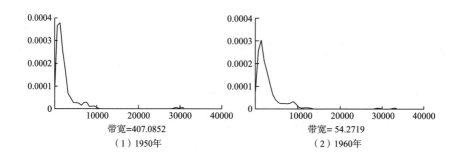

带宽=407.0852　　　　　　　带宽= 54.2719
（1）1950年　　　　　　　　（2）1960年

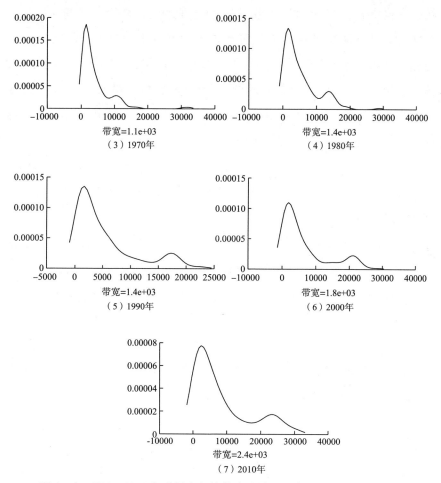

图 4 – 4   1950~2010 年世界各经济体人均收入非参数核密度动态变化

注：图（1）~（7）分别是 1950 年、1960 年、1970 年、1980 年、1990 年、2000 年和 2010 年世界各国人均收入水平的非参数核密度示意图。纵轴为密度值 $f(x)$，$f(x) \in [0,1]$；横轴为人均收入水平值 x，原则上 $x \in (0, +\infty)$，单位为国际元。模型选取的是高斯核。

资料来源：笔者运用非参数核密度估计方法通过软件 Stata12 绘制。

如图 4 – 4 所示，通过不同年份的世界经济体人均收入密度对比发现如下特征。1950~1970 年，世界上绝大多数国家处于低收入水平，世界经济呈现明显的单极状态，中、高收入国家很少；同时，中等收入国家群出现一个虽然不是十分突出但确实存在的"隆起"趋势，似乎有一股力量推动着一部分低收入状态的经济体向更高收入水平前进，这和新古典增长模型昭示的"收敛"规律相吻合。然而，1970 年之后，特别是 1980～2010 年，世界经济出现显著并且不断被加强的两极分化趋势。例如，1980 年高收入国家的人均收入均值在 14000 国际元左右，随后不断提高，2010 年到达 24000 国际元；而中、低收入国家的人均收入均值则停留在 4000～5000 国际元的区间上，好像中、低收入世界进入了某个稳定的均衡状态。因为两极分化的同时，高收入国家所占的比例几乎没有变化，只是向右平移。这说明随着时间的推移，整体而言中等收入国家几乎很难进入高收入国家群，在现代经济增长的道路上要面临越来越多未知的限制和障碍。

最后简要地总结上述分析：我们将世界银行按照人均国民收入划分的收入阶段阈值标准转换为以人均 GDP 表示的阈值标准，确定 2000 国际元、7250 国际元、11750 国际元为低收入阶段、中低收入阶段、中高收入阶段和高收入阶段国家的区分界限，并且通过 10080 个参照组保证了这些阈值标准的稳定性。1950～1980 年，低收入国家所占比例稳步下降，并在 1980 年之后趋于稳定，相当多的非洲国家陷入了低水平均衡陷阱；在此期间，高收入国家所占比例有所上升，并表现区域集中的特征；总体而言，中等收入国家的比例变化比较平稳，但是在中等收入国家群内部，分化现象十分突出，一些国家存在中等收入陷阱问题。另外，还测算了两种类型的国家在中等收入两个阶段的滞留时间，成功跨越该阶段的国家分别滞留了 25 年和 15 年，跨越失败的国家分别为 37 年和 19 年以上，差异明显。在此门槛年限的基础上，测算了后发国家成功越过中等收入陷阱在中低收入阶段和中高收入阶段人均收入增长的临界速度为 5.29% 和 3.27%。依据标准差指标的动态变化发现，在我们考察的时间段里，世界经济体在人均收入水平上的差异越来越大。又通过不同年份人均收入非参数密度变化图比对发现：世界人均收入在各经济体之间由单极状态向两极分化趋势演变，并且随着时间的推移，中等收入国家在现代经济增长的道路上面临越来越多的限制和障碍。

第五节　中国面临中等收入陷阱风险的测度

如前所述，改革开放以来中国经历了 40 年举世瞩目的经济高速增长，也见证了"中国崩溃"到"中国威胁"的舆论转变。尤其进入 21 世纪以来，中国经济面临的风险与不确定性因素日渐增多，国内和国际两个方面都呈现矛盾多发趋势。特别是 2008 年世界金融危机爆发以后，中国经济增长慢慢步入高速向中高速的转变时期，也就是中国政府和学术界近期意识到的经济新常态。在这样的背景下，中国是否已经落入中等收入陷阱；如果没有的话，是否面临中等收入陷阱威胁；未来落入中等收入陷阱的可能性有多大等问题的研判，就显得特别重要和必要。本节就试图在国际经验数据测度的基础上来谈谈上述几个问题。需要说明的是，本节仅仅是从事实数据及测度的角度来窥探这一系列问题，难免挂一漏万；因此，预测这些可能存在的问题、提出相关解释及一些相关问题的分析将在本书第六章来深入讨论。

一　中国的人均 GDP 和经济增长率变化

依据麦迪逊千年经济统计数据，可以找到中国在 1950～2010 年的人均经济总量（GDP per Capita）数据，并计算出这一时间段的人均 GDP 增长率。如图 4-5 所示，在这段时间里，中国人均 GDP 由 442 国际元上升到 8032 国际元（1990 年标准）。依据前面的分析，中国这段时间里连续攀爬和跨越了三个收入阶段，从低收入阶段，经过中低收入阶段（在该阶段的滞留时间是 17 年），于 2009 年达到中高收入阶段。人均 GDP 的增长轨迹大致经历了三个具有明显特征差异的时期：1950～1976 年，增长速度平均值为 2.68%；1977～1997 年，增长速度平均值为 6.25%；1998～2010 年，增长速度平均值为 7.89%。我们不难发现，其间中国人均 GDP 的增长速度越来越快，不得不提的是增速本身在考察时间范围的后期存在放缓的趋势。

接着再来看看增长率的动态变化趋势。如图 4 - 5 所示，可以发现，1950～2010 年中国人均 GDP 增长率围绕着 5.06% 的均值水平起伏不定，其中 1959～1962 年、1967～1968 年、1974 年、1976 年、1998 年增长率为负值，即出现人均 GDP 出现短暂的间歇性滞退局面，滞退程度最大的年份是 1961 年，该年人均 GDP 的增长率为 - 16.5%。潮落伴随潮涨，其间人均 GDP 增长率几度出现正峰值，如增长最快的年份是 2003 年，高达 14.4%。

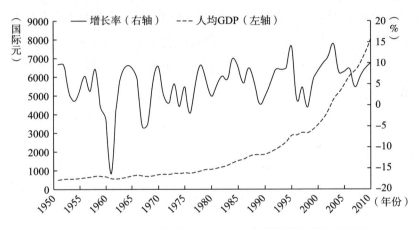

图 4 - 5　1950～2010 年中国人均 GDP 与其增长率的动态变化

由本章前面几节的分析和测算可知，人均 GDP 的增长率是决定一国将分化到何种收入群体的关键因素，因为它既关系到收敛时间，又关系到经济体能否成功收敛到更高收入国家群。而人均 GDP 增长率时间序列中既存在潜在趋势成分，又存在随机冲击的波动成分，我们在讨论特别是预测增长率变化时需要将这两个方面区分开来，才能避免混淆。所以下面则通过 HP 滤波方法，将中国在 1950～2010 年的人均 GDP 增长率分解成趋势成分与波动成分来分析和讨论。

二　人均 GDP 增长率的趋势与波动

本节前面给出的测算结果表明，中国自 2009 年才进入中高收入水平国家行列，时间太短，这客观上对于判断中等收入陷阱威胁造成了一定的困难。一个替代的办法就是通过估算潜在经济增长率来考察和预判经济发展态势。潜在经济增长率的估算方法大致分为两种：一种是趋势消除法，借助计量工具对现实的时间序列数据进行趋势消除来推算方式估计；另一种是生产函数法，利用现实数据先估计出总量生产函数，然后通过潜在要素投入估算出潜在产出及增长率[①]。由于麦迪逊经济统计数据所限，在本节难以利用第二种方法，所以采取前一种方法进行测算。具体就是借助 HP 滤波方法将人均 GDP 增长率时间序列的趋势成分和波动成分"分离"出来。HP 滤波分析方法是由 Hodrick 和 Prescott 提出的[②]，当时为了分析美国战后的经济景气状况，后来被广泛地应用于宏观经济趋势研究中。HP 滤波是针对时间序列数据做波动方差极小化的一种处理方法，近似于一个高度滤波器，理论基础是谱分析方法。谱分析将时间序列看成是不同频率成分的叠加，HP 滤波就是要分离出时间序列中频率较高的成分（周期因素）、去掉频率较低的成分（趋势因素）。假设时间序列：

$$Y = (Y_1, Y_2, \cdots, Y_t) \tag{4-3}$$

其中趋势成分为：

$$G = (G_1, G_2, \cdots, G_t) \tag{4-4}$$

周期成分为：

$$C = (C_1, C_2, \cdots, C_t) \tag{4-5}$$

不像序列 Y，G 和 C 都是不可观测的，而 HP 滤波方法就是通过求解：

$$\min\left\{ \sum_1^n (y_t - g_t)^2 + \lambda \sum_1^n \left[B(L) g_t \right]^2 \right\} \tag{4-6}$$

---

① 郭庆旺、贾俊雪：《中国潜在产出与产出缺口的估算》，《经济研究》2004 年第 5 期，第 31～39 页。

② Hodrick, F., E. Prescott, "Posterior US Bussiness Cycles, An Empirical Investigation," Disscusion Paper, 1980.

这样一个最小化问题，将 y_t 分解为：

$$y_t = g_t + c_t \qquad\qquad (4-7)$$

其中 λ 值代表随机波动方式和平滑程度，使用不同的数值来调整趋势的变化，随着 λ 值增加波动更加光滑；$B(L)$ 是滞后算子多项式。分解的结果如图 4-6 和图 4-7 所示。

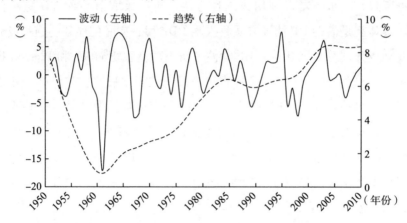

图 4-6　1950～2010 年人均 GDP 增长率的趋势和波动分解

如图 4-6 所示：1950～2010 年，中国人均 GDP 的增长率趋势呈"V"形，1961 年之前增长率呈下降趋势，1961 年之后呈上升趋势；而波动成分表现稍微复杂，经历周期大约为 10 年的多次震荡。

中国经济在 1992 年进入中等收入国家行列（参照我们前面设定的阈值标准：2000 国际元），2009 年进入中高收入国家行列，其间的增长率平均值是 7.57%，远高于本书测算的跨越中低收入陷阱的临界速度 5.29%，中国在中低收入阶段滞留时间 16 年。结合图 4-7 趋势成分看，1992～2008 年增长率趋势成分的均值是 7.37%，与 7.57% 相差不大，说明这段时间人均 GDP 增长还比较平稳。但是我们也发现 2003 年之后，负面的扰动因素明显增多且逐步加深，且 2004 年以后负面因素的影响效果实实在在地表现出来了。从某种意义上讲，这与近期出现并备受广泛讨论的"经济新常态"的判断是一致的。

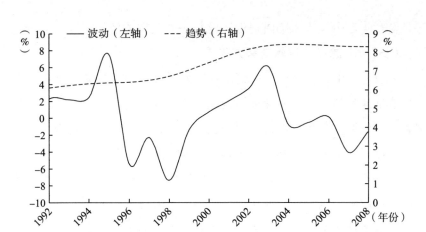

图 4-7　中低收入阶段中国人均 GDP 增长率的趋势与波动分解

三　经济新常态意味面临陷阱吗：HP 滤波分解与反事实模拟分析

依据麦迪逊统计数据，中国于 1992 年突破低收入阶段，进入中低收入阶段并在该阶段停留了 16 年，然后平稳经过中低收入阶段，对比中国官方公布的经济和人口增长数据，这是一个并不理想的成绩。中国在 2008 年之前的 30 年保持了年均 9% 的经济增长速度，而 1992 年之后人口增长速度基本维持在 1% 以下，按理说跨越中等收入第一个阶段的时间应该少于 16 年才算正常。中国在 2009 年进入中高收入阶段，至今已有 10 个年头。巧合的是，中国在进入中高收入阶段伊始，就碰到源自美国的百年一遇的全球金融危机，又增加了诸多的不确定性和风险，经济运行进入中高速增长的新常态，中国政府也调低了经济增长目标，将调结构与稳增长放到同等重要的位置上，对于一个快速增长了数十年的大国经济体来说，这种增速换挡确实是一个值得重视和研究的问题。按照国际历史经验，中国能否顺利经过中高收入阶段，还得经受一段时间的考验。从经济统计视角看新常态就意味着增速下降，这显然也是中等收入陷阱命题的应有之义和基本特征，在对中国经济新常态的研究讨论越来越激烈的氛围背景下，我们当然不能够回避类似"中国经济新常态是否意味着中等收入陷阱逼近"这样一些问题的解答。

（一）HP 滤波与逻辑斯蒂方程

一般意义上讲，任何一个经济体在发展过程中，都会经历经济增长从低速加速到高速，然后速度慢慢降低的过程。这也和很多经济之外的现象有相似性，如生物种群规模的变化趋势，达到一定的规模之后变化速度会慢慢降下来，最终达到一种稳定的状态，除非受到强烈的外部扰动，研究者们将这类现象统一纳入"逻辑斯蒂方程"这样一种函数方程中进行解析。逻辑斯蒂曲线通常分为五个阶段：初始期、加速期、转折期、减速期和饱和期。另外，从国际经济发展历史上看，这种特征十分明显。所以，我们想借用这种思想来研究一国经济到达稳态过程中的经济增长指标，特别是本书关注的主题：中等收入陷阱。如前所述，经济增长时间序列本身包含着趋势成分和波动成分，我们知道波动一般都是没有规则的随机过程，该成分并不表现逻辑斯蒂曲线特征，所以说经济增长时间序列表现逻辑斯蒂曲线五阶段特征的主要作用力出现在趋势成分上。因此，首先的任务是分解经济增长时间序列。对于本书来讲，就是人均收入增长的时间序列。

那么我们进行滤波分解：$gpc_t = trend_t + cycle_t$，将中国人均收入（gpc）增长的趋势成分和波动成分分解开来，结果如图 4-8 所示。

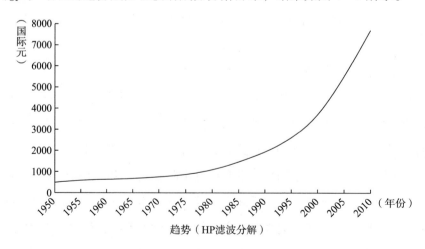

趋势（HP滤波分解）

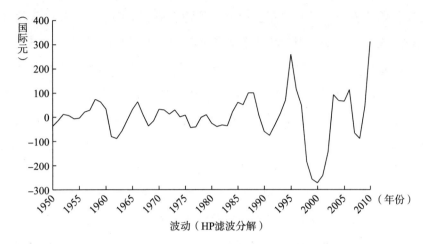

图 4 - 8 1950 ~ 2010 年中国人均收入水平趋势和波动分解

接下来，对趋势部分进行逻辑斯蒂曲线特征分析。根据五阶段特征，可写出：

$$\frac{\mathrm{d}x}{\mathrm{d}t} = -kx^2 + ax \tag{4-8}$$

利用分离变量法解上面的微分方程得到：

$$\frac{\mathrm{d}x}{x(a-x)} = k\mathrm{d}t \tag{4-9}$$

两边积分得到：

$$\frac{\mathrm{d}x}{(a-x)} = e^{ac}e^{akt} \tag{4-10}$$

通解为：

$$x(t) = \frac{aAe^{bt}}{1+Ae^{bt}} = \frac{a}{1+A^{-1}e^{-bt}} \tag{4-11}$$

这就是逻辑斯蒂曲线的一种表达式。

我们知道，对于该曲线的回归，稳态时的函数值特别重要，这涉及回归是否具有现实价值，然而对于研究中等收入陷阱问题来说，如果知道了稳态值，根本就不用进行回归等方式，直接根据稳态值并结合前面提出的阈值就可以下结论了。所以，从稳态值着手相当于是一个无法在逻辑上成立的途径。但是中等收入陷阱研究还有其他的特征，如增速转折点，众所周知，最近一段时期以来，从官方、学界到研究机构基本上对中国经济在 2012 年前后进入新常态达成共识，这是增速转折的一种经验总结，至此经济增长已经由高速转为中高速。而在理论分析和统计学意义上，这种状态的出现不是偶然或无中生有的，也就是说存在着另外一个关键时点或者事件，引发这种状态出现。本书将这一关键时点设立在 2008 年，主要考虑 2008 年爆发全球金融危机对世界上几乎所有国家的经济增长影响是历史性的，且经济新常态的提法比较集中于这次金融危机之后，这也较好地体现了中国经济与资本主义世界体系的密切联系。

此外，对于均值接近于 0 的波动成分，可以采用时间序列模型，如 ARMA 模型来模拟，该模型对数据的要求和相关处理较多，这样有可能会造成尽管回归拟合的效果好，但是存在距离真实情形更加遥远的隐忧。鉴于 1950～2010 年中国人均收入（GPC）的波动成分还是显示一定的周期性，所以本书采用更加简洁的方式进行一个初步的拟合，即利用经济波动的周期性规律来推测出未来的波动。表 4 - 5 给出了推测的详细结果，包括拟合趋势、拟合波动等相关结果。

表 4 - 5　趋势和波动拟合结果

单位：国际元

年份	实际 GPC	实际趋势	实际波动	拟合趋势	拟合波动	拟合 GPC
1950	448.0217	484.7818	- 36.7601	484.7818	- 36.7601	448.0217
1951	491.0185	505.6045	- 14.5859	505.6045	- 14.5859	491.0185
1952	537.614	526.0595	11.55451	526.0595	11.55451	537.614
1953	552.1767	545.6335	6.543141	545.6335	6.543141	552.1767
1954	556.9367	563.9286	- 6.99185	563.9286	- 6.99185	556.9367
1955	576.5302	580.6122	- 4.08194	580.6122	- 4.08194	576.5302
1956	616.1119	595.2819	20.83006	595.2819	20.83006	616.1119

续表

年份	实际 GPC	实际趋势	实际波动	拟合趋势	拟合波动	拟合 GPC
1957	635.9914	607.4945	28.49688	607.4945	28.49688	635.9914
1958	690.3748	617.0151	73.35968	617.0151	73.35968	690.3748
1959	686.3897	623.8938	62.49592	623.8938	62.49592	686.3897
1960	662.1404	628.9142	33.22622	628.9142	33.22622	662.1404
1961	552.8933	633.4848	− 80.5916	633.4848	− 80.5916	552.8933
1962	550.4378	639.3467	− 88.9088	639.3467	− 88.9088	550.4378
1963	590.2907	647.4346	− 57.1439	647.4346	− 57.1439	590.2907
1964	644.8182	657.7945	− 12.9763	657.7945	− 12.9763	644.8182
1965	701.5933	669.9008	31.69249	669.9008	31.69249	701.5933
1966	746.3163	683.0982	63.21813	683.0982	63.21813	746.3163
1967	706.9207	697.0482	9.872528	697.0482	9.872528	706.9207
1968	674.9145	712.0446	− 37.1301	712.0446	− 37.1301	674.9145
1969	712.9738	728.4798	− 15.506	728.4798	− 15.506	712.9738
1970	778.3519	746.3752	31.97663	746.3752	31.97663	778.3519
1971	794.9614	765.5968	29.36457	765.5968	29.36457	794.9614
1972	798.3318	786.3305	12.00132	786.3305	12.00132	798.3318
1973	838.3949	809.0559	29.33901	809.0559	29.33901	838.3949
1974	835.1463	834.3725	0.773869	834.3725	0.773869	835.1463
1975	871.1811	863.1732	8.007906	863.1732	8.007906	871.1811
1976	852.6709	896.3588	− 43.6879	896.3588	− 43.6879	852.6709
1977	893.6271	934.9099	− 41.2828	934.9099	− 41.2828	893.6271
1978	977.9515	979.3706	− 1.41907	979.3706	− 1.41907	977.9515
1979	1039.409	1029.872	9.537723	1029.872	9.537723	1039.409
1980	1061.053	1086.53	− 25.4777	1086.53	− 25.4777	1061.053
1981	1110.193	1149.559	− 39.3652	1149.559	− 39.3652	1110.193
1982	1186.054	1218.914	− 32.8603	1218.914	− 32.8603	1186.054
1983	1257.744	1294.16	− 36.4167	1294.16	− 36.4167	1257.744
1984	1395.859	1374.533	21.3267	1374.533	21.3267	1395.859
1985	1519.153	1458.902	60.251	1458.902	60.251	1519.153
1986	1597.006	1546.354	50.65242	1546.354	50.65242	1597.006
1987	1737.054	1636.573	100.4807	1636.573	100.4807	1737.054

续表

年份	实际 GPC	实际趋势	实际波动	拟合趋势	拟合波动	拟合 GPC
1988	1830. 037	1729. 754	100. 2832	1729. 754	100. 2832	1830. 037
1989	1834. 187	1827. 095	7. 091653	1827. 095	7. 091653	1834. 187
1990	1870. 93	1930. 797	− 59. 8666	1930. 797	− 59. 8666	1870. 93
1991	1967. 182	2043. 131	− 75. 949	2043. 131	− 75. 949	1967. 182
1992	2132. 176	2165. 772	− 33. 5958	2165. 772	− 33. 5958	2132. 176
1993	2311. 822	2299. 632	12. 19062	2299. 632	12. 19062	2311. 822
1994	2514. 66	2445. 289	69. 37082	2445. 289	69. 37082	2514. 66
1995	2863. 485	2603. 444	260. 0407	2603. 444	260. 0407	2863. 485
1996	2891. 989	2775. 489	116. 4995	2775. 489	116. 4995	2891. 989
1997	3013. 35	2965. 419	47. 93137	2965. 419	47. 93137	3013. 35
1998	2993. 194	3178. 392	− 185. 198	3178. 392	− 185. 198	2993. 194
1999	3162. 234	3420. 046	− 257. 812	3420. 046	− 257. 812	3162. 234
2000	3420. 866	3694. 168	− 273. 302	3694. 168	− 273. 302	3420. 866
2001	3758. 931	4001. 965	− 243. 033	4001. 965	− 243. 033	3758. 931
2002	4197. 145	4341. 912	− 144. 767	4341. 912	− 144. 767	4197. 145
2003	4802. 843	4710. 055	92. 78835	4710. 055	92. 78835	4802. 843
2004	5168. 709	5100. 989	67. 71921	5100. 989	67. 71921	5168. 709
2005	5575. 373	5510. 241	65. 13173	5510. 241	65. 13173	5575. 373
2006	6047. 562	5934. 012	113. 5504	5934. 012	113. 5504	6047. 562
2007	6303. 024	6369. 155	− 66. 1307	6369. 155	− 66. 1307	6303. 024
2008	6724. 78	6813. 659	− 88. 8797	6813. 659	− 88. 949	6724. 71
2009	7308. 203	7264. 853	43. 35034	7258. 164	− 46. 5958	7211. 568
2010	8031. 945	7719. 174	312. 7708	7693. 307	− 0. 80938	7692. 498
2011	−	−	−	8117. 078	56. 37082	8173. 449
2012	−	−	−	8526. 329	247. 0407	8773. 37
2013	−	−	−	8917. 264	103. 4995	9020. 764
2014	−	−	−	9285. 407	34. 93137	9320. 338
2015	−	−	−	9625. 354	− 198. 198	9427. 156
2016	−	−	−	9933. 151	− 270. 812	9662. 339
2017	−	−	−	10207. 27	− 286. 302	9920. 971
2018	−	−	−	10448. 93	− 256. 033	10192. 89

续表

年份	实际 GPC	实际趋势	实际波动	拟合趋势	拟合波动	拟合 GPC
2019	–	–	–	10661.9	– 157.767	10504.13
2020	–	–	–	10851.83	79.78835	10931.62
2021	–	–	–	11023.87	54.71921	11078.59
2022	–	–	–	11182.03	52.13173	11234.16
2023	–	–	–	11327.69	100.5504	11428.24
2024	–	–	–	11461.55	– 79.1307	11382.42
2025	–	–	–	11584.19	– 101.88	11482.31
2026	–	–	–	11696.52	– 88.949	11607.57
2027	–	–	–	11800.22	– 46.5958	11753.63
2028	–	–	–	11897.56	– 0.80938	11896.76
2029	–	–	–	11990.75	56.37082	12047.12
2030	–	–	–	12080.97	247.0407	12328.01

初步拟合的详细结果由表 4 – 5 给出，其中实际 GPC 和拟合 GPC 如图 4 – 9 所示，图 4 – 9 中 2009 年和 2010 年两个年份是实际数据和拟合数据的重叠部分；那么可以依据这两个年份实际值和拟合值的偏差来大致判断一下初步拟合结果的优劣程度。经计算，2009 年和 2010 年的拟合偏差分别为 – 1.32% 和 4.23%，应该是在可以接受的范围内。那么，依据拟合值和前面计算出的划分国家收入阶段的阈值，中国将于 2027 年进入高收入国家行列。从 2009 ~ 2027 年人均收入的拟合增长率来看，从中高收入阶段到高收入阶段的过渡是相对平稳的。由于趋势因素，即经济新常态的影响，其间拟合增长速度呈现明显的衰减特征，但是除了个别年份（如 2024 年），没有出现人均收入水平倒退的现象，而人均收入水平停滞或倒退是很多陷入中等收入陷阱国家发展过程中特别重要的事实特征。另外也可以算出，中国从进入中高收入阶段到越过该阶段所用的时间是 18 年，与成功越过类似陷阱国家的国际经验值 15 年较为吻合。这里需要指出的是，这种预测是建立在中国经济转折点的假设和经济波动历史重复性假设的基础之上，我们知道，经济转折点假设是比较合理的，因为中国正在步入经济新常态已成共识甚至成为现实；但波动

历史重复性假设还尚有继续研究的空间。所以，我们将在下面对未来经济波动进行反事实模拟分析，力求更加准确的把握中国未来经济走势和跌入中等收入陷阱的可能性。

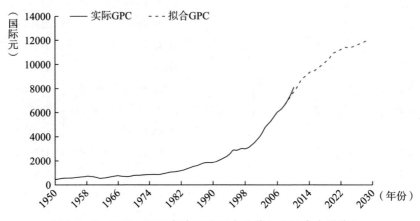

图 4 - 9　1950～2030 年中国实际人均收入和拟合人均收入

（二）反事实模拟分析

由于趋势因素短时间内难以改变，所以本部分模拟针对的是中国人均收入时间序列中的波动成分。上面利用波动的简单周期性规律，拟合出了一条波动曲线，得到了具有参考意义的拟合 GPC 值，并且预测中国将于 2027 年达到高收入国家水平。为了更加全面地考虑各种风险和不确定性因素带来的经济波动，下面基于 1950～2010 年 GPC 波动的规律（见图 4 - 9），假设几种比较可能的情境进行反事实模拟分析。

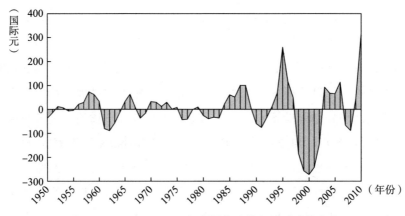

图 4 - 10　1950～2010 年中国人均收入波动成分面积

情境 1：简单的周期重复式波动。这是在上一小节所做的分析。

情境 2：衰减式的经济波动。这个情景假设是基于历史经验学习的视角，强调一国经济发展历史过程中，学习和积累起足够的控制经济波动的经验和能力，经济的波动会呈现衰减的趋势。

情境 3：放大式的经济波动。该情景假设基于中等收入国家到达中等收入阶段，内部积累了众多矛盾，外部面临来自高收入国家技术优势和低收入国家要素成本优势的双向夹击，最重要的是与本书的理论部分相关的处于中等收入阶段的发展中国家往往聚集在资本主义世界体系的矛盾积累火山的爆发口，因此经济波动会逐步放大。

情境 4：经济波动的上下限。根据历史经验数据，能够拟合出经济波动的上界和下界，将波动历史和已有模拟情景尽可能包含在里面，然后以波动的上限和下限来考察 GPC 的变化特征。

对于情境 2 和情境 3 的模拟可以采取对时间序列施加衰减和放大的正弦波的方式来完成，对于情境 4 则采取对历史上代表性极值点进行线性拟合的方式进行，具体结果见图 4 – 11。为了更加清晰地展现模拟结果，我们将各种情景的拟合 GPC 进行取对数处理，然后将中高收入与高收入阶段的阈值也进行取对数处理并放在图中以作参照。

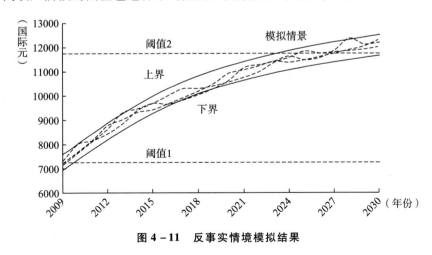

图 4 – 11 反事实情境模拟结果

通过三种人均收入波动反事实情境模拟和波动上下界模拟，可以计算出 2009～2030 年中国人均收入（GPC）的模拟结果，如图 4-11 所示，其中阈值 2 为 11750 国际元，这是中高收入和高收入之间的阈值；同时，又给出了几种情况下 GPC 的情景模拟值和上下界。如果假设 GPC 趋势不变（短时期该假设是合理的）则会发现，经济波动尽管没有改变 GPC 逻辑斯蒂曲线特征的趋势特征，但是明显影响到了中国达到高收入水平国家的时间和可能性：在正向波动的情形下，即上界曲线所示国内外环境皆处于有利于我国的条件下，中国进入高收入水平国家行列的时间较快；在经济波动衰减的情形下，中国将于 2024 年到达高收入国家水平；在经济周期性波动或者波动逐步放大的情形下，中国经济收敛于高收入水平的时间推迟到 2027 年之后；在纯粹负向波动情形即下界曲线所代表的诸多不利因素叠加条件下，中国则很难收敛到高收入水平国家群，至少在收敛时间上超过了本书前面测算的范围。

第五章　理论解释的实证检验：
经验事实与计量分析

　　二战之后，无论是成功跨越中等收入陷阱的发展中国家，还是掉入陷阱的发展中国家，都处在现代世界体系中，这是它们经济增长和经济发展的共同背景。拉美国家和东欧转轨经济体在 20 世纪 80 年代末期，还广泛接受了以新自由主义经济理论为核心的"华盛顿共识"①，更加主动地"嵌入"了现代世界体系结构之中，目前来看，这一共识不仅没有帮助它们脱离陷阱，反而使其出现了众多不适症状。本章主要检验前面以马克思主义经济学对中等收入陷阱进行理论解释所提出的论点和假设。尤其是通过经验事实和计量模型分析，证实"或然性假设"的存在，按照两类不同（成功跨越陷阱和跨越失败）国家群的划分进行比较分析。

第一节　描述性统计

　　工业革命之后，欧洲先进工业国家的经济率先起飞。欧洲产业革命的迅猛发展，摧毁了其传统经济产业，导致大量剩余劳动人口向海外迁徙，加上欧洲革命运动失败和政治、宗教迫害、战争事件频发，使得人

---

① 华盛顿共识（Washington Consensus）是 1989 年在拉美国家和东欧流行的新自由主义政治、经济理论，象征着一批社会主义发展中国家转向资本主义。美国经济学约翰·威廉姆森（John Williamson）提出的 10 条政策措施，即华盛顿共识的主要内容。

们向往外面世界的安静祥和①。19 世纪末到 20 世纪，由于大量欧洲移民带来的正面影响（人力资本、技术进步等），几个欧洲后裔国家完成工业化历程，如美国、加拿大、新西兰和澳大利亚，在 1970 年之后，都进入高收入国家行列。其实在 19 世纪，拉美一些国家的经济表现也非常优秀，如阿根廷、智利等，根据麦迪逊统计数据，1870 年阿根廷、智利与加拿大的人均收入水平相差不多，都处在中低收入水平上，然而到 1970 年，加拿大已达到高收入国家水平，而智利与阿根廷仍处在中等收入水平上，这种对比冲击十分强烈。从 20 世纪 70 年代开始，东亚一些国家和地区的经济表现吸引了全世界的目光，如曾被誉为"亚洲四小龙"的韩国、新加坡、中国台湾和中国香港，在极短的时间内由中等收入国家和地区群跃升至高收入国家和地区行列，堪称东亚奇迹。1870 ~ 2010 年欧洲后裔、拉美、亚洲代表性国家和地区人均 GDP 见表 5 - 1。

表 5 - 1　1870 ~ 2010 年欧洲后裔、拉美、亚洲代表性国家和地区人均 GDP

单位：国际元

年份	澳大利亚	新西兰	加拿大	美国	巴西	智利	墨西哥	阿根廷
1870	3273	3100	1695	2445	713	1290	651	1468
1880	4285	3747	1816	3184	752	1740	796	1604
1890	4458	3755	2378	3392	794	1966	976	2416
1900	4013	4298	2911	4091	678	2194	1319	2875
1910	5210	5316	4066	4964	769	3000	1694	3822
1920	4766	5641	3861	5552	963	2768	1823	3473
1930	4708	4960	4811	6213	1048	2859	1618	4080
1940	6166	6300	5368	7010	1250	3236	1852	4161
1950	7412	8456	7291	9561	1672	3670	2365	4987
1960	8791	9465	8753	11328	2335	4270	3155	5559
1970	12024	11189	12050	15030	3057	5231	4320	7302

---

① 陆月娟：《19 世纪上半期欧洲人向美国移民的历史分析》，《江西师范大学学报》（哲学社会科学版）2002 年第 3 期。

续表

年份	澳大利亚	新西兰	加拿大	美国	巴西	智利	墨西哥	阿根廷
1980	14412	12347	16176	18577	5195	5680	6320	8206
1990	17173	13687	18872	23201	4920	6401	6085	6433
2000	21378	16518	22488	28702	5418	10199	7275	8410
2010	25584	18886	24941	30491	6879	13883	7716	10256

年份	新加坡	中国香港	中国台湾	韩国	中国	印度	日本	
1870	864	683	607	337	530	533	737	
1880	986	834	631	375	540	542	863	
1890	1109	984	656	412	540	584	1012	
1900	1339	1135	680	449	545	599	1180	
1910	1606	1286	844	486	551	697	1304	
1920	1460	1424	949	610	557	635	1696	
1930	1925	1632	1268	586	568	726	1850	
1940	2282	1839	1250	893	546	686	2874	
1950	2219	2218	916	854	448	619	1921	
1960	2310	3134	1353	1226	662	753	3986	
1970	4439	5695	2537	2167	778	868	9714	
1980	9058	10503	5260	4114	1061	938	13428	
1990	14220	17541	9938	8704	1871	1309	18789	
2000	21263	22032	16628	14998	3421	1882	20481	
2010	29038	30725	23292	21701	8032	3372	21935	

资料来源：麦迪逊千年经济统计，少量缺失年份的数据经笔者根据移动平均法推算得出。

澳大利亚、新西兰、加拿大和美国主要是由欧洲移民形成的国家，它们的经济发展轨迹也比较类似，1870 年前后它们就遥遥领先于其他的发展中国家。二战前后，这些国家获得了突飞猛进的发展，美国在 20 世纪 50 年代就进入高收入国家行列，其他几个国家也相继在 20 世纪 60 年代末达到高收入水平。在今天看来，它们的经济表现甚至超过了欧洲的绝大多数国家，而那些国家曾经是工业革命的发源地、技术革新的摇篮和世界经济增长的领头羊。时过境迁，这些欧洲后裔国家发展水平的提升从经济领域逐渐向国家综合实力慢慢渗透。

二战之后，美国成为全球经济的中心，"布雷顿森体系"确立和崩溃的俯仰之间，恰恰印证了美国的经济实力和国际话语权力。2008年金融危机之前，美国的人均收入水平达到了历史的最高峰，为31655国际元（见图 5-1）。

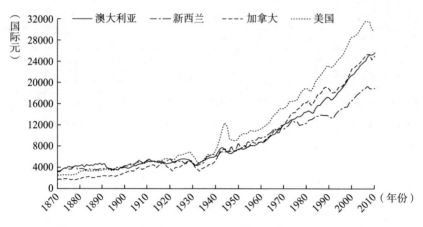

图 5-1　1870~2010 年欧洲后裔四国的人均 GDP 动态变化

不管是历史学家还是经济学家的多维研究空间里，"二战"是像"工业革命"一样重要的坐标点。欧洲后裔国家的经济总量和国家地位出现质变正好是在二战前后，拉美国家的经济在这段时间里面也发生了巨大的变化，如图 5-2 所示，战后拉美国家出现了一个经济快速增长的时期。大概是因为拉美国家没能够像欧洲后裔国家那样发生质的改变，所以"拉美陷阱"之前的"拉美奇迹"很少被人提起，而这个奇迹就发生在二战后至 20 世纪 70 年代中期的约 30 年时间里。尽管在拉美国家没有发源像欧洲一样的工业革命，但是在 19 世纪以前，很多拉美国家在当时属于世界上比较富裕的国家，最明显的例子就是阿根廷，它在美国建国后的很长一段时间都比美国经济好。1970~1990 年，这是拉美国家普遍遭遇经济增长停滞甚至倒退的时间，此时很多拉美国家或者早已经达到中等收入水平，除了智利之外，至今其他国家仍没有走出中等收入阶段。

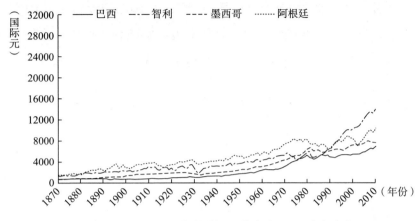

图 5 - 2　1870 ~ 2010 年拉美四国的人均 GDP 动态变化

"亚洲四小龙"也是在二战之后发展起来的，准确地说是在 20世纪 60 年代之后才发展起来的，其发展速度非常迅猛，甚至比欧洲后裔四国的速度还要快。1870 年，韩国、新加坡、中国台湾和中国香港都是低收入水平经济体，其中韩国直到 1967 年仍然是低收入水平经济体。然而从 1985 年开始，这四个经济体先后突破中等收入阶段，进入高收入阶段。尽管受到 1997 年亚洲金融危机和 2008年世界金融危机的干扰，仍然有向世界人均收入最高点追赶的趋势（见图 5 - 3）。

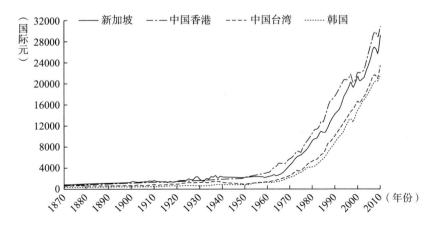

图 5 - 3　1870 ~ 2010 年 "亚洲四小龙" 的人均 GDP 动态变化

最后，我们给出的是两个发展中大国，中国和印度的人均 GDP 增长轨迹，为了更加直观地对比，更好地观察中国和印度的经济增长路径，还加入了日本的经济增长轨迹（见图 5 - 4）。

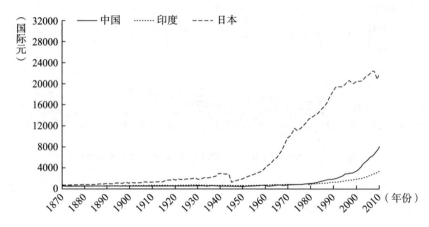

图 5 - 4 1870 ~ 2010 年中国、印度、日本的人均 GDP 动态变化

通过欧洲后裔四国、拉美四国、"亚洲四小龙"和中、印、日三国的人均 GDP 增长轨迹发现，对于发展中国家和地区经济发展的研究，二战是一个绕不过去的"分水岭"，很多奇迹发生在二战之后，另外我们还在全球范围内观察到经济体分批"起飞"的有趣事实：20 世纪 50 ~ 60 年代欧洲后裔四国率先达到高收入水平；60 ~ 80 年代拉美国家发展的势头良好但跌入了中等收入陷阱；战后日本的经济发展分为三个阶段，即 1945 ~ 1972 年的高速发展阶段，1972 ~ 1990 年的中速发展阶段，1990 年之后的低速发展阶段；70 年代，在日本从高速向中速转换的过程中，东亚的一些国家或地区，如韩国、中国台湾等，承接了相当分量的日本产业转移，经济取得了突飞猛进的提升；1980 年之后，中国和印度的经济开启了高速增长之路，尤其是中国，在 2010 年人均 GDP 达到 8032 国际元，处在中高收入向高收入国家群转变的关口。接下来，我们对中等收入陷阱跨越"成功"和跨越"失败"的两组国家进行比较分析，以期得到更多的发现。

第二节　拉美陷阱

恩格斯曾指出，"西班牙等国的侵略征服打断了美洲印第安人的任何进一步独立发展的可能性"。[1] 1492～1540 年，历史上称为美洲被征服的历史时期，也是美洲殖民化的开端，自此以后，美洲的劳动力、自然资源和原材料等要素受到殖民者和宗主国家的肆意掠夺。1790 年以海地革命为标志的拉美独立运动展开，1810 年形成地区性革命高潮，1826 年基本结束，许多拉美国家才相继获得民族独立。

一　从初级产品出口到进口替代战略

由于政治动荡和经济停滞，大部分拉美国家民族经济的建立和发展相当缓慢，其发展模式也是特定历史条件的必然选择。第一，长达三个多世纪的欧洲殖民统治，彻底破坏了早期印第安人社会经济的发展历程，只留下开发自然资源并向外输出少数初级产品的经济基础。第二，欧洲工业革命以来，资本主义世界体系的形成和市场范围的扩大，使得政治独立之初的拉美国家无力获得经济独立，没有可能脱离世界市场而存在和发展。第三，拉美国家独立后，生产和贸易均摆脱了原宗主国家的控制，能够相对自主地参与到国际经济体系中来。在这样的历史条件之下，拉美国家开放自然资源、输出初级产品、购买发达国家工业品等经济活动，成为很自然的选择。19 世纪中期到 20 世纪 40 年代，拉美国家普遍实行初级产品出口的发展模式。

自一战起，特别是 20 世纪 30 年代资本主义经济大萧条之后，国际经济体系又发生了若干重要变化：工业国对外贸易指数下降，英国的外贸指数从 1910 年的 30% 降到 20 世纪 30 年代的 17%，即国际贸易的增长速度缓慢；国际市场上初级产品的价格持续走低（一方面是初级产品

---

[1]　恩格斯：《家庭、私有制和国家起源》，载《马克思恩格斯全集》（第21卷），人民出版社，1965，第35页。

短期供应无弹性，另一方面技术进步导致很多替代的合成产品出现、工业生产中原料利用率提高），初级产品出口国家的贸易条件持续恶化；世界贸易产业结构发生重要变化，核心工业国不断进行的技术变革、劳动生产率的提高与外围的初级产品出口国长期不变的产品性质形成鲜明对比，初级产品在国际需求和贸易条件上慢慢失去活力和优势。因此，20世纪30年代的资本主义经济危机可以看作拉美国家进口替代工业化进程的起点。拉美国家工业化起步时间见表5-2。

表5-2　拉美国家工业化起步时间

组别	起步时期	国家
1组	19世纪晚期	阿根廷、巴西、墨西哥、智利
2组	1910~1940年	哥伦比亚、乌拉圭、委内瑞拉、秘鲁
3组	20世纪50年代	玻利维亚、厄瓜多尔、巴拉圭、海地、危地马拉、洪都拉斯等

资料来源：Bulmer Thomas, Victor. *The Economic Development of Latin America since Independence* (Oxford University Press, 2003), pp. 192.

二战结束之后，殖民地民族解放运动形成新的高潮，发展民族经济被普遍提上发展中国家的议事日程，而工业化道路被认为是加速民族经济发展的必经之路，工业化运动受到前所未有的推崇，一方面是由于已经有部分拉美国家经历了一段还算成功的进口替代战略实践，另一方面是1948年成立的拉美经济委员会，以结构主义学派思想为指导，认为初级产品出口的传统结构将使拉美国家陷入持续的不稳定与恶化的困境。同时，拉美的一些国家也似乎具备了工业体系建立和经济转型的条件，经历1929年"大萧条"带来的世界市场和生产重组之后，大量的外汇积累、战备工业体系等条件、庞大的国内市场规模、充沛的可转移劳动力等因素，使它们看起来能够完成"进口替代"过程，在一个坚实的基础上进行资本主义生产，形成完整的生产体系。20世纪50年代，至少在阿根廷、墨西哥、智利、哥伦比亚和巴西等国家，具备了走上经济发展新道路的条件：①拥有一个庞大的工业品消费的国内市场。

自 19 世纪起，伴随着农业、畜牧业和矿业经济在世界市场上的融合，这样的国内市场已经开始形成；②近一个世纪的工业基础积累，包括消费型轻工业和出口经济的相关产业；③丰厚的外汇资源；④对经济发展有刺激作用的外贸持续增强；⑤一些国家，如阿根廷，国内资本在资本总量中的比例很高。因此，拉美的工业化运动经由实践的"自发"转入理论上的"自觉"，1950～1980 年，基本上在进口替代战略的工业化模式下，持续了长达 30 年的经济稳定增长。1960～2012 年拉美地区的经济增长速度见图 5－5。

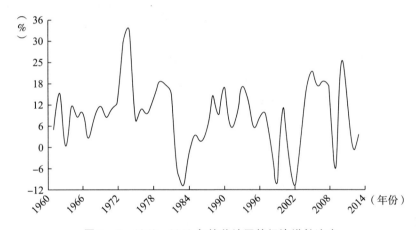

图 5－5　1960～2012 年拉美地区的经济增长速度

基于以上事实，我们不禁心生疑问：为什么像阿根廷这样有大好发展前景的国家，其经济仍然出现活力不足甚至"滞退"的现象？为什么像墨西哥这样的国家经过革命打破了各种社会力量平衡却没能从根本上推动经济的发展？为什么巴西的社会结构因素及"发展主义"时期各种政治、经济、社会的制衡力量打开了良好的经济局面，其经济在发展一段时间之后却迅速消失？当我们将作为可观察的纯经济现实与政治、社会发展的分析结合在一起时，需要回答的就不仅仅是一个静态的问题，还应包括这些结构的动态形成过程，试图维持或者改变既定结构的各种力量和行为方式，特别是不能将所谓的"外部因素"和"内部因素"分开来谈。这样，至少对"某个经济体在消费、教育等方面已经实行了现代化，但依附程度仍未降低，其经济体系根本没有从边缘向中心迈进"之类的矛盾现象就"见怪不怪"了。拉美进口替代战略的阶段性特征见表5-3。

表5-3　拉美进口替代战略的阶段性特征

阶段	时间	基本特征
1	1950~1965年	实行高度保护政策
		积极财政政策导致通胀，求助国际货币基金组织
		核心国家集中援建西欧、日本，拉美受援有限
		工业成为国民经济中的主导力量
2	1965~1973年	工业重心向耐用消费品转移，如汽车、家电
		努力促进出口和出口多样化
		积极推进区域经济一体化
		制造业部门鼓励外资进入，自然资源部门国有化
3	1974~1980年	布雷顿森林体系崩溃、发达国家滞涨、拉美出口恶化
		爆发两次石油危机
		石油输出国的贸易顺差回流国际资本市场，被大量投向拉美
		大多数拉美国家是石油进口国家，外贸失衡导致负债发展
		智利、阿根廷等国家实行新自由主义经济改革

资料来源：笔者参考以下文献整理此表：《玻利维亚工业化发展现状与前景》，载于托雷斯等主编《拉丁美洲的工业化》，拉美社会科学院与艾伯特基金会，1986；苏振兴等《拉丁美洲史稿》（第三卷），商务印书馆，1993，第434页；拉美经委会《跨入80年代的拉丁美洲》，智利圣地亚哥出版社，1979，第28页。

　　30年的发展使得拉美国家的经济结构发生了较大变化，工业产值相对于其他产业飞速增长，这也是发展中国家工业化进程中的普遍现象。同时，拉美地区的发展也出现了一些新的问题：制造业主要集中于该地区的三个大国，阿根廷、巴西和墨西哥，20世纪70年代末期它们的制造业产值之和占整个拉美地区制造业总产值的78%；制造业产品结构也呈现较大的国别差异，在非耐用商品、中间商品和耐用消费品及资本货物的生产上，大国与小国之间存在着质的区别。自20世纪60年代起，拉美国家就注意到进口替代模式的局限性，有些国家还采取了一系列的调整政策，如调整幅度最大的巴西。70 年代石油危机引起了外部环境的变化，对进口替代模式的怀疑已经普遍化，在拉美经委会的主持下，拉美国家和经济学界对其发展模式进行了数次评估：1973 年《基多评估》、1975 年《查瓜拉马斯评估》、1977 年《危地马拉城评估》、1979 年《拉巴斯评估》等，可以肯定的是这些评估都看到了问题所在，即进口替代模式的局限性，然而拉美国家并没有在如何转换模式上达成共识，包括率先走新自由主义改革的智利、阿根廷和乌拉圭等在内的拉美国家渐渐走上负债增长的道路。进口替代工业化模式持续的时间过长是拉美战后时期经济发展过程的基本教训之一，颇有"成也萧何、败也萧何"的意味。

二　世界体系背景下的拉美债务危机

1982 年拉美地区发生债务危机，标志着拉美战后经济增长节奏被打断，并引起了持续的衰退，整个 20 世纪 80 年代成为拉美地区"失去的十年"，促成拉美地区由进口替代战略向出口导向战略的转变。自 1973 年发生第一次世界石油危机开始，很多拉美地区被迫采取"负债增长"战略；同时，这种战略刚好利用了战后特别是 20 世纪 50 年代之后拉美地区快速经济增长对世界的吸引力，轻松获取外部贷款的便利使得很多拉美国家避开了 70 年代中期的国际衰退。第一次世界石油危机后，石油输出国家的大量资金回流至国际资本市场，而与此同时西方发达国家陷入了以"滞涨"为特征的经济衰退，所以拉美这样正处于工业化进程中的地区被看好，游资纷纷流入该地区，数额巨大而且利率极低。对拉美国家来说，外债的不断扩张变成了一把双刃剑：一方面，拉美国家由于不断增长的债务，保持了较高的进口和资本积累水平，维持了相对高速的经济增长局面；另一方面，还本付息的压力与日俱增，到后来甚至依靠新增外债来缓解，这样造成实际净增外资逐年减少，形成一种表面上依赖外部，但实际上外部对经济增长的作用日益衰减、造成的负担日益加重的尴尬局面。

"负债式增长"还催生出某些不适当的经济政策。一是 20 世纪 70 年代中期外资狂热般流入拉美地区，也迷惑了拉美国家，并误判为加速经济发展的大好时期，日常开支和公共开支大幅度提升。当然，这刺激了国内总需求的上升；同时，国内通货膨胀加剧，进口急剧扩张，贸易赤字连年恶化，对外债的依赖程度不断加深。一些拉美地区的石油出口国，以为油价高涨可以保持下去，更加肆无忌惮地采取负债式增长模式，然而墨西哥作为拉美主要石油输出国最先遭到债务危机打击，1981 年，国际油价下跌，国际游资态度立转，其结果是恶性通胀、投资萎缩、经济增长滞退、失业率高攀。二是所谓的汇率滞后政策。1973 年之后，通胀问题是整个拉美地区的"心病"，在众多反通胀政策中，"高汇率、促进口"政策尤为显著。拉美国家希望借此政策抑制国内物价上涨，这对于治理通胀有一定的短期效果，但是与进口商品竞争的国内生产部门受到沉重打击。1981～1982 年，由于外部形势恶化，拉美国家纷纷放弃上述汇率政策，这种骤然变化，让借入相当数量外款的企业的债务负担陡然变大，而且汇率政策前景不明让很多企业选择立即偿还债务的决定，在很短的时间里大大减少了国家外汇储备，降低了企业的投资能力。三是金融自由化政策。70 年代中期以前，拉美国家的资本市场发育不完全，信贷市场分割、资本配置扭曲现象严重，70 年代中期以后货币主义思潮在拉美的影响扩大，一些拉美国家开始推行金融自由化改革，旨在消除金融压抑、资本配置扭曲问题，然而这种改革导致了国内利率的迅速上升，本来这会严重打击投资积极性，但是每年大量外国贷款的流入似乎冲销了这种影响。同时不难想象，一旦外资撤出或停止继续进入，积累的矛盾会一齐爆发出来，势不可挡。

1982 年起外资流入骤然下降，拉美国家普遍陷入支付危机，即上面提到的债务危机。拉美国家纷纷请求国际货币基金组织等提供援助，先后有 16 个拉美国家与国际货币基金组织签订贷款协议，这些协议无一例外要求受援助国家实行严厉的经济调整政策，并在很多领域对受援助国家做出限制性规定。整个 80 年代，拉美国家同债权银行和巴黎俱乐部进行数轮旷日持久的谈判，这曾被称为"债务疲劳症"，从国际货币基金组织谈判、美国"贝克计划"、美国"布雷迪计划"到 1990 年美国总统老布什"债务换自然"的"美洲倡议"等，无不如此。债务危机不仅使拉美国家在经济上遭受难以估量的损失，而且在一定程度上失去掌握命运的自主权，而一些西方国家却在发展中国家的危机中送走了"滞胀"，迎来新的增长繁荣期。

三　新自由主义与出口导向战略

对于拉美国家来说，20 世纪 80 年代既是危机的年代，又是改革的年代。债务危机爆发后，各国急于寻求解决危机之道，新自由主义经济思想通过国际货币基金组织和世界银行等多边金融机构、"贝克计划"、有影响力的新自由主义学派经济学家等渠道，在拉美国家大行其道。新自由主义经济学家认为拉美国家 80 年代的危机是长期内向发展模式导致的，他们为拉美国家设计了一种新的发展战略：实行外向型经济政策；增加内部储蓄，对外投资提供优惠待遇；弱化政府力量，强化市场力量；接受以美国为首的发达国家的必要支持等。

1960～2013 年拉美主要国家出口额占 GDP 的比例见图 5 - 6。

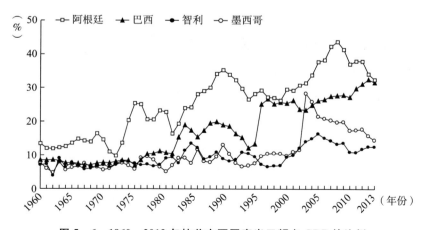

图 5 - 6　1960～2013 年拉美主要国家出口额占 GDP 的比例

墨西哥在一开始就对债务危机有着清醒的认识，1983 年，总统德拉马德里在第一个国情咨文中就指出，危机不是偶然发生的，而是结构性的，甚至超越了经济范围，导致社会各阶层矛盾空前激化。20世纪80年代前期，墨西哥在实施"奖出限入"的贸易政策同时，着力调整出口商品结构，进而推动产业结构的调整。当然，墨西哥的经济改革基本上是按照国际货币基金组织的要求进行的。贸易自由化改革起于1983年，其关税税率在1984年为27%，到1988年就降至6%，先后取消了8000多种商品的进口许可证。1986年，墨西哥加入关税和贸易总协定，与美国的贸易关系自由化，促进了石油产品出口的大幅度增长。智利属于拉美地区发展比较突出的国家，然而多数研究过于强调其新自由主义改革的功绩，却很少看到其私有化和资本化进程中，税收制度、金融制度、劳工制度、养老金制度、产业结构等方面的改革与调整，特别是养老金等社会保障制度的改革为后来的经济发展营造了一个良好的环境。这恰恰是与市场自由放任领域相对应的政府干预领域作用的结果。

四　经验与教训

拉美国家在200多年前陆续独立，其经济发展大致经历了四个阶段：初级产品出口导向发展模式的第一阶段；进口替代工业化模式的第二阶段；20世纪80年代债务危机的第三阶段；90年代新自由主义经济改革的第四阶段。

拉美国家独立初期出现的初级产品出口导向发展模式，其本质是殖民地时期国际分工体系必然的被动结果；初级产品出口，其实质就是产业链低端国家，以代加工的劳务输出为特征的经济发展模式。进口替代工业化模式，就是通过国家对经济的直接干预，利用关税、优惠汇率、低息贷款、税收激励、管制和国有化等政策，依靠国家力量在高度保护下发展民族工业；进口替代工业化发展模式使拉美经济实现了长达30年的稳定增长，创造了所谓的拉美"发展奇迹"；1950~1980年，按照1970年市场价格计算，拉美地区GDP年均增长5.4%，工业产值年均增长 6.7%，人均 GDP 年均增长 2.7%，人均工业产值年均增长 6.7%。然而，由于受到石油危机和发达国家滞胀的影响，20 世纪 70 年代中期至 80 年代初期拉美工业化进程放缓，拉美各国普遍走上了举债发展的道路。显然，进口替代工业化模式，实质就是殖民主义国家对殖民地国家进行的产业升级，是通过巨额贷款进行的；可是，其产品自己无法消费，只好低价外销殖民主义国家。随之而来的，是进口替代内向发展模式所带来的内需不足抑制了经济增长；20 世纪 80 年代拉美地区爆发了债务危机，并引起了经济的持续衰退，以致 80 年代成为"失去的十年"。20 世纪 70 年代拉美国家普遍实行"负债发展"政策以推动进口替代工业化，"财政赤字"与"经济增长"成为债务危机前拉美经济发展的重要特征。从 20 世纪 80 年代后期开始，新自由主义理论在拉美地区迅速传播和扩散，并成为 90 年代拉美国家经济改革的理论基础。拉美国家经济改革取得了积极的成效。然而，90 年代拉美经济持续衰退中的恢复性增长并没有恢复到债务危机爆发前的水平。1995 年墨西哥金融危机的"龙舌兰效应"和 1999 年巴西金融危机的"桑巴效应"加剧了拉美宏观经济的不稳定性，危机的滞后效应和扩散效应使得拉美经济的恢复性增长放缓。拉美经济改革的局限性使得诸如收入分配等结构性问题继续存在，拉美经济依然脆弱，受到外部的冲击越来越大。

　　拉美国家经济转型一个个的失败，究其原因，并非仅仅是经济发展模式造成。其致命点应该包括以下几个方面：第一，拉美国家尽管 200 年前获得独立，但是，一直以来几乎都没有建立起真正意义上的国防力量；第二，没有建立起主权掌控在自己手中的独立的金融主导地位；第三，其经济发展总是以低附加值方面的加工产业为主；第四，没有构建立起自己的装备工业体系，也没有来得及建立（或者说根本就没有想要建立）自己的支柱产业，特别是没有形成属于自己的具有综合规模的工业化产业体系；第五，忽略了本土农业之国民经济基础，遭遇了来自美国的转基因农业技术之隐形战役，国民生存基础从而被一举横扫。

　　"经济转型"是西方经济学家提出的一个经济理论，特别是以拉美国家中的巴西、墨西哥、阿根廷的经济事实为代表。总结反思所谓的"经济转型"规律，特别是以拉美国家为代表的"经济转型"过程中的种种教训和代价，目的在于提示人们，务必要从思想观念上，彻底突破"经济转型"的理论束缚，从而跳出西方金融寡头们精心策划的陷阱，进一步巩固自己坚强的政治核心、军事国防、金融长城、装备工业、生命农业，避免特大型国有企业私有化，合理分配社会劳动成果，缩小贫富差距，构建和谐社会。

第三节　亚洲奇迹：另一番景象

一　日本的经济发展

随着世界经济的发展，特别是第二次工业革命的推动，日本成为世界政治经济变革中的重要角色之一，政治、经济和社会等领域进行了一系列的变革。20 世纪初，日本一跃成为亚洲强国，东方唯一帝国列强。日本是一个岛国，重要工业原材料和能源稀缺，如煤、铁矿石、石油等对外依赖性很大。明治维新之后，模仿和学习欧美列强经验，积极走上了对外扩张的道路，肆无忌惮地掠夺外国资源，来发展本国经济。

二战之前，日本的经济发展状况很好。日本汽车工业已经赶超欧美，劳动者素质的提高，技术的成熟，成为日产汽车的优势，日本汽车不仅能满足本国的需要，而且部分工业产品开始销往澳大利亚、新西兰等国。日本已经开始了节能汽车和电动车的研究。日本在汽车工业方面已经有了自己品牌，比如三菱。1915 年商船产量为 4.9 万吨，而在 1919 年增至 61 万吨，仅次于英国和美国，居世界第三位。1914～1922 年，共建造舰艇 64 艘、共 7 万吨，1934 年有大中型船厂 60 家，船台 140 余座，职工近 40 万人，当年舰艇产量达 374 艘、共 40.8 万吨。战前日本已经有遍布全国的交通运输网络，有连接南北的铁路干线，高架列车是日本重要的运输工具，铁路上已经有了近现代化的电车机车，城市已经有了地铁。日本已经有了先进的飞机制造工业，船只可以航行到世界各地，战前已达世界先进水平。日本的零式战斗机凭借轻巧的性能早已能够压制美国战斗机。日本在 20 世纪 20～30 年代，科技水平已相当高。日本芝浦国产冰箱，广泛应用于民间。日本国产洗衣机有点像现在的和面机，虽然自动化不高，但很耐用，效果也不错。吸尘器、国产收音机进入了普通人的家庭，民用小型相机和民用大型相机，能拍出高清晰的黑白照片（如佳能相机），有的小孩子还能骑上电动自行车[1]。

（一）战争的创伤

资本主义经济发展的不平衡是二战爆发的根本原因。日本等国家在一战中发展起来，要求按照新的实力格局重新瓜分世界。1929 年的经济大危机，引发了各国严重的政治危机，为摆脱经济危机各国打起了贸易壁垒战，严重依赖美国的德国与严重依赖外国市场的日本，都无法通过自身内部经济政策的调整来摆脱危机，只能借助原有的军国主义与专制主义传统，建立法西斯专政进行疯狂对外扩张，欧、亚战争策源地形成。至 1945 年日本无条件投降时，日本经济终告陷入崩溃境地。据日本经济安定本部 1949 年报告中的统计，日本在战争中的物质财富损失总额为 1057 亿日元，相当于 1944 年全部国家财富的 35%；1946 年，日本工矿业生产指数仅为 1934～1936 年平均水平的 30.7%，农业生产降至战前的 60%，人均国民生产总值仅及战前一半。

（二）战后经济腾飞

战后日本出现"政府依赖美国""企业依赖政府"两个特征。1945～1949 年是战后日本经济的"蜗牛爬行"阶段，速度缓慢。日本政府实行经济统制政策，1948 年初，通货膨胀得到一定程度的控制，但经济依然不景气。1949 年 2 月，在美国经济专家约瑟夫·道奇的帮助下，

---

[1]　刘昌黎：《现代日本经济概论》，东北财经大学出版社，2002。

实施以紧缩财政、加强税收、平衡预算、限制国内消费、振兴对外贸易等为核心的"九项原则"，即"道奇路线"①。经调整，1949年底，通货膨胀才得到有效遏制，税收增长40%。另外，商品大量积压，工厂倒闭，失业增加，银根紧缩，出现所谓的"稳定恐慌"景象。1950年初，日本经济又陷入僵局。

恰在此时，朝鲜战争②爆发，给日本经济带来了战后第一次所谓的繁荣③。①"军需订货"源源而来，为日本经济起死回生注入了"强心剂"。据统计，三年战争期间，日本向美军提供了高达13亿美元的"直接特需订货"，同时外国官员在日本购物以及外国有关机构支付款项的"间接特需订货"达23亿美元之巨。美国的"特需订货"动员了日本各部门的经济力量，在朝鲜战争期间，日本电力的70%、煤炭的80%、船舶和陆地交通的90%都直接或间接地为美军服务，日本成为美国名副其实的"兵工厂"。②朝鲜战争极大地刺激了日本出口贸易的增长。1950年下半年与上半年相比，日本出口额增加了55%，速度惊人。1950年6月至1951年底，日本对外贸易总额增长达2.8倍，势头很猛。随着对外贸易的增长，日本的外汇储备自然迅速增加。1952年，日本"特需收入"为8.2亿美元，占该年外汇收入的66.8%；"特需订货"和出口额的增加使日本的商业迅速恢复了生机与活力，大量积压商品顷刻间被抢购一空，许多百货大楼拔地而起。③工农业生产指数迅速回升；工矿业生产在1950年10月已达到战前水平；农业生产1952年已达战前水平的111.2%；国民生产总值1951年达152亿美元，为战前水平的119.4%。④朝鲜战争使日本企业界获得了高额利润，反过来又

---

① 方伟：《道奇路线与日本经济起飞》，《绵阳师范学院学报》2013年第1期，第115～118页。

② 朝鲜半岛的地缘政治地位有两个显著特征：它是欧亚大陆与太平洋之间的桥梁，是陆权与海权交锋的战略要地；朝鲜半岛周围强国密布，中国、俄罗斯、日本是朝鲜半岛的传统近邻，二战后美国是其特殊近邻；中华人民共和国成立后，美国为其远东利益和军事威胁需要悍然发动了"朝鲜战争"。

③ 隋淑英：《朝鲜战争与日本的崛起》，《烟台大学学报》（哲学社会科学版）2003年第3期，第340～345页。

促进了垄断资本积累和扩大再生产。例如，日本棉纺织业十大公司在其间利润增加9～19倍之多。其中90%的利润都留在企业内部用作积累资金，这就保证了有充足的资金来引进世界上最先进的技术设备，提高企业劳动生产率，增强其国际竞争力。例如，在薄钢板方面，日本采用了当时世界上最先进的带钢轧机替换过去的递回式轧机，使生产效率提高了1000倍。煤炭、电力、造船、电子等方面都采用了现代化的新技术。

1956～1973年的十几年间，日本经济进入高速发展时期。1956年，日本进入以赶超先进工业国家为目标、实现国民经济现代化的新时期。在这一时期，日本的实际国民生产总值每年平均增长10%以上，工业增长率则平均达13.6%。这种长期、持续的高速增长在世界资本主义经济发展史上是稀有的。与此同时，日本工业生产增长8.6倍，1965年开始对外贸易出现顺差，到1973年增长3.5倍。短短的18年时间，日本一跃成为仅次于美国的第二经济大国，成功实现了日本近代史上的"第二次远航"。所谓"亚洲经济奇迹"主要是指日本这一时期的经济发展。1960～2014年日本名义经济增长速度见图5-7。

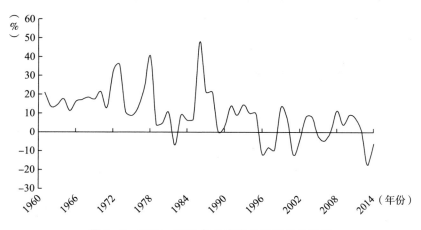

图5-7　1960～2014年日本名义经济增长速度

但进入20世纪70年代中期以后，即从1974年开始至今，日本经济进入低速、稳定发展时期。这一时期，由于国内外经济形势的变化，日本的经济危机、生态危机和能源危机交织迸发，因此不得不在经济政策和产业结构上进行适当调整。尽管这一时期日本的经济增长率下降到5%左右，并一度（1993年）出现负增长，但其经济总量一直处于美国一国之下，在发达国家中居第二位。

20世纪70～80年代，全球范围内发生的几件大事严重影响了日本的经济发展：1973年10月"第四次中东战争"爆发，引发了"第二次世界石油危机"；1973～1975年，西方世界爆发了战后最严重的经济危机；1979～1982年西方世界再次爆发经济危机。经过这两次"经济危机"和一次"石油危机"，日本经济的发展速度急剧下降。80～90年代，受全球经济形势不景气以及亚洲金融危机的影响，日本经济继续下滑，并引起日本内阁的频繁变更。为了扭转本国经济低迷的状态，近年来，在新的国内国际形势下，日本开始对其产业结构进行根本性改造，即用消耗资源少、附加产值高的知识密集型产业取代大量消耗资源、消耗劳动和产生公害的重工业、化工业。同时，在经济政策上也做了相应调整，即一方面鼓励垄断资本扩大资本输出，把能耗高、污染环境的产业转移到发展中国家去；另一方面大力扶植汽车、电子、精密机械、航空、原子能等工业部门的发展。另外，不断加大科研投资力度，坚持"科学技术立国"，努力迈向"自立自主技术时代"。

（三）日本经济发展的简要总结

战后日本经济的高速发展，是在当时特定的历史条件下实现的。战后初期，世界主要资本主义国家的经济发展都较快。其中推动西方经济发展的基本因素，主要是在生产力领域发生的科学技术革命，以及战后国家垄断资本主义的发展。新的科技革命带动了西方国家劳动生产率的迅猛增长；国家垄断资本主义的发展，则在一定程度上缓和了资本主义竞争和生产的无政府状态，使资本主义生产关系的某些环节得到了部分改善。这两个基本因素虽然是指一般发达国家，但在战后日本的经济发展过程中则表现得尤为明显。与此同时，日本之所以后来居上，迅速赶上和超过英国、法国和德国，还与以下几个具体条件有关。

（1）战前日本资本主义的长期发展，奠定了战后日本经济迅速发展雄厚的经济基础。二战后期，由于日本曾遭到美军的原子弹轰炸，据此有人认为战后日本是"一片废墟"，实际上这种说法是言过其实的。尽管美国对日本实施了原子弹轰炸，但日本毕竟没有经历较长的"本土作战"，与英、法、德、意等国不同。两次世界大战都在欧洲大陆展开，对欧洲各国的国民经济破坏巨大，因此战后欧洲失去了"世界中心"的地位。日本尽管也曾经历了两次世界大战，但均远离日本国土，所以战后日本的主要基础设施、重要的工业设备和大量的技术工人队伍及知识分子等，并没受到太大损失；基本保全了日本本土，其统治机构建制齐全，重要的生产设施大多完备无损。这是日本战后经济迅速恢复和发展的"本钱"。另外，日本虽是二战的战败国，但二战之前，日本在历次大的战争中大发横财。如 1894 年发动的中日甲午战争，1904 年进行的日俄战争和 1914 年参加的第一次世界大战，在这几次战争中日本均是战胜国。仅中日甲午战争日本从中国索得的赔款即达 2.3 亿两白银，相当于当时日本财政收入的 4.37 倍；在此前后日本从中国得到的经济利益，相当于清政府 17 年的财政收入。日俄战争后，日本夺得了俄国在中国东北的大部分政治、经济权利。一战使日本从战前有 3 亿日元的债务国，一跃成为拥有 17.4 亿日元的债权国。至于 1931 年以后从我国掠夺的财富，更是不计其数。正是在这个过程中，日本建立起了它的84% 以上的大工商业，并成为二战后日本经济迅速崛起的雄厚物质基础。

（2）战后相对和平、稳定的国际国内环境，为日本经济的高速发展在客观上提供了良好机遇。和平稳定的环境，是发展经济的必要条件。从国际环境上讲，20 世纪 50 ~ 60 年代，世界各国刚刚饱尝两次世界大战的灾难之苦，十分珍视战后来之不易的和平局面。世界各主要国家都专注于国内经济建设，恢复和发展民族经济，资本主义也进入繁荣时期，国际贸易空前活跃。尽管当时小仗天天打、"冷战"很激烈，但世界性"热战"终究没有打起来。这虽然为世界各国的发展提供了"均等"的条件和时机，但比较而言日本扬长避短，紧紧抓住这一有利机遇。日本的优势是"四面环海"，属海洋国家；其劣势是各种资源、原材料十分缺乏，99%的石油依赖进口。这样的地理、资源条件，在战争环境下是个"致命"弱点。但在和平发展时期，其优势可以得到充分发挥，劣势也可得以弥补。日本铁矿缺乏，但生产能力很强，没有铁矿可以进口。有材料称：战后相当长一个时期，每天24小时均有运输船只往来穿梭于日本和澳大利亚之间，从澳大利亚运过来的是矿石，从日本运出去的是钢铁。加之当时世界关系极不平等，原材料价格极低，如石油价格最低时为1.2美元/桶，后来曾高达30美元/桶，目前约为20美元/桶。而海运的成本价格又比陆路运输低得多。还以石油为例，有人计算，几万吨的中型货轮运输石油，行进12000公里，油价才提高一倍，是输油管道的1/5，陆路运输成本价格的1/8，空运的1/50。同时，若把海运过来的石油，经提炼后作为动力用来搞运输，从动力经济学的角度讲，情况正好相反。比如把一定量的汽油对飞机产生的动力作为1，那么用在汽车上这个动力将增加5倍，用在海运上则增加50倍。因此，在和平条件下，海运的优越性相当大。由于日本战后能抓住和平安定的有利时机，充分发挥海洋经济的优势，利用战后原材料价格低的有利条件，确立了"以加工贸易立国"的发展战略，极大促进了本国经济的恢复和发展。

从国内环境上看，二战以后日本与其他一些西方国家形成鲜明对照，国内几乎没有发生"工潮"等政治动乱事件，国内环境异常稳定。特别是20世纪50年代中期以后，日本政局十分稳定，1955年自民党上台执政达38年之久，1993年才组成战后第一个多党联合政府，不久，自民党又重新独掌政权。这对于保持日本国内政策的连续性、稳定性，使人们将精力集中于国内的经济建设上，无疑是十分重要的。

（3）美国对日本的特殊扶植和帮助，是日本经济高速发展不可忽视的重要外在条件。二战以后，为彻底根除法西斯主义和军国主义残余，美国对日本进行民主改革，同时下令逮捕和审判日本战犯，释放了一批政治犯，并一度想把日本变成一个非军事化的"中立国"。但不久后，随着国际形势的发展变化，美国对日本采取了"先打后扶"政策，即由过去打击瓦解日本军国主义基础，变为有意帮助、扶植日本，使日本成为其对苏"冷战"和在亚洲遏制共产主义势力蔓延的基地，尤其是对抗中国、朝鲜等社会主义国家的前哨。据统计，至1951年6月朝鲜战争爆发一周年止，美国政府以各种名义向日本提供了21亿美元的援助，并免去了日本对美国的战争赔款，阻止日本对亚太地区其他受害国的赔偿。与此同时，朝鲜战争爆发后，美国将日本变成其物资供应地，对日本提供了大量军需订货，仅此一项累计额达22亿美元。1964年"北部湾事件"爆发后，美国为扩大越南战争的规模，又向日本提出了40亿美元的"特需订货"。因此，到1973年越南战争结束时，日本外贸出口额比1964年增加了近4倍。外贸的发展，促进和带动了日本其他各个行业的发展。这是日本经济高速发展不可忽视的外在原因。

（4）日本政府实行的一系列正确的经济政策和发展战略，以及日本民族积极学习和引进外国先进技术及管理经验等优良传统，是日本经济高速发展极为重要的内在条件。二战以后，由于日本被美国独占，其安全与防务实际由美国负责，日本政府便专心致力于国内的经济建设，排除各种干扰，抓住时要，大力发展其经济、科技、文教等各项事业。在政治上，先做"经济、科技大国"，后做"政治、军事大国"；在外交上，它以"日美同盟"为基轴，在不妨碍美国利益、不刺激美国的前提下，努力保持"中立"，与各种不同制度和意识形态的国家建立和发展经济贸易关系；在文教上，它在战后初期经济十分困难，民众极其贫困，甚至有时还填不饱肚子的情况下，将国家的6年义务教育延长至9年，几十年如一日地把国民收入的5%以上（相当长时期是8%以上）投入公共教育事业，极大地提高了日本国民整体素质，为日后的经济发展积蓄了后劲；在军事上，日本根据美国的要求，将防务开支一直控制在国民收入的1%以内（当时西欧各国为3%~5%，美国则为7%），仅保留为数不多的自卫队，且直到目前也不过 24 万人左右。这些都对日本经济的恢复和发展起到了重要作用。

由此可见，战后日本经济之所以能够高速发展，是其固有基础、特殊条件和机遇等多种主客观原因、国内外各方面原因共同起作用的结果。应该看到，尽管日本经济发展过程中有许多成功的经验可供借鉴，但随着其经济的高速增长而积累起来的资本主义各种固有矛盾的逐渐激化，日本经济发展也将面临一系列难以克服的障碍。

二　战后韩国的经济发展

韩国地处东北亚，朝鲜半岛的南端，自然条件不算优越。韩国在历史上曾长期处于日本的殖民和统治之下。二战结束之后，东亚各国经济发展水平严重落后，满目疮痍、百废待兴，处于朝鲜半岛上的韩国也存在相同的问题。到了 20 世纪 50 年代末期，韩国仍然是世界上最贫穷、最落后的国家之一。然而，到 70 年代韩国经济起飞，踏上跃迁中高收入乃至高收入水平的发展之路（见图 5 - 8）。

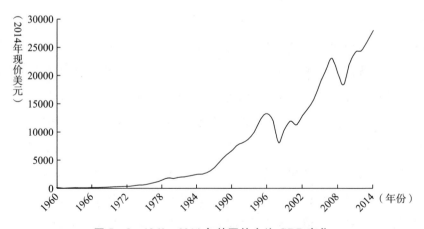

图 5 - 8　1960～2014 年韩国的人均 GDP 变化

资料来源：世界银行。

（一）第一阶段：资本原始积累

二战之后，韩国在美苏两个超级大国的冷战环境下被纳入资本主义世界体系，地缘政治是韩国进入资本主义现代世界体系的主导因素①。美国在冷战时期确立的对苏战略同盟，建立了一个"三极"的"工业－资本"同盟结构：美国是西半球经济中心，西欧为欧洲、非洲和中东的中心，日本为亚洲的经济中心，其他盟友国家则作为边缘地区发挥作用。从本质上看，日本和德国是维持有利于美国力量均势的主要支撑因素，它们恢复工业生产中心的地位，为资本主义世界经济体系重新扩张奠定了物质基础。

朝鲜战争的爆发，使得美国的全球战略格局发生巨大的变化（或者说美国全球战略格局发生的巨大变化导致朝鲜战争的爆发），美国的政策向亚洲倾斜，韩国成为美国在亚洲推行全球战略的前哨国家②，美韩之间关系的进展比其他边缘国家更加广泛和深入，1953 年双方签订《美韩安保条约》。美国先是在韩国设立军政厅，直接主导韩国事务，继而在韩国扶持了一个亲美证券，然后对韩国进行全方位改造，扫除一切不利于资本主义发展的因素：设计、监督和敦促韩国实施土地改革，而且处理了日本的归属财产；以巨额无偿经济援助为杠杆，对韩国的宏观经济发展、企业制度改革、资本主义市场经济制度建设等方面产生了重要作用；改造韩国的旧有政治传统，建立西方式民主体制；等等。朝鲜战争结束后，大批美军驻留在朝鲜半岛，美国的一批又一批军援物资和资金流向韩国，因此该时期美国对韩国的大部分援助属于军事援助。经济援助始于 20 世纪 60 年代，1959 年美国 NSC5913 号文件明确了经济援助的杠杆作用，1961 年肯尼迪上台又促成经济援助与军事援助分离的《对外援助法》通过。

有研究人员测算，1945～1970 年，韩国接受外援共 44.2 亿美元之

---

① 刘相平：《论韩国在现代世界经济体系中地位的变迁》，《东北亚论坛》2008 年第 5
期，第 85～91 页。

② 刘会清、李曼：《美国对外经济援助与韩国经济的崛起》，《内蒙古民族大学学报》
（社会科学版）2007 年第 6 期，第 6～9 页。

多（仅次于越南和以色列），其中 86% 由美国提供[1]，1953 ~ 1960 年，美国对韩国的经济援助总额达到 17.45 亿美元之多[2]。这些外部援助相当于其间韩国进口总额的 68%、投资总额的 60%。1960 ~ 1980 年韩国受到的外部援助见图 5 - 9。大量的计划援助项目，带动了韩国在电力、交通等基础设施领域的投资建设，为恢复工业生产和后来的加速工业化进程提供了很好的基础和平台。一大批私营企业，特别是建筑业、交通运输业和加工企业的兴起，以三星、乐喜为代表的工业品牌队伍初步形成，这些企业的扩张和发展，成为韩国实现经济增长的主要载体。

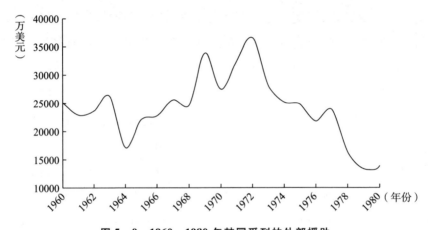

图 5 - 9   1960 ~ 1980 年韩国受到的外部援助
资料来源：世界银行

　　由于历史恩怨，日韩两国之间有着非常复杂的民族感情。1945 ~ 1965 年，韩国和日本没有实现正常的外交关系，而美国从 20 世纪 50 年代就一直在积极推动韩日正常邦交关系进程，尽管实质进展缓慢。自 20 世纪 60 年代开始，为了让实现了经济复苏的日本分担自己援助韩国的经济压力，同时为了让自己亚洲的盟友实力更加强大，美国下定决心改善韩日关系。恰巧此时，韩国的经济正处于困难之中，1961 年韩国

---

[1] 刘相平：《论韩国在现代世界经济体系中地位的变迁》，《东北亚论坛》2008 年第 5 期，第 85 ~ 91 页。

[2] 尹保云：《韩国为什么成功：朴正熙政权与韩国现代化》，文津出版社，1993，第 47 页。

人均国民生产总值只有 91.5 美元，而且韩国的人均收入、工业生产能力等都落后于朝鲜的同期水平，"赶超北方"和"摆脱贫困"成为上至政府下至百姓的社会愿望。在美国做出种种保证的前提下，1965 年 6 月 22 日，韩、日签署了《韩日基本条约》，两国实现邦交正常化，政治、外交上的密切联系使得韩日两国的经济、贸易往来也频繁起来，韩国将日本看成重要的资金来源和技术引进渠道，而日本则将韩国看作重要的初级产品出口地。韩国资源匮乏，对于实施工业化进程来说，远没有拉美国家那么好的初始禀赋条件。工业化初期，从原料、原材料到大型重装设备全靠进口，主要是依赖美国和日本。1962 年韩国的进口额约 4 亿美元，1968 年超过 10 亿美元，1977 年跃升到 100 亿美元，增长速度惊人。1970 年以后，日本取代美国成为韩国的最大进口国，日本在韩国的市场占有率超过 1/3，并且于 1975 年到达峰值 41%。韩国的技术引进计划是从 1962 年就开始的，从比较低级的装配技术，到加工制造技术，再到零部件、半成品制造技术，步步为营。1962～1990 年，韩国的技术引进项目达到 6944 项，其中源自美、日的技术引进项目达 80%，美、日等发达国家的先进技术不断被吸引到韩国，这使得韩国的产业部门技术装备程度和劳动生产率有了质的提升，大大缩短了韩国与发达国家科技水平的差距，尽管产生了技术依赖现象，但相对于不同阵营里的其他发展中国家，韩国的技术引进之路更好地体现了后发优势。1962 年 8 月，韩国的东洋维尼纶有限公司和美国德州化学公司等在韩建立了第一家合资公司，开启了韩国吸引外资的时代。此时，日本经济进入了高速发展的黄金时代，投资从资源开发型向市场开拓型提升。日本处于发展中国家比较密集的亚洲地区，这是相对于其他发达国家比较占优势的地方。对于韩国来说，日本是其外国直接投资的最大来源地，截至 1989 年，日本投资占韩国吸引外资总额的 74%。

（二）第二阶段：进入半边缘区

1970 年韩国进入"新兴工业化国家"行列。1986～1988 年，韩国的经济增长年均速度超过 12%，刷新了当时世界经济增长速度的记录。

1988 年韩国的人均 GDP 是 4813 美元，1989 年是 5860 美元，发展速度相当之快。

但是，这一时期韩国的对外投资层次较低、数额较小，主要是为了保障原材料和能源的供应，并没有扩大海外市场；对外技术援助和合作的水平低、数量少；缺乏相对稳定、规模较大的边缘区，尽管韩国在20 世纪 80 年代后半期的国际贸易额占到世界的 2%，但是在市场上明显依赖于日本和美国，无力挤进西方市场，在这种情况下开辟新市场、扩大贸易范围，也就是寻找边缘地区迫在眉睫。1989～1992 年，韩国相继与匈牙利、波兰、罗马尼亚、蒙古国、苏联、中国等国家建交，这种外交关系促进了韩国同发展中国家之间的贸易往来，韩国主要是向发展中国家出口其工业产品，如家电、汽车、纤维制品和钢材等，然后再从发展中国家汲取原材料和资源，此外韩国还对外输出资本。资本积累到一定的阶段，韩国有了更多的资金从事技术研发，很早之前韩国在技术引进的同时就大力支持自主研发。

2005 年，韩国向美国、日本、欧洲等专利机构申请和核准的专利数量，位居世界前列，在所有外国申请人中名列第三位。1994 年韩国的人均 GDP 首超 1 万美元，1995 年成为 WTO 创始成员之一，1996 年加入了 OECD，这一时期还先后加入了 APEC、ASEM 等国际组织机构。虽然美、日依然是韩国最重要的战略、贸易伙伴，但是韩国已经具备了相对稳定的原材料来源地、产品和资本输出地，从森严的资本主义世界体系中不断向核心层靠近。

（三）对韩国发展之路的简要总结

1961 年韩国的人均 GDP 不足 100 美元，1994 年人均 GDP 超过10000 美元，短短的 30 多年时间，韩国的人均 GDP 提高了 100 倍，这不仅仅是东亚奇迹，更是人类经济增长历史上的奇迹。回顾韩国这几十年来的发展，从资本主义世界体系的视角做出以下几点分析。

（1）在资本主义原始积累阶段，韩国既没有走先发国家通过血腥暴力方式向外剥削之路，也没有走战后大多数发展中国家内部部门之间剩余转移之路。这很好地避免了资本原始积累阶段存在的诸多矛盾，而这是战后很多发展中国家面临的主要困境。之所以韩国能够避开这里的发展困境，完全得益于它在当时资本主义世界体系中所处的地缘政治战略位置，其资本原始积累和工业化进程的开启基本上是由美国主导，在美、日两个发达国家帮助之下完成的，这为韩国经济"起飞"前的准备阶段输入补充了必要的"血液"。

（2）韩国在融入资本主义世界体系和向核心层的"靠近"过程中，受到的阻挠比较小。如前所述，在全球资本主义现代世界体系的结构中，发展中国家从工业化进程开启之日起，其经济发展就离不开这个世界体系，唯一能够努力的就是不断向核心的方向前进。无疑，韩国在这个前进过程中相对顺利得多，40 年前尚是一个极端落后的发展中国家，后来成为 WTO 的创始成员。除此之外，韩国在短短的几年时间内加入了一系列重要的国际经济贸易组织，才能参与到世界分工体系中去分享利益，否则很难在工业化中期阶段消解资本主义生产方式所带来的诸多矛盾。

第四节　国际经验启示与借鉴

正如前文分析所言，一方面，地缘政治输入型的资本原始积累所得到的经验或者教训很难为后来的发展中国家提供借鉴意义，例如，韩国在工业化初期受到了来自资本主义中心国家的大量无偿援助；再如，大多数拉美国家，却是在内向型资本积累的基础上开启工业化的，甚至有很多国家现在仍然未能够真正走上工业化道路。但是，另一方面，在以后特别是中等收入阶段的发展过程中，处理资本原始积累遗留矛盾，以及如何解决资本持续积累过程中的新生矛盾和应对来自发达国家转移转嫁的矛盾和危机，就这些国家来看，无论是成功跨越中等收入陷阱的国家还是跨越失败的国家，可以从中寻找到一些启示与借鉴。

（1）重视政府在经济发展中的作用。拉美国家的转型发展由于实行新自由主义改革，削弱了政府在社会经济发展中的作用。对于处在转型时期的发展中国家来说，不应削弱而是要强化政府职能，在提供全社会的公共产品、参与国际竞争、应对社会经济突发事件和维护社会公正等方面发挥个人和市场不可替代的作用。以市场经济为基础，不代表对经济放任自流，宏观经济稳定、良好的商业环境、廉洁高效的政府体系、教育和公共设施的投资等曾是"亚洲四小龙"迅速发展的重要因素。此外，政府在战略性产业扶植中的作用在中等收入阶段也是不可忽视的，韩国在这方面的做法对后发国家具有较高的借鉴意义，在短短的 40 年时间里面从一个资源匮乏、国内市场狭小、以农业为主的国家发展成为重工业和高科技产业都具有国际竞争力的国家，靠市场自发演进是不可能的事情，其中政府发挥的作用不可小觑。

（2）注重解决社会收入不公平问题。拉美国家在 20 世纪中后期开始的经济发展表明，经济增长本身不会自动导致社会公正。发展中国家应该认真汲取拉美国家的教训，避免重蹈拉美国家"没有再分配的增长"和"有增长无发展"的覆辙。韩国在 20 世纪中后期遇到的诸多社会问题，与许多发展中国家遇到的问题极为相似，韩国有针对性地推出始于 70 年代的新村运动，其中以改善生产、生活环境为重点，特别是拉近农村与城市之间的距离，以实现"富裕的农民、富足的故乡、繁荣的祖国"为目标，使得整个社会居民的收入分配结构发生了巨大的优化，不仅缓解了资本积累过程中产生的矛盾，而且充分地扩大了国内的消费市场，拉动了内需，可谓一举两得。中国在 2005 年开始的"新农村建设"就是在借鉴国内外经验的基础上实施的，并在 2008 年开始的全球金融危机应对中取得了不可估量的效果。

（3）积极处理对外开放与对内保护的关系。无论任何形式的外来资本，对后发国家经济的发展都有着正负两面的影响，拉美国家过度对外开放而导致的外资依赖和自主发展能力逐渐丧失。日本曾经企图在资本主义发展模式内部寻找替代现有中心国家地位的路径，但失败了，这导致其 20 世纪末期经历了"失去的十年"之痛，这足以让发展中国家清醒地认识到，超越发展陷阱的办法应该在资本主义制度之外，在"中心－半外围－外围"不平等的世界体系结构中，极有可能落入"双向夹击"的尴尬之地，特别是在以美元霸权为标志的世界货币体系和金融垄断体系下，游戏规则本身就是为中心国家的利益制定的。在这种双刃剑性质的体系结构中游走，如履薄冰，以韩国为代表的"亚洲四小龙"的发展经验能够给我们带来一些有益的思考，它们当时抓住了世界经济快速发展，特别是强大外部需求机遇，将一些劳动密集型的生产环节转移到劳动力资源丰厚的国家和地区，自身则专注于营销、研发、设计、服务等位于产业链高端的高附加值环节，顺利实现了产业结构调整升级。所以说，处于中等收入发展阶段的发展中国家和地区，利用好新兴市场的力量甚至联合比自己落后一些的经济体形成经济联盟合作体，反而比死盯住中心国家的技术溢出效应，能够更快地实现产业转移和升级，更加有利于新的经济增长点的发现与培养。

第五节　计量模型与实证分析

一　相关理论和计量模型构建

从支出法（expenditure approach）的视角看一国经济总量，可以分为四个部分：一是个人消费支出，包括购买耐用品、非耐用品和劳务的支出；二是投资支出，是指增加或替换资本资产的支出；三是政府购买支出，即政府对商品和服务的购买支出；四是净出口，指劳务和货物进出口差额方面的支出。这可以用下列等式表示：

$$Y = C + I + G + NX \qquad (5-1)$$

其中 Y 表示经济总量，C 表示个人消费支出，I 表示社会投资支出，G 表示政府购买支出，NX 表示净出口。我们考虑人均 GDP，就可以对式（5-1）左右两边同时除以人口数量 L，得到：

$$\frac{Y}{L} = \frac{C}{L} + \frac{I}{L} + \frac{G}{L} + \frac{NX}{L} \tag{5-2}$$

令 $\frac{Y}{L} = y$，$\frac{C}{L} = c$，$\frac{I}{L} = i$，$\frac{G}{L} = g$，$\frac{NX}{L} = nx$，$i = i_d + i_f$（投资等于国内外投资之和），则有：

$$y = c + i_d + g + nx \tag{5-3}$$

显然，等式右边可以看成国内需求和国外需求之和，$c + i_d + g$ 是国内需求，$nx + i_f$ 是国外需求，这样我们就可以写出下面的简单等式：

$$y = d + f \tag{5-4}$$

对时间求导得到：

$$\dot{y} = \dot{d} + \dot{f} \tag{5-5}$$

左右两边同时除以 y，并适当处理等式右边，有：

$$\frac{\dot{y}}{y} = \frac{d}{y}\frac{\dot{d}}{d} + \frac{f}{y}\frac{\dot{f}}{f} \tag{5-6}$$

简记为：

$$\tilde{y} = \alpha \tilde{d} + \beta \tilde{f} \tag{5-7}$$

也就是说，人均 GDP 的增长率可以分解为国内需求乘以相应系数与国外需求增长率乘以相应系数之和。但是需要注意的是，这里需要满足的是供需处于均衡位置上。按照凯恩斯的理论，古典经济学传统的"萨伊定律"早已失去解释力，需求乃是供需两者之中的"短板"，由于种种原因，市场机制存在缺陷，而政府的调控需求可以使得经济达到均衡位置。其实，在马克思主义经济学传统里，相对生产过剩是资本主义经济运行的常态，这正是"需求短板"的一个镜像说法。那么，人均 GDP 的波动，就可以通过供给冲击、国内需求冲击、国外需求冲击三个部分来考察，我们正是在这样一个分析基础上建立的

SVAR 模型：

$$ci_t = c_1 + \alpha_1 ci_{t-1} + \alpha_2 (d_t + f_t) + \mu_{ci,t} \qquad (5-8)$$

$$d_t = c_2 + \beta_1 d_{t-1} + \beta_2 ci_t + \mu_{d,t} \qquad (5-9)$$

$$f_t = c_3 + \gamma_1 f_{t-1} + \gamma_2 ci_t + \gamma_3 d_t + \mu_{f,t} \qquad (5-10)$$

其中 ci 是人均 GDP 的周期性波动因素，$\mu_{ci,t}$ 是供给冲击；d 是国内需求因素，$\mu_{d,t}$ 是国内需求冲击；f 是国外需求因素，$\mu_{f,t}$ 是国外需求冲击。

二　数据来源及说明

由于这部分涉及的变量较多，麦迪逊千年统计数据只有经济总量和人口的相关数据，世界银行公布的数据比较全面，且满足我们实证分析的目的要求，故采用世界银行 1960～2014 年相关数据。

由图 5 - 10 可以清晰地看到：1970 年之前，拉美和东亚代表性国家和地区的人均 GDP 水平都比较低且增长缓慢；1970 年之后，两个区域的人均 GDP 都获得了飞速增长，其中东亚代表性国家和地区的增长更快，虽然它们都在 90 年代中期发生断崖式下降，但是此时其人均收入水平已经达到高收入国家和地区的行列。

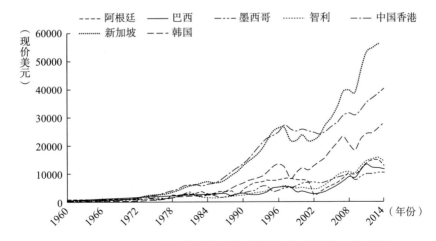

图 5 - 10　1960～2014 年拉美东亚代表性国家和地区的人均 GDP

三　实证结果及相关分析

（一）滤波分析

HP 滤波分析方法是由 Hodrick 和 Prescott 提出的[①]，当时为了分析美国战后的经济景气状况，后来被广泛地应用于宏观经济趋势研究中。HP 滤波是针对时间序列数据做波动方差极小化的一种处理方法，近似于一个高度滤波器，理论基础是谱分析方法。谱分析将时间序列看成不同频率成分的叠加，HP 滤波就是要分离出时间序列中频率较高的成分（周期因素）、去掉频率较低的成分（趋势因素）。

参考这种方法，我们将智利、墨西哥、新加坡和韩国 1960～2014年的人均 GDP 数据进行 HP 滤波分析，运用 Eviews 软件得到图 5 – 11 的结果（图中波长为 100）。

如图 5 –11 所示，拉美与东亚代表性国家都存在人均收入增长长期趋势，但是拉美代表性国家人均 GDP 在长期收敛于较低水平，而东亚代表性国家的人均收入收敛于较高水平上，另外拉美国家的增长差异性较小；在人均 GDP 波动方面，拉美与东亚表现出很强的关联性，而且

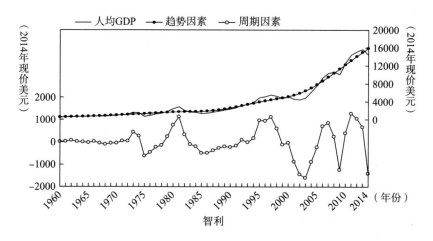

智利

---

① Hodrick, F., E. Prescott, "Posterior US Bussiness Cycles, an Empirical Investigation," Disscusion Paper, 1980.

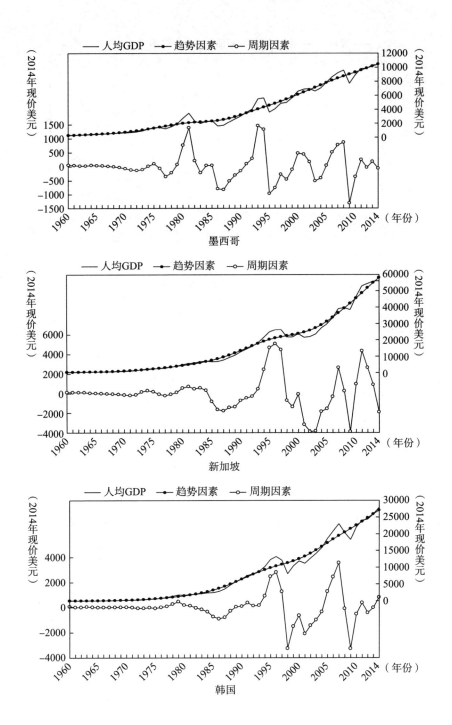

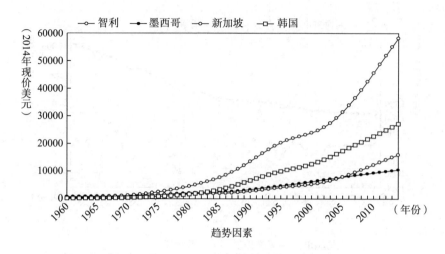

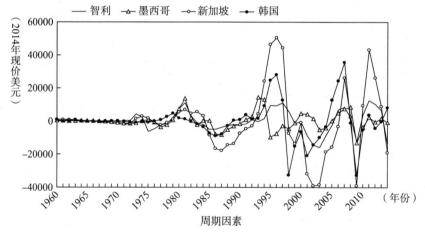

图 5 – 11　1960 ~ 2014 年拉美与东亚代表性国家的经济增长与波动

1995 年之前，两个区域代表性国家人均收入波动呈现同幅同周期态势，1995 年之后，周期一致性仍然很明显，但是振幅出现了差异。

（二）相关性分析

通过上面的 HP 滤波分析，可以分解出世界范围内 23 个样本国家和地区人均 GDP 增长的趋势成分（$trend_{it}$）和周期波动成分 $cycle_{it}$。这样一来可以看出，不同发展水平的国家和地区趋势成分存在明显差异，即这些不同发展阶段的国家和地区存在不同的收敛路径和收敛水平。接下来，根据分解出的不同国家和地区周期性波动成分，对这些波动之间是否存在联系及关联程度、显著性做出分析。基于分解得到的 $cycle_{it}$ 数据，利用公式 $r = \dfrac{\mathrm{cov}(x, y)}{\sqrt{\mathrm{var}(x)\,\mathrm{var}D(y)}}$ 计算出不同国家和地区人均 GDP 周期性波动的相关系数，并对这些相关系数的显著性水平做出检验（见表 5 - 4）。

表 5 - 4　样本国家和地区经济波动相关系数（r 值）

国家和地区	丹麦	瑞典	英国	法国	西班牙	葡萄牙	苏丹	阿尔及利亚
丹麦	1	0.81	0.68	0.98	0.92	0.92	0.39	0.48
瑞典	0.81	1	0.77	0.82	0.8	0.73	0.25	0.49
英国	0.68	0.77	1	0.68	0.72	0.63	0.15	0.44
法国	0.98	0.82	0.68	1	0.94	0.93	0.28	0.44
西班牙	0.92	0.8	0.72	0.94	1	0.96	0.17	0.4
葡萄牙	0.92	0.73	0.63	0.93	0.96	1	0.16	0.35
苏丹	0.39	0.25	0.15	0.28	0.17	0.16	1	0.51
阿尔及利亚	0.48	0.49	0.44	0.44	0.4	0.35	0.51	1
摩洛哥	0.84	0.68	0.44	0.89	0.82	0.84	0.21	0.35
南非	0.52	0.54	0.37	0.55	0.46	0.5	0.2	0.39
中国	- 0.21	- 0.04	- 0.32	- 0.19	- 0.37	- 0.31	0.14	0.06
日本	0.3	0.2	- 0.16	0.33	0.15	0.21	0.27	0.08
印度	0.34	0.33	0.13	0.32	0.25	0.32	0.45	0.36
新加坡	0.4	0.39	0.18	0.38	0.22	0.32	0.22	0.31
韩国	0.5	0.52	0.58	0.46	0.41	0.39	0.15	0.22
美国	0.31	0.4	0.77	0.25	0.35	0.23		0.5
加拿大	0.6	0.76	0.62	0.58	0.63	0.55	0.32	0.63
澳大利亚	0.41	0.6	0.3	0.42	0.35	0.33	0.19	0.56
新西兰	0.59	0.61	0.65	0.57	0.41	0.4	0.32	0.31
墨西哥	- 0.03	0.1	0.28	0.05	0.1	0.07	- 0.15	0.27
智利	0.4	0.47	0.29	0.4	0.28	0.33	0.23	0.45
玻利维亚	- 0.15	- 0.06	- 0.1	- 0.11	- 0.2	- 0.13	- 0.12	0.07
哥伦比亚	0.26	0.2	- 0.01	0.24	0.06	0.15	0.34	0.43

续表

国家和地区	摩洛哥	南非	中国	日本	印度	新加坡	韩国	美国
丹麦	0.84	0.52	-0.21	0.3	0.34	0.4	0.5	0.31
瑞典	0.68	0.54	-0.04	0.2	0.33	0.39	0.52	0.4
英国	0.44	0.37	-0.32	-0.16	0.13	0.18	0.58	0.77
法国	0.89	0.55	-0.19	0.33	0.32	0.38	0.46	0.25
西班牙	0.82	0.46	-0.37	0.15	0.25	0.22	0.41	0.35
葡萄牙	0.84	0.5	-0.31	0.21	0.32	0.32	0.39	0.23
苏丹	0.21	0.2	0.14	0.27	0.45	0.22	0.15	0.19
阿尔及利亚	0.35	0.39	0.06	0.08	0.36	0.31	0.22	0.5
摩洛哥	1	0.53	-0.04	0.36	0.4	0.37	0.23	0
南非	0.53	1	-0.1	0.59	0.63	0.64	0.47	0.09
中国	-0.04	-0.1	1	0.17	0.15	0.41	-0.08	-0.3
日本	0.36	0.59	0.17	1	0.38	0.53	0.23	-0.35
印度	0.4	0.63	0.15	0.38	1	0.55	0.24	-0.05
新加坡	0.37	0.64	0.41	0.53	0.55	1	0.65	0.03
韩国	0.23	0.47	-0.08	0.23	0.24	0.65	1	0.5
美国	0	0.09	-0.3	-0.35	-0.05	0.03	0.5	1
加拿大	0.44	0.68	-0.1	0.29	0.46	0.51	0.55	0.5
澳大利亚	0.41	0.64	0.37	0.43	0.37	0.71	0.35	0.15
新西兰	0.35	0.5	0.03	0.19	0.28	0.46	0.72	0.37
墨西哥	0.01	0.13	-0.04	-0.01	-0.08	0.17	0.24	0.39
智利	0.43	0.71	0.29	0.43	0.54	0.85	0.49	0.19
玻利维亚	0.07	-0.03	0.66	-0.06	0.05	0.39	-0.02	-0.05
哥伦比亚	0.34	0.48	0.54	0.46	0.52	0.85	0.3	-0.04
丹麦	0.6	0.41	0.59	-0.03	0.4	-0.15	0.26	
瑞典	0.76	0.6	0.61	0.1	0.47	-0.06	0.2	
英国	0.62	0.3	0.65	0.28	0.29	-0.1	-0.01	
法国	0.58	0.42	0.57	0.05	0.4	-0.11	0.24	
西班牙	0.63	0.35	0.41	0.1	0.28	-0.2	0.06	
葡萄牙	0.55	0.33	0.4	0.07	0.33	-0.13	0.15	

国家和地区	加拿大	澳大利亚	新西兰	墨西哥	智利	玻利维亚	哥伦比亚
苏丹	0.32	0.19	0.32	-0.15	0.23	-0.12	0.34
阿尔及利亚	0.63	0.56	0.31	0.27	0.45	0.07	0.43
摩洛哥	0.44	0.41	0.35	0.01	0.43	0.07	0.34
南非	0.68	0.64	0.5	0.13	0.71	-0.03	0.48
中国	-0.1	0.37	0.03	-0.04	0.29	0.66	0.54
日本	0.29	0.43	0.19	-0.01	0.43	-0.06	0.46
印度	0.46	0.37	0.28	-0.08	0.54	0.05	0.52
新加坡	0.51	0.71	0.46	0.17	0.85	0.39	0.85
韩国	0.55	0.35	0.72	0.24	0.49	-0.02	0.3
美国	0.5	0.15	0.37	0.39	0.19	-0.05	-0.04
加拿大	1	0.77	0.43	0.31	0.62	-0.09	0.38
澳大利亚	0.77	1	0.35	0.21	0.77	0.31	0.71
新西兰	0.43	0.35	1	-0.04	0.35	-0.08	0.23
墨西哥	0.31	0.21	-0.04	1	0.27	0.25	0.15
智利	0.62	0.77	0.35	0.27	1	0.36	0.82
玻利维亚	-0.09	0.31	-0.08	0.25	0.36	1	0.53
哥伦比亚	0.38	0.71	0.23	0.15	0.82	0.53	1

因为 $r = \dfrac{\mathrm{cov}(x,y)}{\sqrt{\mathrm{var}(x)\,\mathrm{var}D(y)}}$，在双边 Student Test 进行相关系数显著性检验时，涉及的 t 值与 r 值转换公式：

$$t = r\sqrt{\frac{n-2}{1-r^2}} \qquad\qquad (5-11)$$

$$r_{critical} = \pm\frac{t}{\sqrt{n-2+t^2}} \qquad\qquad (5-12)$$

其中 t 值可以根据不同的显著水平查表得到，n 是样品长度。这样，可以给出显著性为 0.1、0.05 和 0.01 三个水平的临界值以作参考（见表 5-5）。

表 5 – 5　相关性检验临界值

	0.1 （ ＊ ）	0.05 （ ＊＊ ）	0.01 （ ＊＊＊ ）
n	55	55	55
自由度 $n-2$	53	53	53
$r_{critical}$	0.2241	0.2656	0.3445
显著区间	$\|r\| > r_{critical}$		

通过计算得出的 23 个代表性国家或地区的经济波动相关系数以及显著性检验，我们发现以下结论。①经济波动是世界各国经济发展过程中的普遍现象，特别是在开放经济条件下，一国或地区所受的经济冲击会通过经济联系传导到别的国家或地区，这样一来，各国或地区的经济波动谱中除了独特的国内因素外，国际经济冲击因素也起了重要作用，从采用的数据看世界各国的经济周期同步趋势明显。②世界范围内的波动尽管很显著，但联系程度也带有很强的地区差异性，比如说欧洲国家之间的经济波动联系程度最高，体现出很强的地区经济一体化特征。另外，经济波动关联程度受国别或地区经济发展水平差异影响很大，经济发展水平高的国家或地区的经济波动联系明显要更加密切一些，比如欧洲国家之间的联系比其余地区要多一些，非洲国家之间的经济波动联系比世界其他地方的经济波动联系程度弱很多。③20 世纪以来，美国经济增长在世界经济增长中占了很大的分量，美国的经济增长出现变化，一定会对世界经济普遍增长产生干扰。通过本书的计算结果也可以看出，除了摩洛哥、玻利维亚等几个小国以外，其余大部分国家的经济波动都与美国的经济形势有很强的关联。④中国作为发展中大国，近几十年来对世界经济增长的贡献发挥了日益增大的作用，其经济波动与世界各个区域之间的波动关联性很强；同时我们发现，中国的经济波动与大部分发达国家的经济波动表现出负向关联，而与发展中国家的经济波动表现出同向关联。

（三）SVAR 计量模型分析

（1）数据处理

由于前面理论模型的特征，如果直接使用原始数据，会造成多重共线性问题，因为在每一个截面时刻，$Y = C + I + G + NX$ 恒成立。因此，求出各个变量在 1960 ~ 2014 年这段时间里的增长速度，如 $y_t = \dfrac{Y_{t+1} - Y_t}{Y_t}$，数据经过这样的处理，我们发现，多重共线性消失。

接下来进行平稳性检验，如果不进行该步骤容易出现伪回归，并且平稳也是格兰杰因果检验的必要前提。单位根检验是针对时间序列中是否具有某种统计特性而提出的一种平稳性检验的特殊方法，单位根检验的方法有很多种，包括 ADF 检验、PP 检验、NP 检验等。非平稳时间序列如果存在单位根，则一般可以通过差分的方法来消除单位根，得到平稳序列。其实，原始数据经过类似差分处理（ $y_t = \dfrac{Y_{t+1} - Y_t}{Y_t}$ ），已经滤掉一些趋势成分，应该是平稳时间序列。我们通过 ADF 检验也发现，所有变量的增长率数据都是平稳时间序列数据。

由于采用的数据是平稳时间序列数据，不用进行协整分析。所以我们直接做格兰杰因果关系检验，格兰杰因果关系检验的结论只是一种预测，是统计意义上的"格兰杰因果性"，而不是真正意义上的因果关系，不能作为肯定或否定因果关系的根据。当然，即使格兰杰因果关系不等于实际因果关系，也并不妨碍其参考价值。因为在经济学中，统计意义上的格兰杰因果关系也是有意义的，对于经济预测等仍然能起到一些作用。

（2）回归分析

令向量 $Z_t = (gdp_t, cons_t, inv_t, nex_t)^T$，写出一般的 SVAR 方程 $Z_t = \alpha + \beta_1 Z_{t-1} + \cdots + \beta_p Z_{t-p} + \varepsilon_t$，然后根据 AIC、HQ、SC 和 FPE 四种信息准则找出最优滞后期数，就可以得到一个确定的回归方程 $Z_t = \alpha + \beta Z_{t-p} + \varepsilon_t$。运用计量统计软件 Eviews，就可以很容易的估计出回归方程，即

$$gdp_t = f(c, gdp_{t-p}, cons_{t-p}, inv_{t-p}, nex_{t-p})$$

其回归结果如表 5 –6 所示。

表 5 – 6　关于 gdp_t 方程的回归结果

国家	滞后（p）	c	gdp（$-p$）	$cons$（$-p$）	inv（$-p$）	nex（$-p$）
墨西哥	3	0.1171	− 2.014	0.1717	0.1325	0.002
智利	3	0.0773	0.5201	− 0.6104	0.1429	− 0.0241
印度	1	0.0791	1.456	− 1.056	− 0.323	0.0001
新加坡	1	0.058	1.089	− 0.526	− 0.111	0.0138
日本	4	0.072	0.2132	0.0103	− 0.073	0.0043
美国	2	0.019	− 0.068	0.7473	0.0059	− 0.0945
澳大利亚	1	0.055	2.478	− 1.4621	− 0.6866	− 0.0025
加拿大	1	0.042	− 0.8534	1.1087	0.1875	− 0.0033
新西兰	4	0.1083	0.9085	− 1.4333	0.1271	− 0.0012
英国	1	0.0473	1.7277	− 0.3648	− 0.0852	− 0.0005
法国	1	0.0521	1.6562	− 1.3273	− 0.0344	− 0.0061
南非	1	0.0597	1.8369	− 1.4444	− 0.3440	0.0031
肯尼亚	4	0.1131	0.7669	− 0.7093	− 0.1923	0.0042

注：由于篇幅和本书关注点的原因，其余三个方程的回归结果未写入回归报告表中，需要可以向笔者索取相关数据资料。

表 5 – 6 中，gdp（$-p$）项的系数代表了以往经济增长率水平对当前经济增长率水平的影响程度。回归系数较小的话，说明经济增长率的前后关联比较小。回归系数较大的话，比如绝对值超过 1，就表明经济增长率的前后关联较大。如果这种情况出现在低增长率的国家，如高收入国家、低收入国家和某些落入收入陷阱的国家，经济增长这种较大的前后关联性意味着该经济体很可能进入了一种"均衡"状态。另外，$cons$（$-p$）、inv（$-p$）和 nex（$-p$）项的系数分别代表以往消费增长率、投资增长率、净出口增长率对当前经济增长率的影响程度，其中消费和投资衡量了国内需求，净出口衡量了外部需求的作用。

由表 5 – 6 还可看到，墨西哥、印度、新加坡、澳大利亚、英国、法国、南非等国家经济增长率前后关联性非常大。其中墨西哥是掉入拉美陷阱国家的典型经济体，特别值得我们注意的是回归系数符号为负，这表明如果在某一时刻不管何种因素对 GDP 增长率的正面效果，在下一时刻都将表现出负面的效果，经济调整非常棘手。对于印度来说，也存在着很强的经济增长前后关联性，符号也为正，但是通过 cons（-p）、inv（-p）和 nex（-p）项系数的考察发现，印度以往内部需求增长率对当前经济增长率的影响作用为负，尤其是在消费方面。尽管外部需求的影响是正向的，但是非常微弱，也就是说通过提高净出口增长率来提高经济增长率效果有限。如新加坡作为20世纪中后期表现突出的飞速发展经济体，早已进入高收入国家行列，回归结果显示新加坡经济增长率的变化与国内需求，即消费和投资增长率没有明显的正向关系，而与净出口增长率存在较强的正相关性。另外，作为老牌资本主义国家的英国和法国，同时也是最早进入高收入国家行列的代表，似乎已经进入一种高水平的低速均衡增长状态，通过内需或者外需都很难将这种均衡状态打破。还有，美国的回归结果也比较有意思：经济增长率的前后关联性不强，但是"三驾马车"，即以往消费、投资和净出口增长率对经济增长率的贡献表现出了明显有别于其他国家的特征。从内需来看，消费对经济增长的作用很大，回归系数也十分显著，但是投资的影响程度很微弱，如果我们将美国与外部世界的贸易往来掐断，内需的这种结构性失衡是不能够得以持续的。所以从外需来看，美国以往净出口增长率对当期经济增长率的影响是负向的，也就是说，美国自1973年以来的贸易赤字日益扩大趋势内生于美国的经济增长方式本身之中，那些不断对美国保持贸易逆差的发展中国家只不过是在以美国为核心的资本主义世界体系充当了一个配角。

（3）脉冲响应分析

在回归方程的基础上，通过 Eviews 软件得到代表性国家 GDP 增长率对来自消费、投资和净出口冲击的响应示意图，见图 5 - 12。

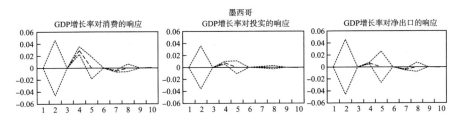

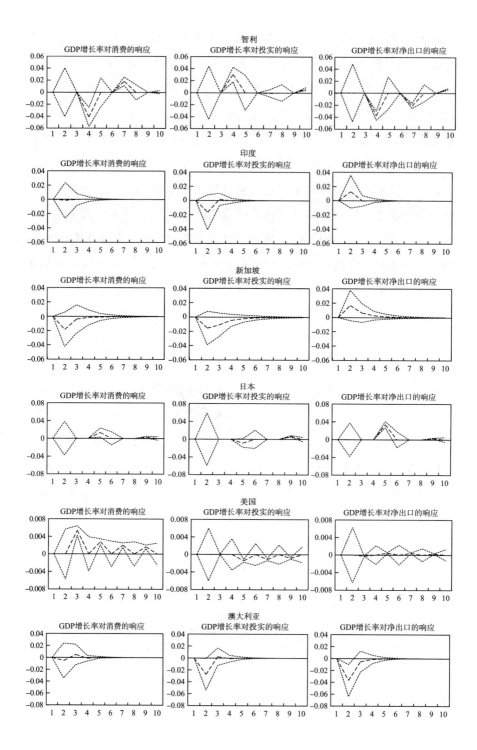

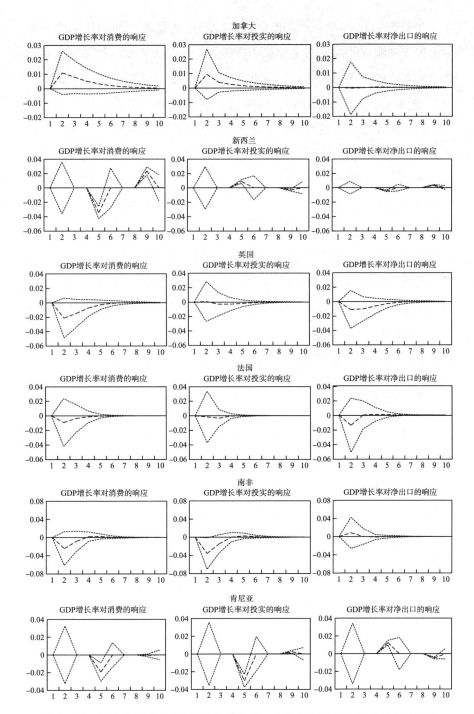

图 5 - 12　代表性国家 GDP 增长率对消费、投资和净出口冲击的响应示意图

如图 5 - 12 所示，①GDP 增长率对消费施加单位冲击：GDP 增长率出现正向响应的国家有主要集中在美国、加拿大等欧洲移民国家经济体，表明这些国家逐渐转向消费型经济发展模式；大部分发展中国家的 GDP 增长率对消费冲击存在负向响应，说明战后不管它们是否取得了一定的经济增长，还没有将经济增长动力转移到内部消费需求上来，这从某种程度上反映出一些发展中国家"增长"和"发展"失衡的局面。②GDP 增长率对投资施加单位冲击：一些中等收入水平的发展中国家的 GDP 增长率出现正向响应，如墨西哥，而同处中低收入水平国家行列的肯尼亚却出现了负向响应，可能与这类国家基础设施建设滞后、投资效率低下有关；绝大多数高收入国家 GDP 增长率都出现了负向响应，这反映出高收入国家资本饱和或过剩的现实。③GDP 增长率对净出口施加单位冲击：大部分发展中国家和一些传统高出口水平的高收入国家（如新加坡）的 GDP 增长率出现正向响应；那些近几十年来保持贸易逆差的高收入国家的 GDP 增长率出现负向响应。

四　简要结论

通过经验事实和计量模型分析的结果看，证实了"或然性假说"的存在，按照两类不同（跨越陷阱成功和跨越陷阱失败）的国家群的划分进行比较分析。先是描述性统计，然后对"拉美陷阱"和亚洲突破陷阱的代表性国家进行案例分析，接着利用滤波分析工具发现拉美与东亚代表性国家都存在人均收入增长长期趋势，但是拉美代表性国家人均收入在长期收敛于较低水平，而东亚代表性国家的人均收入收敛于较高水平，另外拉美国家的增长差异性较小；在人均收入波动方面，拉美与东亚表现出很强的关联性，而且 1995 年之前，两个区域代表性国家人均收入波动呈现同幅、同周期态势，1995 年之后，周期一致性仍然很明显，但是振幅出现了差异，拉美国家的波动幅度要剧烈很多。接着计算 23 个代表性国家和地区的经济波动相关系数以及显著性检验发现以下结论：①经济波动是世界各国经济发展过程中的普遍现象；②世界范围内的波动尽管很显著，但联系程度也带有很强的区域差异性；③20世纪以来，美国经济增长在世界经济增长中占了很大的分量，美国的经济增长出现变化，一定会对世界经济普遍增长产生干扰；④中国作为发展中大国，近几十年来对世界经济增长的贡献发挥了日益增大的作用，其经济波动与世界各个区域之间的波动关联性很强。最后通过 SVAR 模型和脉冲响应分析，考察了代表性国家经济受内部和外部冲击的影响。

第六章 中国经济增长、波动与中等收入陷阱的可能性

　　在二战后反殖民地运动中成立的大多数发展中国家，一般都按照其"宗主国"的模式实现工业化，都或明或暗、或深或浅地跌入"发展陷阱"，仅有少数几个国家（如日本、韩国）因为战后地缘战略重构的政治因素幸免于此。据温铁军统计，在"原住民"人数超过 1 亿的发展中国家①中，只有中国完成了工业化初期的资本"原始积累"，进入了工业化中期的产业规模扩张和产业结构调整阶段②。如果以 2008 年世界金融危机为界标，那么在这之后中国经济面临着由金融资本主导的全球化全新阶段的竞争；而在这之前，中国发展的路径很好地吻合了产业资本"原始积累、产业扩张和结构调整逐步推进"的一般发展规律。

　　需要指出的是，中国是在完全不具备内部和外部条件的情况下进入工业化进程的。工业化之初，以农业为主的经济高度分散、在总体上资本绝对稀缺是两个最主要的经济特征，与那些主要依靠对外殖民扩张完成资本原始积累的西方发达国家相比，这种制约必然导致中国有别于先发国家的对内和对外经济政策，否则无法完成原始资本积累。事实上，自资本主义诞生以来，所有经济体在工业化进程中不可能保持稳定、连续的经济增长，存在常态性、周期性的经济波动，即使那些依靠剥削殖

---

① 世界上这样的国家一共有 5 个，全部分布在亚洲，它们是中国、印度、印度尼西亚、巴基斯坦和孟加拉国。

② 温铁军等：《八次危机：中国的真实经验 1949—2009》，东方出版社，2013，第 3 页。

民地经济剩余而成功的发达工业化国家也不能例外。如同伊曼纽尔·沃勒斯坦所阐明的，16 世纪兴起的现代资本主义世界体系（世界经济、国际体系和地缘政治）将世界上许多不发达国家整合到由核心国家主导的"核心 - 半外围 - 外围"结构中来，后发的落后国家就是在这种"核心国家地位强化 - 边缘国家地位弱化"的大环境中谋求发展，其经济波动不仅反映了其经济内部各种力量的失衡，而且反映了资本主义世界体系这个大环境的不平衡。只有中国这样的发展中大国是个例外，其经济发展的轨迹及模式值得深入研究。

第一节　中国经济历程概述

改革开放 40 年，中国经济蓬勃发展，GDP 年均增长率达 9% 左右，经济总量居世界第二位，取得了举世瞩目的伟大成就。建立起中国特色的市场经济体系和独立的工业体系，钢铁、家用电器等在内的许多工业产品生产居世界第一位。与此同时，中国经济规模和经济总量也不断扩大，国际地位持续不断提高。改革开放 40 年，中国的国际地位不断提高，快速的经济增长使中国在世界经济体系中的地位不断上升，全面融入世界经济体系。以加入 WTO 为标志，中国经济已经逐步深入市场化和国际化进程，融入世界经济体系和经济全球化浪潮之中，经济增长变得更加稳健。中国的改革开放释放出巨大的生产力，政府主导、大力投资和不断强化的工业经济使中国经济增长一直高于世界经济增长水平，社会经济取得全面进步。

中国改革开放不断深入的同时，经济发展水平大幅度提高。1978 年中国人均 GDP 为 381 元，按照 1980 年 1 美元兑换 1.53 元人民币汇率计算，约合 249 美元，金融危机之前的 2007 年中国人均 GDP 上升到 2640 美元，比改革开放前增长了 17 倍。1978 ~ 2013 年中国经济实际增长率与名义增长率见图 6 - 1。同时，社会事业取得了显著发展，如教育发展取得了长足进步。教育发展是衡量一个国家发展水平和发展潜力的重要指标，改革开放 40 年以来，中国教育发展迅速，1978 年中国普通高等学校毕业生数只有 16.5 万，占当时中国人口总量 96259 万的 0.0171%。2006 年中国普通高等学校毕业生数达到 377.5 万，占当年中国人口总量 131448 万的 0.2872%，受高等教育人口的比例飞速上升。国民预期寿命明显提高，预期寿命是衡量一个国家社会经济发展的综合指标，预期寿命的提高不但意味着经济发展水平的提高，也意味着社会保障能力的提升。根据中国人口普查数据，1982 年中国人口平均预期寿命为 67.77 岁，2000 年中国人口平均预期寿命上升到 71.40 岁，增加了 3.63 岁。人民生活水平显著改善，生活更加丰富多彩，广大群众的物质生活和文化生活已经进入一个与世界同步的时代。

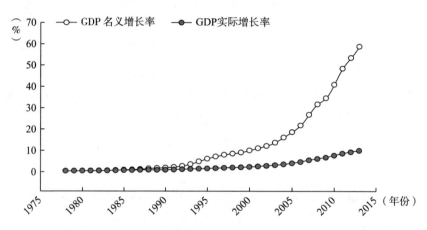

图 6-1　1978~2013 年中国经济实际增长率与名义增长率

第二节　工业化初期（1958~1977 年）

中华人民共和国成立初期到改革开放之前，具体来说是 1958~1977 年，这是工业化初期阶段，若按照战后国家发展的经典理论，这一时期被称作国家主导的内向型资本原始积累过程，伴随着经济的大起大落，带有明显经济周期的味道。其间，中国发生了三次城市经济危机，分别是 1960 年、1968 年和 1975 年，分别间隔 7~8 年。城市部门出现了严重的就业难问题，于是直接向高度组织化的人民公社、国营或集体农场大规模转移城市过剩劳动力（约 2000 万名以中学生为主的知识青年）[①]。在市场经济条件下，如果失业率超过 10%，任何国家都难以承受其带来的经济、社会等问题，甚至会发生社会动乱。当时的中国没有发生严重的社会动乱，一方面，在资本集中的城市社会发生了诸多以阶级斗争为由的政治运动，也消纳了一定程度的社会紧张关系；另一方面，农村人民公社化的、高度稳定的集体组织体系吸纳了大部分城市部门排斥出来的失业或者潜在失业人群。可以看出，发展中国家资本原始积累所必须付出的代价，无法复制先发国家对外转嫁之路，只能在内部消解。

一　第一次外资引进

需要加以说明的是，中华人民共和国经济建设的起点本身，就是一场自民国时期延续下来的经济危机。经历多年战争的拖累，1949 年农业（粮食）总产量为 2100 亿斤，约是战前的 3/4，灾民约 4000 万人，失业工人和知识分子约 150 万人，财政赤字占总财政支出的比例为 46.4%，国民党撤往台湾又带走了国库黄金储备……中华人民共和国成立伊始，物价出现灾难性上涨，幅度高达 5～6 倍，尽管政府为了稳定物价向市场投放了大量粮食，但 1950 年粮食价格仍然上涨了 1 倍[②]。

1950 年 6 月发生的朝鲜战争，导致了二战之后帝国主义地缘战略结构发生重大改变。中国在复杂的历史背景下与苏联建立了战略同盟关系，所以 1950～1959 年十年时间苏联对华进行了合计 54 亿美元的工业设备和技术投资援助，使中华人民共和国得以在 1950 年走出成立初期的经济萧条。1950 年 2 月中苏领导人会谈，确定在煤炭、电力、钢铁、

---

①　温铁军等：《八次危机：中国的真实经验 1949—2009》，东方出版社，2013，第 32 页。

②　沈志华：《新中国建立初期苏联对华援助的基本情况》，《俄罗斯研究》2001 年第 1 期。

有色金属、化工、机械和军工等部门的 50 个重点援建项目，这就是"156 项"重点工程①中的第一批项目。按照 1953 年 3 月 11 日国家统计局的统计报告，截至 1953 年中苏签订技术成套设备进口合同金额 6.84 亿卢布，累计完成实际进口额 4.7 亿卢布，达 68.7%。1950~1953 年苏联援建项目类型和区域分布见表 6-1。

表 6-1 1950~1953 年苏联援建项目类型和区域分布

行业	项目总数	类型		地区	
		改扩建	新建	东北	其他
煤炭	10	5	5	8	2
电力	11	5	6	6	5
钢铁	3	2	1	3	–
有色金属	3	1	2	3	–
化工	5	–	5	4	1
机械	7	2	5	7	–
军工	7	7	–	4	3
造纸	1	–	1	1	–
合计	47	22	25	36	11

资料来源：沈志华《新中国建立初期苏联对华援助的基本情况》，《俄罗斯研究》2001 年第 1 期。

在援建过程中，1950~1952 年，中国固定资产新增 59 亿元，能源和原材料等生产能力也实现新突破：电力 22.2 万千瓦、煤炭年开采 1.56 亿吨、生铁年产量 76.4 万吨、钢锭 55.8 万吨、钢材 33.6 万吨②。到 1959 年，中国不仅有自己的汽车工业和农用机械工业，在钢铁、煤

---

① "156 项"重点工程，是中国第一个五年计划时期从苏联与东欧国家引进的 156 项重点工矿业基本建设项目，奠定了中国初步工业化的部门经济基础。以这些项目为核心，以 900 余个限额以上大中型项目配套为重点，初步建起了工业经济体系。50 年代任中央财委主任与国家基本建设委员会主任的陈云说："第一个五年计划中的一百五十六项，那确实是援助，表现了苏联工人阶级和苏联人民对我们的情谊。"资料引自《陈云文选》（第 3 卷），人民出版社，1995，第 286 页。

② 沈志华：《新中国建立初期苏联对华援助的基本情况》，《俄罗斯研究》2001 年第 1 期。

炭、电力和石油等领域达到苏联"一五"计划时期的水平，接近甚至超过日本 1937 年的水平。

与此同时，中国则以贸易形式偿还苏联的援助，如在 1959 年之前供应给苏联 16 万吨钨精矿、11 万吨锡矿、3 万吨锑矿、3.5 万吨钼精矿、9 万吨橡胶以及相当数量的农副产品等，付出了高昂的代价。1957年苏联专家中断援助，引发了中国经济的剧烈波动。1958 年初，中国政府提出"调动两个积极性"的应对政策，依靠动员特别是地方的财政资金拉动以重工业为主的国民经济，据国家统计局历年财政收支统计，1957 年地方财政支出占全国财政支出的 29%，而 1958 年这一比例接近 56%。同时，中央大规模下放财政、计划管理、企业管理等权力，号召各个地方兴办"五小企业"，如 1958 年成立的中国第一个社队企业——无锡春雷造船厂[①]。而初次接触到财权、计划权和管理权的地方政府，在没有任何经验的情况下，以大干快上、遍地开花的形式发展重工业，地方工业化疯狂推进，于是出现了今天看起来不可理解的"大炼钢铁"和"大跃进"。1958 年底全国钢铁行业的劳动力达到 9000 万人，如果加上间接投入的劳动人数，则钢铁行业的劳动力规模可能突破 1 亿人。这是中华人民共和国成立以来第一次中央向地方放权，目的是促进国内资源集中利用以应对国外资本突然中辍。

从表 6 - 2 可以看出，1958 年和 1959 年，在政府主导的国内投资带动下，勉强保持了苏联专家撤走之前的经济局面，但是很显然，这样的经济拉动方式是不可持续的。从 1958 年开始的政府财政收入赤字逐年累加，于是求助于增发货币，引起了 1961 年严重的通货膨胀，经济也开始大幅度下滑，失业率上升，财政收入退回 1957 年的水平。且由于重工业部门耗费了大量的劳动力，当时以劳动力密集型的农业生产遭到了很大破坏，出现农产品严重短缺的现象，这就是 1960 年经济异常困难、社会矛盾突出的直接背景。

---

① 　胡鞍钢：《中国政治经济史论》，清华大学出版社，2008，第 247 ~ 251 页。

表 6 - 2　1957～1962 年中国各类经济指数

指标	1957 年	1958 年	1959 年	1960 年	1961 年	1962 年
GNP（亿元）	1069	1308	1440	1458	1221	1151
工业比重（%）	30	37	43	45	32	31
财政收入（亿元）	303	380	487	572	356	314
增长率（%）	8	25	28	18	-38	-12
财政支出（亿元）	296	400	543	644	356	295
增长率（%）	-1	35	36	19	-45	-17
商品价格指数	101.5	100.2	100.9	103.1	116.2	103.8
居民储蓄（亿元）	35	55	68	66	55	41
新增货币（亿元）	-4.5	15	7.3	20.8	29.8	-19.2
煤产量（亿吨）	1.31	2.7	3.69	3.97	2.78	2.2
电（亿千瓦时）	193	275	423	594	480	458
生铁（万吨）	594	1369	2191	2716	1281	805
钢（万吨）	535	800	1387	1866	870	667
水泥（万吨）	686	930	1227	1565	621	600

资料来源：《中国统计年鉴 2001》；国家统计局《新中国六十年统计资料汇编》，中国统计出版社，2009。

　　1961 年政府在经济压力中做出农村集体化政策的实质性调整，允许村社制度下的农业经济，从高度服从国家产业资本积累的集体化经济中部分退出（将"一大二公"的人民公社经济改为"三级所有，队为基础"的生产经营体制；农民在生产队可以搞"三自一包"），这放松了 20 世纪 50 年代形成的工业对农业的捆绑。因此，农业生产逐渐恢复，农产品供应连续增加，农业税收在财政收入中所占的比例也不断提高[①]。

　　20 世纪 60～70 年代，世界地缘政治关系不稳定，苏联与中国交恶，美国对中国实行包围压制政策，中国政府综合考虑国家安全和经济建设，提出战备经济模式：一方面，克服困难集中力量上核武器，如

---

　　① 温铁军：《周期性经济危机及对应政策分析》，宏观经济信息网，http://www.macrochina.com.cn/zhtg/2001060807807.shtml。

毛主席所讲的，"要饭也得有根打狗棍儿"；另一方面，将沿海易遭军事打击的基础工业转移到内地，即三线建设①。1965～1975 年，全国基本建设资金的一半用于"三线建设"，其中 1965～1971 年，仅"大三线"投资数额达到 340.8 亿元②。通过"三线建设"，中国建成 1100 多个大中型工业交通企业、国防科技工业企业、科研院所和大专院校，形成煤炭、电力、化工、石油、钢铁、建材、交通等工业部门相互配套的工业体系。①交通方面：在这个阶段，建成或在建了成昆、湘黔、焦柳、襄渝、川黔和贵昆等多条铁路，同时还改善和扩建了公路网络。②国防工业方面：建成重庆的常规兵器工业基地，川、贵电子工业生产基地，川、陕战略武器科研生产基地，贵、陕、鄂西航空航天工业生产基地，西昌卫星实验发射基地等。③原材料、能源、机械方面：建成攀枝花、重庆、成都地区钢铁基地，新建西北铜加工厂、兰州铝厂、西南炼焦煤基地，建设平顶山、焦作、鹤壁等矿区，新建 68 座 10 万千瓦以上电站，新建第二汽车制造厂、陕西汽车制造厂、四川汽车制造厂，电器电机工业也发展起来，相继建成四川东方电机厂、汽轮机厂、锅炉厂等。④轻纺工业方面：制盐、制糖、造纸、自行车、缝纫机、手表、合成制品、皮革制品、棉纺毛纺、印染、化纤等生产企业全面铺开。⑤西部地区还建设了 100 多个部属储备仓库、15 个大型广播电视项目和一些高等院校，搬迁 241 个机械工业工厂、研究所、设计院，新建、扩建大中型项目 124 个，累计投资 95 亿元③。

　　"三线建设"这种工业模式在空间上的调整，是被动地应对资本主义世界体系下的西方地缘政治战略的产物，应该得到客观公正的评价，

①　三线建设，即将中国工业建设的布局全面铺开，沿海一线、中部一线、西部和西北部一线。1969 年，珍宝岛事件发生后，为了应对苏联的军事威胁，毛泽东又提出"小三线"建设思路，即在原三线建设各省份内部建设"三线"，使"大三线"与"小三线"相辅相成。

②　李彩华、姜大云：《我国大"三线建设"的历史经验与教训》，《东北师范大学学报》（哲学社会科版）2005 年第 4 期，第 89 页。

③　彭成刚：《斯大林模式在中国的历史考察》，硕士学位论文，武汉理工大学，2006，第 40～41 页。

因为从当时的世界格局和技术水平看，中国基本建成了打不垮、炸不烂、可持续的后方基地，这不仅保证了中国当时的相对安全，而且在一定程度上形成威慑力。从某种程度上讲，1973 年美国在新的国际局势下"战略接近"中国与此不无关系。依赖经济体内部自力更生和政府不间断追加投资所延续的国家工业化所带来的积累压力，加上"三线建设"几乎不会产生直接经济效益，而且 1966 年彻底偿还苏联的外债压力，所以 1968 年前后存在财政赤字和危机在情理之中。

二　第二次外资引进

20 世纪 60 年代，随着科学技术的发展和各类经济体禀赋的动态变化，发达国家劳动力成本不断提高，加上资本主义生产方式基本矛盾下具体的产业资本阶段的劳资矛盾不断恶化，所以全球出现一次由发达国家主导的产业结构调整：发达国家将劳动密集型的产业转移到发展中国家和地区，自己则致力于产业结构优化升级，大力发展资本和技术密集型产业。没有制度障碍的发展中国家和地区最先承接了这次来自发达国家的产业转移，如亚洲的韩国、中国台湾、新加坡和中国香港首先接受了日本的产业转移，推行"出口导向型"经济发展战略，重点发展劳动密集的加工产业，在很短的时间内实现了较快的经济增长，并获得"亚洲四小龙"的荣誉称号。

1972 年，美国单方面决定放弃布雷顿森林体系，紧跟着产业资本从以美国为核心的西方资本主义国家中流出，它们的经济结构高度现代化，加上美元大幅度增发催生出大量的"金融创新"，依靠金融衍生品投机和吸纳过剩流动性的金融资本全球化时代应运而生，这是资本主义世界体系一个新的演变阶段。同年，尼克松访华并解除对中国长达 20 年的经济封锁。中国逐渐恢复了与西方的外交关系，并充分利用西方的投资来改造工业结构。70 年代初大规模引进西方项目，1973 年 1 月，国家计委向国务院建议在 3～5 年引进价值 43 亿美元的成套设备，通称"四三方案"，之后在这个方案的基础上又追加了一批项目，计划总额

51.4 亿美元。这是中国继 50 年代引进苏联援助的"156 项工程"之后，第二次大规模的技术引进。中国利用"四三方案"引进的设备，结合国产设备配套，兴建了 26 个大型工业项目，总投资约 200 亿元人民币，截至 1982 年全部投产（见表 6 – 3）。该方案对中国的外贸也有了突破性的促进作用，1973 年对外贸易总额是 1970 年的 2.4 倍，1974 年更达到 1970 年的 3.2 倍。成套设备和先进技术的引进，促进了中国基础工业，尤其是冶金、化肥、石油化学工业的发展，成为 80 年代中国经济发展的重要基础。

表 6 – 3　"四三方案"引进的 26 个成套项目

单位：亿元

项目名称	累计投资	建设地址	引进国	签约时间
天津石油化纤厂	10.37	天津	日本、联邦德国	1975 年
辽宁石油化纤总厂	24.15	辽宁辽阳	法国、意大利、联邦德国	1973 年
上海石油化工总厂	20.79	上海金山卫	日本、联邦德国	1973 年
四川维尼纶厂	7.2	四川长寿	法国、日本	1973 年
北京石油化工总厂	23.7	北京房山	日本、联邦德国、美国	1972 年
吉林化学工业公司	2.09	吉林	日本、联邦德国	1975 年
北京化工二厂	1.39	北京九龙山	联邦德国	1973 年
沧州化肥厂	2.39	河北沧州	美国、荷兰	1973 年
辽河化肥厂	3.48	辽宁盘山	美国、荷兰	1973 年
大庆化肥厂	2.43	黑龙江大庆	美国、荷兰	1973 年
湖北化肥厂	2.45	湖北枝江	美国、荷兰	1973 年
洞庭湖化肥厂	2.50	湖南岳阳	美国、荷兰	1973 年
泸州天然气化工厂	2.40	四川泸州	美国、荷兰	1973 年
赤水河天然气化工厂	2.73	贵州赤水	美国、荷兰	1973 年
云南天然气化工厂	2.77	云南水富	美国、荷兰	1973 年
栖霞山化肥厂	2.98	江苏南京	法国	1974 年
安庆化肥厂	3.01	安徽安庆	法国	1974 年
广州化肥厂	3.14	广东广州	法国	1974 年
齐鲁第二化肥厂	2.47	山东淄博	日本	1973 年

续表

项目名称	累计投资	建设地址	引进国	签约时间
四川化工厂	2.61	四川成都	日本	1973 年
大港电厂	4.50	天津北大港	意大利	1973 年
唐山陡河电厂	5.30	河北唐山	日本	1973 年
元宝山电厂	3.92	内蒙古赤峰	法国、瑞士	1973 年
武汉钢铁公司 1.7 米轧机	38.9	湖北武汉	日本、联邦德国	1974 年
南京钢铁公司氯化球团	1.00	江苏南京	日本	1976 年
南京烷基苯厂	2.21	江苏南京	意大利	1975 年

资料来源：陈东林《20 世纪 50～70 年代中国对外经济引进》，《上海行政学院学报》2004 年第 6 期。

从资本主义世界体系的视角看，20 世纪 60 年代末到 70 年代，各主要资本主义国家存在高失业率与高通货膨胀率或正在上涨的价格膨胀率同时发生的情况，即出现了所谓"增长停滞"与"通货膨胀"并存的现象，简称"滞胀"。二战后很长一段时间，西方流行凯恩斯主义，认为有效需求不足引起经济萧条和大量失业，过度需求则引起严重通货膨胀和物价水平上涨，增长停滞及失业和通货膨胀并存是不可想象的事情。对于滞胀这种新的现象，主流经济学界一时语塞，而马克思主义经济学则能够给予符合历史和逻辑的解释。

20 世纪 30 年代，在资本主义经济危机的致命打击下，以美国为首的资本主义世界进入了空前的大萧条时期，企业倒闭、工人失业、农民破产，社会矛盾日益增多。正是在这种背景下，美国总统罗斯福充分借鉴凯恩斯经济学理论，出台了一系列刺激经济的政策和法案，开始百日新政。特别是第二次世界大战的爆发，使得美国国内矛盾缓和下来，同时把美国带入"战时经济"，展开大生产运动，促使美国经济复苏。在这种政策的指导下，本应发生的经济危机被抑制和延迟了，但是经济危机的根源没有消除，所以危机隐患必然将在未来的某个时点被引爆。危机的根源在于资本主义生产方式本身，其创造出的相对生产过剩和广大劳动者消费不足，必然阻碍资本积累。当积累周期转入衰退，国家通过支出挽救生产过剩，使积累可以继续进行下去，购买了生产过剩的那一部分才使得生产继续扩张，而国家干预则进一步加强，这种模式层层叠加、恶性循环，直到一个界限，即国家干预不能继续加强为止。当时，国家干预并没有主要地补偿劳动者的消费，而是用于补偿资本家、扩大军事开支、搞国民经济军事化。这又使得需求结构日趋失衡，军事需求占越来越重要的地位。但资本家反对合理的国家干预，认为向劳动者倾斜的干预打击了他们的"企业家精神"，更重要的是触犯了他们的利益。这样，"过度积累"越是发展，就越是接近国家干预的极限，越是收效甚微，并且大量的支出也容易引起政府收支失衡，战后的经济甚至形成搞"通货膨胀"的传统和依赖，这成了既维持企业家利润，又保证工人提高工资诉求的均衡解。合理的有效需求，因通货膨胀越发萎缩，这更需要国家干预来支撑局面。国家干预与人民购买力下降螺旋式的交互作用，必然导致滞胀发生。

所以说，西方国家也有向中国输入资本的迫切需求。那么，对于处在落后和发展阶段的中国而言，国家进行扩大再生产的投资能力严重不足，1974 年以后，财政赤字连续突破 100 亿元，而当时的财政规模也不过 800 亿元[①]。面对严重的财政危机，1974 年政府不得已再次号召城市过剩劳动力到农村去，1974～1976 年又发生了大规模"知识青年上山下乡"运动，他们被分配到农村集体组织中去务农。

第三节　工业化中期（1978～1997 年）

据一般工业化国家发展经验，工业化中期对应着资本原始积累之后的产业扩张阶段，生产力诸要素的流动、转移、整合力度和范围都明显扩大。一些学者将 1978 年改革开放之后到 1997 年亚洲金融危机这段时间定义为中国的工业化中期阶段。在这个阶段，中国经济经历了三次比

---

① 温铁军等：《八次危机：中国的真实经验 1949—2009》，东方出版社，2013，第 72 页。

较明显的波动，如图 6－2 所示，分别在 1978～1980 年、1988～1990 年、1993～1998 年，考虑价格因素，这三个阶段中国的经济增速发生了显著的变动。

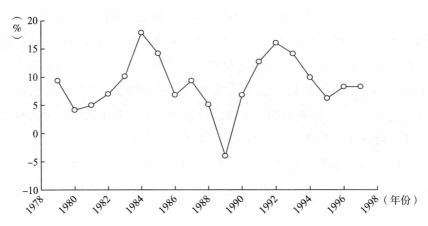

图 6－2 1979～1997 年中国经济实际增长率（滤去价格因素）

资料来源：国家统计局（年度数据库），经笔者统计处理。

现在学界研究中国经济市场化改革，都约定俗成地将"1978 年党的十一届三中全会"作为起始点。20 世纪 70 年代中后期，国家在再次负债和财政赤字的压力下，依然维持着对城市工业的高投资，直到 1979～1981 年难以继续，势必需要经济体制改革。有研究者发现，中国的经济体制改革一直源于政府在经济危机关头做出的应对调整政策①。从当时的情况看，中国经济增速由 1978 年的 11.7% 下降到 1981 年的 5.2%，固定资产投资的增速直线下降——1978 年为 22%，1979 年为 4.58%，1980 年为 6.65%，1981 年出现负增长，为 －10.51%。

出现下降的原因主要有两个：一是 20 世纪 70 年代因大规模国内投资积累起来的巨额财政赤字；二是 1978 年开始，政府采取的休养生息、福利补贴支出增长过快。这两点本身就构成矛盾，因为任何一个没有外部资源输入的发展中国家，不可能既是高积累的，又是高消费的，这必然导致政府财政和信用透支。在"四三方案"等引资计划留下的财政

———————————

① 温铁军：《中国经验与比较优势》，《开放时代》2008 年第 2 期。

压力还没有完全消解的情况下，1976～1978 年又实施了"八二方案"。1979 年国家计委对国民经济计划下意识进行调整，略有成效，但基本建设的投资规模未能得到有力控制，跟市场化体制下经济运行不同的是，改革刚开始中国的投资仍然是以政府集中配置资源为主导的机制，各地方、部门在发展张力的驱动下，过热的投资具有极强的惯性。如1979 年国家预算基本建设投资为 360 亿元，比上年减少了 36 亿元，可实际完成执行的投资达 395 亿元；1980 年国家预算内投资计划 241 亿元，实际完成 281 亿元，比上年有所压缩，但是地方、部门、企业各类自筹投资比上年增长 56.2%，这样算下来全年实际投资总额达 539 亿元[①]。如上所述，20 世纪 50 年代初至 70 年代末工业化积累时期过度提取社会剩余，全体社会劳动者生活水平长期维持在基本生存水平上，于是，1978 年举行的中共十一届三中全会在城市和农村针对人民生活水平提高有了新的政策导向，城市中各种补贴、奖金、福利制度，农村中农产品提价、减税免税、支农投资等得到大力推行和实施。这样一来，积累和消费之间的矛盾就在财政恶化、经济增速下降、失业率上升、社会治安问题突出等方面表现出来。

这次经济波动催生了农村基本经营制度的全面改革，以缓解 1978 年之后农村公共管理和农民福利保障的财政压力，提高农民生产积极性、农业生产效率和农产品产出水平。

首先，是推行按户内人口将土地经营权"包干到户"的家庭联产承包责任制，特别是通过 1982 年前后连续发出的 5 个"一号文件"上面出现的 30 余处"允许、允许、又允许"和"可以、可以、也可以"，政府在土地和农业生产资料的所有权上向村社集体和农民做出让步。随之而来，农村利益主体由过去的大概 70 万个生产大队、480 万个生产队，转变为 2 亿多名农户[②]。1961～1962 年政策调整后的"三级所有、

---

① 汪海波：《中华人民共和国工业经济史》，山西经济出版社，1998，第 498～511 页。

② 温铁军等：《八次危机：中国的真实经验 1949—2009》，东方出版社，2013，第 94 页。

队为基础"的农业规模经营模式转变为以农户家庭承包、分散兼业化经营为主，保留部分乡村集体管理和服务的"统分结合"的双层经营机制。所以，当时 2 亿多名农户在承认"土地村集体所有，依据所有权而有土地调整权和收租权"的前提下，获得了土地家庭承包权、生产自主权和经营收益权。

其次，是推行以农村工业化和城镇化为形式的农村资源自我资本化。众所周知，1958 年人民公社化时期，政府就鼓励乡、村两级集体经济发展"五小企业"，虽然在 1960 年前后的经济波动时期对乡、村工业加以限制。20 世纪 70 年代末，政府又开始允许农民自雇或雇工，从事前面由政府主导控制的工商业，开启农村自主工业化和城镇化以促进农村人口非农就业和提高农民非农收入水平的中国特色"三农"发展道路①。这不但拓宽了农村基本经营制度改革背景下的农村剩余人口的就业渠道，还合乎时宜地满足了农村工商业"面广量大"的小额资本原始积累的制度需求，更为重要的是使得大批农村劳动力抽离出农业，保证了农村改革带动的"乡镇企业"在 80 年代中期异军突起，成为当时拉动中国经济增长的强大动力。

改革开放初期的经济危机，政府在宏观调控步履维艰之际，从亏损严重的集体化农业中退出，以"大包干"形式向农村和农民释放了土地和劳动力的自主支配空间，还放松了对农产品市场和要素市场的控制，刺激了农民自主发展农业和非农产业的积极性。这些举措从实质上将土地、劳动力和集体所有的资金等生产要素从原有的低效均衡中抽出，以更加有效率的方式组合起来，于是 1982 年国民经济开始恢复活力，并保持了 5~6 年的高速经济增长，滤去价格因素，平均增速还在10% 以上。

按照消费者物价指数 CPI（总体、城市、农村）、商品零售价格指数 RPI、工业品出厂价格指数 PPI 等 5 个指标比对 1985~1990 年的物价水

---

① 根据《中国统计年鉴 2008》，1980 年乡镇企业职工人数为 3000 万，1985 年提高到 7000 万。

平，我们发现：1988 年中国发生了恶性通货膨胀，CPI 指数高达 118.8，RPI 指数高达 117.8，PPI 指数高达 118.6[①]。进一步分析发现：1986 年已经出现了通货膨胀的苗头，经过 1987 年的持续累加，到 1988～1989 年到达峰值构成恶性通胀，1990 年才恢复到相对安全区间。与此同时，1986 年开始经济增速直线下降，1989 年经济出现负增长，并且呈现以企业"三角债"为特征的生产停滞，结合起来看，这是典型的"滞胀"现象。

在"短缺经济"大背景下，乡村工业化、人民福利改进、经济增长等带来消费需求和投资需求两旺局面，进而派生出超发货币需求，必然会引起通货膨胀，只是时间问题。而当时政府所推行的价格双轨制改革和 1988 年的市场化价格改革措施，又使得一些隐含的制度成本[②]问题浮出水面。政府在参照以往经验通过紧缩信贷进行宏观调控时，却促使利益集团分化和矛盾显化，进一步推波助澜和恶化了企业的"三角债"。此时，尽管政府在市场化改革方面取得了一定的进展，但是国家金融仍然处于各级政府高度垄断控制之中，中央政府除了调整基础货币发行量和利率水平之外，几乎没有其他调控地方政府经济的金融手段。因此，只能通过减少对国有企业的投资来进行简单的调整控制。然而，这直接导致了以增速急降为特征的经济萧条。按理说，在工业化中期，产业资本扩张逻辑下以政府信用扩张和通货膨胀为基础的经济波动，应该发生在产业资本相对集中的城市。但是，长期以来，特别是重工业优先发展的战略导向诱生出"城市偏向政策"，城市的利益代表在政府和决策中的影响力，远甚于乡村[③]。所以说，应对萧条政策的着力点在"沿海经济发展战略"背景下自然而然地被标靶在乡村。一方面要求乡镇企业"两头在外"，让出国内的原材料和产品市场；另一方面减少对

---

① 资料来源：中华人民共和国国家统计局，年度数据库。

② 一是部门与官倒公司结合产生的设租、寻租成本；二是商品短缺条件下获取投机暴利的市场化成本。

③ 蔡昉、杨涛：《城乡收入差距的政治经济学》，《中国社会科学》2000 年第 4 期。

地方政府和党政组织、教育、医疗等公共产品支出和乡村公共品投入。显然，这种倾向在很大程度上抑制了处于上升势头的农村经济以及占人口绝大多数的农民的消费，内需不足日渐清晰，经济结构内在矛盾越发凸显，整个国民经济开始慢慢由内需拉动型增长向外贸依赖型增长转变。1987 年 3 月，六届人大五次会议就正式提出，"要使经济特区、沿海开放城市和开放地区逐步形成外向型经济"。后来的 1994 年是中国外向型经济发展道路的一个重要里程碑，这一年发生了"市场化并轨"、人民币大幅贬值。此外，从 1989 年起农民人均现金收入连年下降，迫使大量农村劳动力进城寻找出路，国家在这前后也采取积极应对方案，放松了对农民进城务工的种种制度或政策限制，尽管在放松和限制之间几经周章波折，但最后敲定了大部分允许劳动力自由流动的政策措施①，并最终演化为 90 年代初举世瞩目的"民工潮"现象，于是乎，此后"潮起潮落"成为观测中国经济波动一个新的重要指标。

1993 ~ 1994 年，中国在财政、金融和外汇三大领域同时赤字，危害严重。既与上一次经济波动中政府的宏观调控有所联系，又与改革以来的第一次投机性需求过热密切相关。1991 ~ 1992 年经济刚刚复苏投机性资本纷纷流入股票、期货和房地产市场，反过来刺激这三个吸纳资金能力强和风险水平高的资本市场进一步膨胀，很快使得中国经济高涨，全国范围内出现投资狂潮。为了维持金融体系可持续运作，中央政府被迫增加货币供应量，1993 年为 1528.7 亿元、1994 年为 1423.9 亿元、1995 年为 596.8 亿元②。当时，中央大量增发货币仍然无济于事，多个省份电告中央说"资金短缺"，银行欠缺资金尤其严重。全国出现

---

① 在 20 世纪 80 年代，国家根据形势的变化对农村劳动力流动管理政策也做出了相应的改变。1985 年，允许农民自带口粮进城务工经商；1988 年，允许农民进城兴办服务业，要求城市在用地和基础设施方面提供便利条件，对因故返乡的民工准予迁户，将劳务输出作为贫困地区劳动力资源开发的重点，要求沿海发达地区、大中城市的劳动管理部门有计划吸收贫困地区劳动力，积极开拓贫困地区劳务市场；1989 年，由于经济紧缩，又加强对农村劳动力流动的限制，但仅限于加强对农村盲目流动人员的管理。

② 资料来源：各年《中国金融年鉴》。

"四热"(房地产热、开发区热、集资热、股票热)、"四高"(高投资膨胀、高工业增长、高货币放行、高物价上涨)、"四紧"(交通运输紧张、能源紧张、重要原材料紧张、资金紧张)、"一乱"(经济秩序特别是金融秩序混乱)的棘手局面,1994 年 CPI 高达 24%、国有企业职工大规模下岗、农民土地大规模被征占、社会群体性事件大幅度增加。恰逢苏联解体不久,这段时间在西方资本主义核心国家的封锁压力下,国际舆论盛传"中国崩溃论"。1994 年政府针对"三大赤字"出台了重大的宏观经济措施。一是外汇改革。汇率调整"一步并轨",本币名义汇率贬值 57%,人民币对美元汇率由 1∶5.64 骤降至 1∶8.27。二是信用扩张。连年财政、金融赤字,使银行全部资本金和存款大幅减少,而国内投资需求高涨,所以国债和货币的发行同步大规模增加。三是分税制改革。1994 年正式施行分税制改革,极大地改变了中央和地方的税负比重,缓解了中央政府的财政困境,但也使得地方政府出现近乎疯狂的"以地养财"。除此之外,还推进了国有企业市场化改革,数千万国企职工买断工龄或下岗再就业。

这次危机以 CPI 和 GDP 两个指标衡量的"软着陆"结束。但是与此同时,国有企业员工大规模下岗[1]、政府在众多公共领域的退出和民营化、乡村治理恶化、"三农"问题呈爆发趋势等成为此次危机治理过程的"后遗症"。另外,这次危机也标志着中国产业资本逐步走向过剩而金融资本大规模扩张、越来越抽离于产业资本、中国经济走向外向型并受国际经济周期影响越发显著的新阶段。

第四节　工业化中后期(1998 年至今)

1997 年出现亚洲金融危机,随着危机影响的扩散蔓延,中国外贸出口受到冲击。外需的疲软和缩紧,使得中国经济内部供求失衡的矛盾

---

① 截至 2004 年有近 3000 万名国有企业职工下岗失业。

凸显出来，甚至引起一些学者担忧中国经济进入"资本与劳动双重过剩"的局面①。

1996～2013 年中国经济增长率见图 6 - 3。

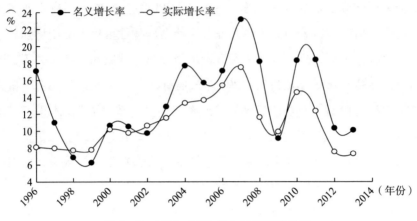

图 6 - 3　1996～2013 年中国经济增长率

20 世纪 90 年代中后期中国政府采取了激进改革的措施应对危机，主要是实现了政府在中小型国有企业的退出。中国的对外贸易依存度明显上升，改变了持续 50 年左右的"内需 + 投资"的经济驱动模式，经济运行受国际环境的影响与日俱增，日益被纳入跨过资本主导的全球化之中。随着规模的日益增大，中国经济越来越多地受到以跨国公司为主要媒介的国外资本主义生产的影响，不仅长时期处于国际产业分工价值链中低端，而且经常遭遇发达国家为了转嫁危机而设立的贸易壁垒，尤其在 2008 年世界金融危机之后，这种状况越发频繁。实际上，资本主义发达国家转嫁危机和采取以邻为壑的贸易手段甚至战争，在 1997 年亚洲金融危机以及更早的危机中，几乎已成为惯例。因此，中国政府早在 20 世纪就未雨绸缪，准备了系列改革方案。一是金融系统改革。1997 年亚洲金融危机引起了各国对金融安全的高度重视，认识到银行大量不良贷款的巨大隐患。中国政府在 1997 年 11 月召开了全国金融工

———————

①　王俭贵：《劳动与资本双重过剩下的经济发展》，上海人民出版社，2002。

作会议，1998 年全面铺开银行系统的国有金融化市场改革，"财政和金融不分家"的政府控制模式渐渐成为历史。1998～2005 年为了金融稳定，国家投入约 3.24 万亿元资金来支持金融企业的改革和化解金融风险，这相比 2004 年财政收入 2.63 万亿元来说，国家是下了很大气力的[①]。二是积极的财政政策。以中央投资为主的基础设施建设投资明显加快，如 1998 年国有单位投资增长近 20%，而个人投资只增长 6%，城乡集体投资还下降了 3.5%，国有投资中基础设施建设占到 56%，规模最大[②]。截至 2003 年，我国的高速公路通车里程已居世界第二位，而我国第一条高速公路的建成在 1998 年，也是自 1998 年起，中国延续了 10 年的"国债投资拉动"的增长模式，相应的，在国际舆论上由 20 世纪 90 年代的"中国崩溃论"转为"中国威胁论"，直至 2008 年全球金融危机。

亚洲金融危机之后，出口需求每年拉动中国经济增长超过 3 个百分点，这对于一个后发国家来说，意义重大。这个重要性还可以从中国的要素禀赋结构变化中推出。世纪之交的十多年时间里，中国的资源要素禀赋已发生了深刻的结构变化[③]，就劳动力要素而言，20 世纪 80 年代数以亿计的农村剩余劳动力被制度改革释放出来，90 年代的国企改革中又形成约 3000 万名规模的下岗职工，90 年代起刚好赶上中国的人口高峰期，所以每年新增劳动年龄人口约 1000 万，这给中国的经济发展带来巨大的压力，"保增长"成了政府乃至全民熟悉的一套话语体系，如果 GDP 增长率低于 7%，带动新增就业人数就会少于 800 万，那么就业压力与新增岗位之间的矛盾就会很危险，即使谁都知道工业化后期对应着"结构调整"。

在 1998～2008 年这段时间里面：一方面，中国为拉动内需进行了大规模的国债投资，且主要用于基础设施建设上面；另一方面，随着世

---

① 温铁军等：《八次危机：中国的真实经验 1949—2009》，东方出版社，2013，第 174 页。
② 马洪、陆百甫：《中国宏观经济政策报告》，中国财政经济出版社，1999。
③ 林毅夫：《我国通货紧缩的成因与对策》，北大中国经济研究中心简报，1999。

界宏观经济的恢复和发达国家主导的国际产业重新布局①，相对于一般的发展中国家，中国成为吸收外商投资规模最大的国家，在全球性产业和价值链转移与调整的背景下，国内货币不断贬值、政府不遗余力地招商引资。在实体经济层面，中国参与国际贸易的动力由国内产能过剩转变为外部需求增加；在金融体系上，中国加入了以美国为核心的金融资本主导的"国际经济新循环"。2003年之后，与国际宏观经济的景气密切相关，中国保持着高速的经济步调，直到2007年都保持着两位数的高经济增长率，其中2007年经济增长率为13%。中国积极参与经济贸易全球化，然而国内的结构性矛盾却没有得到有效缓和，甚至出现劳动力、产能和资本、金融资本三大领域的过剩状态。伴随着"三大过剩"的日益加剧，拉动经济的"三驾马车"也出现了比例失调：内需自20世纪90年代以来长期低迷不振，制造业产业更多地流向海外市场累计成庞大的贸易顺差，经济增长在一些时期过于依赖投资和出口贸易，导致需求侧各因素之间极不协调，这种增长也不具备长远的持续性。

2008年，在次级抵押贷款市场危机加剧的形势下，美国第四大投行"雷曼兄弟"申请破产保护，最大的住房抵押贷款机构"房地美"和"房利美"在应急条件下被"国有化"，由华尔街金融海啸引发的经济危机向全球蔓延。中国也遭到了严重的损失，包括出口数量的急速下降、国际投资亏损、经济增速下滑、失业问题严重，出口对GDP的拉动由2007年的2.6%下降到2008年的0.8%、国际资本涌入导致输入型通胀，2008年CPI最高达到8.7%，GDP增长速度降到9%等。值得

---

① 20~21世纪发生了三次主要的国际产业转移：20世纪中期美苏两个超级大国为巩固地缘政治格局双双展开的雁阵式产业输出，美国主要输至西欧和日本，苏联输向东欧和中国；20世纪60年代发生的产业转移，是制造业资本溢出效应提高了要素价格，发达国家将劳动密集型产业转移至发展中国家，而自己致力于技术密集型产业的过程，"亚洲四小龙"接受了来自日本的产业转移，推行出口导向战略，获得发展；20世纪和21世纪之交，在东欧剧变等历史事件的影响下，世界进入后冷战、单极化、金融主导全球化的新时代，这轮产业转移是以核心国家主导的产业资本在全球重新布局，发达国家研发部门留在本国，生产部门靠近发展中国家市场，而发展中国家以市场换资本、技术的双向选择过程，随着国际经济形势的好转加速了资本化泡沫的扩张。

庆幸的是，中央政府在危机前后的几年时间里对"三农"领域的大量投资①，恰恰为失衡的中国经济铺就了一条减缓经济震荡的缓冲带，支农投入在客观上使得"三农"领域吸纳了国民经济中部分过剩资本和产能，而这在全球金融危机之前是依靠对外出口来实现的②。危机爆发后，中央政府利用财政投资带动内需增长，这是自凯恩斯革命以来各国政府应对经济危机的普遍做法，单就中国而言，与前面数次政府应对风险时的不同之处是，这次是财政支出的投放领域。大家知道，亚洲金融危机出现时政府增发的国债投资主要用于基础设施建设，而2008年金融危机政府投资1200亿元资金，其中用在保障性安居工程上的达100亿元、农民民生工程和农村基础设施建设340亿元、机场和道路等重大基础设施建设250亿元、科教文卫等社会事业发展130亿元、节能减排和生态建设120亿元、自主创新和产业结构调整60亿元，大部分用于民生工程，且1/3是涉农投资，仅仅有250亿元用于重大基础设施建设。这些措施既提升了内需，又拉动了国内过剩的金融资本投资，还容纳了大批外向型企业倒闭时失业的民工，对中国应对国际金融危机和经济危机发挥了重要作用。

第五节　中国经济的演进特征

一　经济高速增长及其波动概述

1978年改革开放之后，中国经济实现了持续高速增长。按照国家

---

① 2003年，支持"三农"、农村税费改革、筹建新型农村合作医疗体系；2004年，提出5年内取消农业税并推出三项补贴；2005年，部分省份取消农业税；2006年，全面取消农业税，推出农业综合补贴，免除西部农村义务教育学杂费，允许发展小型农村金融试点；2007年，实现全国农村义务教育免费，全面推进新农合、农村低保，颁布实施农民专业合作社法；2008年，加大农业补贴力度，提高新农合参保率，全部免除学杂费，"三农"预算安排增加1307亿元；2009年，实行新型社会养老保险，大力发展农村中职教育，扩大农村金融保险试点范围，对农民实行购置家电大幅补贴等。

② 2008年8月到2009年12月，不到一年半的时间里，中央政府连续7次发文调高相关商品出口退税率，试图弱化危机背景下国际市场需求萎缩导致的出口锐减趋势。

统计局公布的数据测算，1994 年我国经济总量名义增长率达到 36.4%，实际增长率在 1984 年和 2007 年也都超过了 17%（见表 6-4）。

表 6-4　1979～2013 年中国经济名义增长率和实际增长率

单位：%

年份	名义增长率	实际增长率	年份	名义增长率	实际增长率
1979	11.44	9.36	1997	10.98	7.96
1980	11.90	4.13	1998	6.87	7.72
1981	7.61	5.02	1999	6.25	7.77
1982	8.88	6.79	2000	10.63	10.17
1983	12.05	9.84	2001	10.52	9.76
1984	20.93	17.70	2002	9.73	10.62
1985	25.10	14.41	2003	12.86	11.52
1986	14.04	7.09	2004	17.68	13.27
1987	17.40	9.40	2005	15.67	13.62
1988	24.78	5.07	2006	17.09	15.35
1989	13.17	-4.08	2007	23.14	17.50
1990	9.85	6.55	2008	18.18	11.60
1991	16.62	12.77	2009	9.12	9.89
1992	23.62	16.20	2010	18.31	14.53
1993	31.24	14.42	2011	18.40	12.34
1994	36.41	9.89	2012	10.33	7.53
1995	26.15	7.74	2013	10.09	7.30
1996	17.08	8.10			

资料来源：国家统计局，《经济统计年鉴》，经由笔者计算处理得到。

当然，在此期间，中国经济也经历过波动，如 1989 年中国实际经济增长率为 -4%，1980 年、1986 年、1989 年、1998 年、2009 年等年份的经济增速滑落至局部最低点。同样，按照这种视角去观察，在过去的 30 多年时间里，中国经济增长速度大约经历了 6 次比较明显的峰谷交替。

二　"三驾马车"——经济增长驱动力的结构变化

"三驾马车"原意是指三匹马拉一辆车。中国古代以拉车的马匹的多少来区分地位，所谓"三驾马车"，不是说三匹马拉的车，而是说三匹马一组一辕，分前、中、后三组来拉的车。现已产生许多引申含义，如国民经济"三驾马车"。在经济学研究中，经常把投资、消费、净出口比喻为拉动经济增长（GDP 增加）的"三驾马车"，这似乎是对经济增长原理较为生动形象的表述。①任何经济的根本目的都是消费，消费增长方向应该是任何经济增长的主导力量。②投资在现代经济学中又被称为"派生需求"，即它是因为消费的需求而派生出来的。投资的直接目的是增加未来的供给能力，是为未来消费需求服务的。另外，投资需求又会形成自我需求，即大多数投资需求会形成对其他生产的需求。如铁路投资需求形成对钢材及机械设备的投资需求，这些又形成对其他的投资需求。正是这样长链条的存在，使得生产对生产信号的反应发生严重滞后效应，任何消费增长的前提都是以前期投资为保证的。③出口不应作为经济生产的目的，出口的目的是进口。如果有人生产的东西总是供给他人使用，自己丝毫不从外部购进，即使他赚了巨额货币财富，也是废纸一堆。作为商人可以这样，他只管是否赚到钱，只要有钱，在哪里消费对他都一样。但是，对于一个国家，它必须把赚到的外汇变成实物购进国内才是理性的贸易观。消费和投资的产品中都可以有进口产品，而且正是为了这些进口才积极推动出口。如果只进不出，一般情况下必然就只能依靠外债。

再来看我国经济自 1978 年来经济增长拉动力的结构变化：1978年，消费和投资对经济增长起到了几乎是平分秋色的重要作用，它们对经济增长率的贡献约各占 50%，此时净出口几乎没有起到任何作用；在 1978~2013 年这段时间里面，投资一直是经济增长最重要的驱动力，贡献率大约为 50%，尽管其拉动幅度有升有降，但相比其余两股力量，还比较稳定；同期，消费对经济增长的贡献则表现出大起大落的趋势，对经济增长的贡献率平均为 35% 左右，相对于我们之前关于消费应该是经济增长主导推动力的分析和判断，略显疲软乏力；净出口对经济增长的贡献则随着改革开放的逐步推进慢慢提升，平均而言达到 15% 的贡献率，而且比较明显的是两次严重下滑发生在 1997 年亚洲金融危机和 2008 年世界金融危机时期，这也说明随着开放程度的加深，我国经济增长对外部经济的依赖程度明显加强。非常有意思的是，到 2013 年，这"三驾马车"对经济增长的贡献又回到 1978 年改革开放起始点的状态，并且值得注意的是，消费的拉动作用明显得到了加强，特别是在 2008 年世界金融危机之后，在一定程度上体现了我国政府主导的经济结构调整的初步效果。

随着改革开放的逐步推进，我国经济增长对外部经济的依赖程度明显加强，如上所述，我们看到，1997 年和 2008 年的两次金融危机对中国经济影响巨大。另外，很长一段时间以来，中美贸易逆差问题引起了国内外的广泛关注。所以接下来，我们粗略地考察了一下中国和美国之间的贸易问题。如图 6-4 所示，1998~2013 年，我国对外出口的商品和服务中，对美出口占到比较大的比例，其中 1998~2005 年，大约占 21%，尽管此后存在明显的下降趋势，但是在 2006~2013 年，这个比例仍然平均高达 18% 左右。在世界经济贸易格局中，中国和美国这两个世界上最大的经济体之间，联系非常密切。

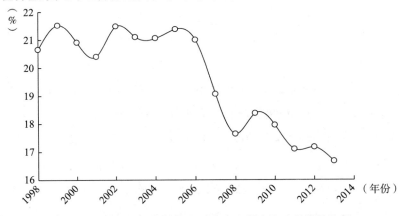

图 6-4　1998~2013 年中国对美出口额占出口总额的比例

非常值得注意的是，这段时间里面，美国的经济结构也是出现了很鲜明的新特征。

首先，看美国进口额占 GDP 的比例。如果除去 2008 年金融危机的干扰，自 1998 年之后，美国进口额占 GDP 的比例有直线上升的趋势，从 1998 年的 12% 上升到 2008 年金融危机前的 17.5% 左右（见图 6-5）。

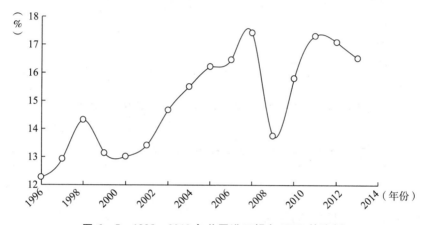

图 6-5　1998~2013 年美国进口额占 GDP 的比例

其次，看美国的净出口数据。根据世界银行数据统计，1982 年之后，美国经济就一直处于贸易逆差状态，而且贸易逆差从 1982~1997 年的 2000 亿美元以下不断恶化，到 2006 年达到最高贸易逆差水平，超过 8000 亿美元（见图 6-6）。此后发生的金融危机对这一趋势有所抑制，但是其贸易逆差仍然停留在 6000 亿美元的高位水平。

众所周知，中国是贸易逆差的代表国家。数据显示，在这段时间，中国的贸易顺差走势与美国的贸易逆差走势十分接近，当然绝对数量上有所区别。这说明，不仅仅是中国，整个世界的经济都深受美国贸易逆差的影响，世界范围内很多国家的贸易顺差刚好填补了美国贸易逆差留下的大窟窿。显然，这不是短时间的贸易失衡，而是自 1982 年之后，长达 30 多年的结构性不平衡问题。经本书测算，美国这些年的贸易逆差填补工作平均有 20% 是由中国来完成的，不得不值得我们思考。

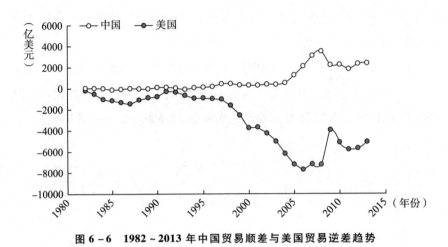

图 6 - 6   1982 ~ 2013 年中国贸易顺差与美国贸易逆差趋势

三　三次产业——中国经济结构的变化

产业结构，亦称国民经济的部门结构，指国民经济各产业部门之间以及各产业部门内部的构成。社会生产的产业结构或部门结构是在一般分工和特殊分工的基础上产生和发展起来的。马克思主义经济学认为，研究产业结构，主要是研究生产资料和生活资料两大部类之间的关系；从部门来看，主要是研究农业、轻工业、重工业、建筑业、商业服务业等部门之间的关系，以及各产业部门的内部关系。产业结构升级，也称产业结构高级化，指一国经济发展重点或产业结构重心由第一产业向第二产业和第三产业逐次转移的过程，标志着一国经济发展水平和发展阶段、发展方向。产业结构升级过程往往反映在各产业部门之间产值、就业人员、国民收入比例变动上。

我国的三次产业划分是：第一产业是农业（包括种植业、林业、牧业和渔业）；第二产业是工业（包括采掘业，制造业，电力、煤气、水的生产和供应业）和建筑业，产业革命往往是制造业的革命引发的一场导致三大产业全面变革；第三产业是除第一、第二产业以外的其他产业。根据我国的实际情况，第三产业可分为两大部分，一是流通部门，二是服务部门。具体可分为四个层次：第一层次是流通部门（物流业），包括交通运输、仓储及邮电通信业，批发和零售贸易、餐饮业；第二层次为生产和生活服务的部门，包括金融、保险业，地质勘查业，水利管理业，房地产业，社会服务业，农、林、牧、渔服务业，交通运输辅助业，综合技术服务业等；第三层次为提高科学文化水平和居民素质服务的部门，包括教育、文化艺术及广播电影电视业，卫生、体育和社会福利业，科学研究业等；第四层次为社会公共需要服务的部门，包括国家机关、政党机关和社会团体以及军队、警察等。

回顾中华人民共和国成立的演进过程，中国的产业结构变化大致可以分为三个阶段。第一个阶段是 20 世纪 50 年代初期到 70 年代初期，第一产业基本占有第一大产业的重要地位，中国明显处于农业经济阶段，工业和服务业尚停留在初级发展水平上[①]。第二个阶段是 70 年代初期到 80 年代中期，随着第二产业所占比例超过第一产业（如 1978 年我国经济中第二产业的比例为 47.6%，远远超过第一产业的 27.9%），中国进入了工业化初期阶段，第一产业所占比例仍然超过第三产业（1978 年两者占 GDP 的比例分别为 27.9% 和 24.5%），在国民经济中的地位相对稳定，大约维持在 30%（见表 6－5）。第三个阶段是 80 年代中期以后，第二产业的地位持续得到巩固和加强，第三产业比例超过第一产业（发生在 1985 年），并迅速上升，第一产业增加值在 GDP 中的比例出现直线下降，与第二产业和第三产业的差距持续扩大。这一阶段，虽然并没有改变以第二产业为主的产业结构特征，但第三产业增长对经济增长的贡献率明显上升，接近甚至超过第二产业成为经济增长的主要拉动因素之一。

表 6－5　1978～2014 年中国的三次产业占 GDP 的比例

单位:%

年份	第一产业	第二产业	第三产业	年份	第一产业	第二产业	第三产业
1978	27.9	47.6	24.5	1979	30.9	46.8	22.3

---

① 赵晋平：《2010—2030 年中国产业结构变动趋势分析与展望》，http://www.esri.go.jp/jp/prj/int_prj/2010/prj2010_03_04.pdf。

续表

年份	第一产业	第二产业	第三产业	年份	第一产业	第二产业	第三产业
1980	29.9	47.9	22.2	1998	17.2	45.7	37.1
1981	31.6	45.8	22.6	1999	16.1	45.3	38.6
1982	33	44.5	22.5	2000	14.7	45.4	39.8
1983	32.8	44.1	23.1	2001	14.1	44.7	41.3
1984	31.8	42.8	25.5	2002	13.4	44.3	42.3
1985	28.1	42.6	29.3	2003	12.4	45.5	42.1
1986	26.8	43.4	29.8	2004	13	45.8	41.2
1987	26.5	43.2	30.3	2005	11.7	46.9	41.4
1988	25.4	43.4	31.2	2006	10.7	47.4	41.9
1989	24.7	42.4	32.9	2007	10.4	46.7	42.9
1990	26.7	40.9	32.4	2008	10.3	46.8	42.9
1991	24.2	41.4	34.5	2009	9.9	45.7	44.4
1992	21.4	43	35.6	2010	9.6	46.2	44.2
1993	19.4	46.1	34.5	2011	9.5	46.1	44.3
1994	19.5	46.1	34.4	2012	9.5	45	45.5
1995	19.7	46.7	33.7	2013	9.4	43.7	46.9
1996	19.4	47	33.6	2014	9.2	42.6	48.2
1997	18	47	35				

资料来源：国家统计局（年度数据库）。

接着来看三次产业对经济增长的贡献率（见图 6－7）：1978～2013年，第一产业对经济增长的贡献率总体上不如第二、第三产业，除了20 世纪 80 年代初和 80 年代末两次经济衰退时期贡献率达到 40% 以上之外，90 年代之后第一产业对经济增长的贡献率几乎维持在 10% 以下；第二产业一直是经济增长的重头戏，在改革开放之初的 1980 年甚至接近 85%，此后尽管有所缓和，但对经济增长的贡献率平均在 50% 左右，另外一个比较明显的特征是在两个经济衰退初期第二产业对经济增长的贡献率明显不足；第三产业对经济增长的贡献率居中，平均而言维持在40% 左右的水平上，并在考察时间范围的后期有微弱的上扬趋势。

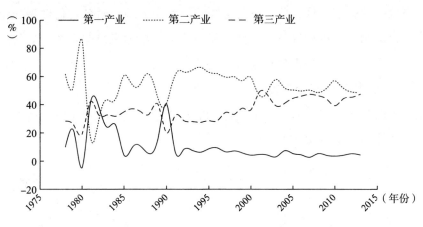

图6-7　1978～2013年三次产业对经济增长的贡献率

从理论上讲，判别工业化进程不同阶段的依据主要有三个①。一是三次产业结构的变化。当第一产业比例下降到20%以下，并且工业的比例高于服务业，这时进入了工业化中级阶段，当农业比例降低到10%左右，工业比例上升到最高水平，工业化进入高级阶段。二是三次产业的劳动力分布。在工业化初级、中级、高级三个阶段，第一产业劳动力占全社会劳动力的比例大体为80%、50%和20%以下。三是城镇化水平，在工业化初级、中级和高级三个阶段，城镇人口占全部人口的比例大体上为30%、60%和70%以上。如果按照第一个标准，我国在1993年已经进入工业化中级阶段，2009年进入工业化高级阶段，但是如果按照后面两个标准，我国的工业化距离高级阶段似乎还有相当长一段路要走，无论是控制和调节第一产业就业人口的比例，还是推进城镇化水平，都尚存很大空间。

四　经济增长与波动：基于代表性省份的分析

本部分主要是针对1995～2014年全国及各省份经济增长的趋势和波动进行HP滤波分解，分别得到它们的趋势和波动数据。然后计算相

---

① 国际上经济学家在对几十个国家开展实证研究的基础上，得出的经验性判断依据。

关系数并检验显著性，分别就趋势和波动两个方面，对各省份数据与全国指标的相关性进行排序。该部分使用的省际数据来自国家统计局的地区数据库，全国数据来自国家统计局的年度数据库。

（一）代表性省份确定

下面是我们根据 HP 滤波方法，得到的 1995～2014 年中国经济增长趋势和波动分解（见图 6-8）。

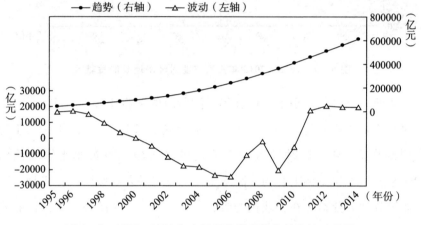

图 6-8　1995～2014 年中国经济增长的趋势和波动分解

由图 6-8 看出，1995～2014 年，中国经济增长趋势平稳，从不到 20 万亿元逐渐提高到 60 万亿元水平，而且 2004 年以后，趋势线的斜率出现了明显的增大。在此期间，我国的经济波动维持在 4 万亿元左右的水平上（-2.5 万亿元至 1.5 万亿元）。1995～2006 年，经济下行波动的特征很强，2006～2014 年，出现了经济向上波动的局面，中间受到 2008 年世界金融危机及随后的全球经济危机影响，2010 年开始恢复经济向上波动的特征。

按照同样的方法，我们可以把全国各省份的经济增长数据分解成趋势成分和波动成分，然后将这些成分与全国的对应指标进行比对，求出相关系数并检验显著性。中国幅员辽阔，各省份经济发展水平参差不齐，如果使用全国指标难免会"平均掉"一些比较有价值的信息，特别是对于中国处于何种发展水平的判断。本书的想法是，分别通过全国

与各省份（趋势成分和波动成分）相关性分析，我们找出哪些省份对
于研究中国经济增长和判断中国经济发展水平具有较高的代表性（见表
6－6）。

在得到相关性及其排序之后，我们按照前10位、中间10位和后11
位的组别，如表6－6所示，对趋势和波动相关程度顺序进行比对发现：
江苏、广西、河南、北京、江西、青海、四川、湖南、吉林和山东10
个省份的经济增长波动与全国水平相关程度较高，江苏、河南、甘肃、
西藏、山东、黑龙江、辽宁、吉林、福建、新疆10个省份的经济增长
趋势成分与全国水平的相关程度较高，其中江苏、河南、山东和吉林4
个省份同时出现在趋势和波动相关程度较高组别中；海南、河北、内蒙
古、重庆、上海、新疆、云南、黑龙江、山西、贵州和西藏11个省份
的经济增长波动与全国水平相关程度较低，安徽、海南、云南、广东、
湖南、北京、陕西、湖北、重庆、贵州和上海11个省份的经济增长趋
势成分与全国水平的相关程度最低，其中上海、海南、云南、重庆和贵
州5个省份同时出现在趋势和波动相关程度较低组别中。

表6－6 1995～2014年中国各省份经济增长波动及趋势与全国的相关程度

	波动				趋势		
序号	省份	相关系数	t值	显著性	序号	省份	相关系数	t值	显著性
1	江苏	0.975124	18.664	***	1	江苏	0.999989	911.44	***
2	广西	0.972347	17.66427	***	2	河南	0.999938	382.3196	***
3	河南	0.964855	15.57774	***	3	甘肃	0.99984	237.1482	***
4	北京	0.959595	14.46857	***	4	西藏	0.999811	218.1448	***
5	江西	0.953805	13.46968	***	5	山东	0.999793	208.7314	***
6	青海	0.952398	13.25437	***	6	黑龙江	0.999791	207.5021	***
7	四川	0.951613	13.13816	***	7	辽宁	0.999731	182.9765	***
8	湖南	0.950795	13.02003	* * *	8	吉林	0.999726	181.2796	***
9	吉林	0.95039	12.96257	***	9	福建	0.999725	180.925	***
10	山东	0.945109	12.27145	***	10	新疆	0.999698	172.4532	***
11	福建	0.944397	12.18567	***	11	内蒙古	0.999602	150.2853	***

续表

	波动				趋势			
序号	省份	相关系数	t 值	显著性	序号	省份	相关系数	t 值	显著性
12	陕西	0.942969	12.01832	＊＊＊	12	河北	0.99959	148.128	＊＊＊
13	广东	0.936551	11.3355	＊＊＊	13	江西	0.999569	144.4149	＊＊＊
14	辽宁	0.934405	11.12913	＊＊＊	14	山西	0.999446	127.3893	＊＊＊
15	宁夏	0.932704	10.97246	＊＊＊	15	天津	0.999377	120.1367	＊＊＊
16	甘肃	0.929494	10.6917	＊＊＊	16	四川	0.999309	114.0506	＊＊＊
17	湖北	0.92777	10.54851	＊＊＊	17	青海	0.999165	103.7823	＊＊＊
18	天津	0.927709	10.54347	＊＊＊	18	浙江	0.999138	102.1136	＊＊＊
19	浙江	0.913673	9.537151	＊＊＊	19	广西	0.999072	98.4369	＊＊＊
20	安徽	0.911596	9.408148	＊＊＊	20	宁夏	0.999059	97.71434	＊＊＊
21	海南	0.896204	8.570589	＊＊＊	21	安徽	0.998992	94.41889	＊＊＊
22	河北	0.887989	8.192462	＊＊＊	22	海南	0.998969	93.356	＊＊＊
23	内蒙古	0.882455	7.959108	＊＊＊	23	云南	0.998967	93.2785	＊＊＊
24	重庆	0.880192	7.868113	＊＊＊	24	广东	0.99896	92.97478	＊＊＊
25	上海	0.872211	7.565414	＊＊＊	25	湖南	0.998919	91.16971	＊＊＊
26	新疆	0.868737	7.441827	＊＊＊	26	北京	0.998726	83.98279	＊＊＊
27	云南	0.863544	7.265314	＊＊＊	27	陕西	0.99872	83.77384	＊＊＊
28	黑龙江	0.809324	5.845923	＊＊＊	28	湖北	0.998689	82.77242	＊＊＊
29	山西	0.778618	5.264383	＊＊＊	29	重庆	0.998417	75.31492	＊＊＊
30	贵州	0.744101	4.725497	＊＊＊	30	贵州	0.997418	58.92549	＊＊＊
31	西藏	0.717791	4.373851	＊＊＊	31	上海	0.996099	47.88982	＊＊＊

注：依据相关系数临界值表，$n = 19$；$r_{critical} = 0.0389$（＊）、0.456（＊＊）、0.575（＊＊＊），分别对应 10%、5%、1% 的显著水平。

（二）代表性省份在省际收入分布中位置的动态变化

当今的中国，是世界第二大经济体，经济规模的确非常庞大，各省份的经济总量也超过了很多国家的经济总量，中国各省份的经济增长本身就可以看成世界经济增长领域不可忽视的一些样本。这样的话，按照经济增长收敛与分化的视角，将上面代表性最强省份在 31 个省份经济增长分布曲线所处位置的动态变化找出来，不但对我们研究这些省份的经济增长，而且对于研究整个国家的经济增长都具有较好的参考价值。

如图 6 - 9 所示，1995～2014 年省际人均 GDP 核密度分布与代表省份所在区域有以下几个特征。①我国各省份的人均 GDP 不断上升。均值从 4000 元上升到接近 40000 元人民币的水平（因为本部分主要考察分布情况，没有考虑通货膨胀因素），名义人均收入上升了 10 倍左右。②省际人均收入水平分化趋势比较明显。1995 年，大部分省份的人均 GDP 水平集中分布在中等水平及其以下，只有少数几个省份处于高收入水平上，如北京、上海等；随着时间的变化，高收入省份的比例有所增长，但是总体上讲存在两极分化的趋势，特别是到了 2010 年，各省份人均收入核密度分布曲线"双峰"特征显著。③1995～2014 年，我们关注的河南、吉林、山东、江苏 4 个省份的人均收入水平有向更高收

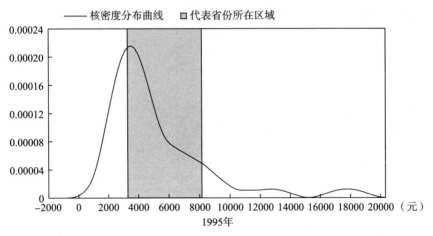

1995年

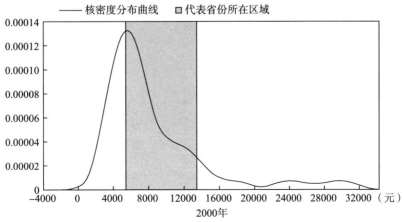

2000年

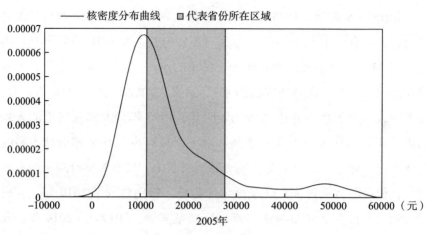

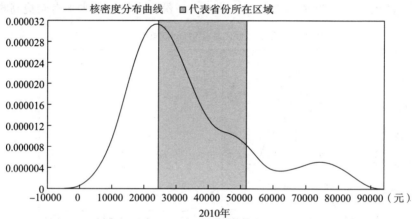

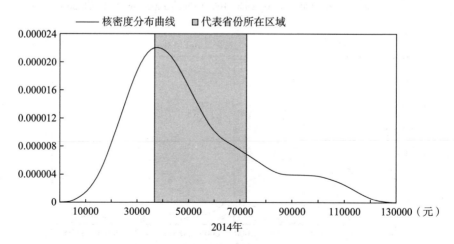

图 6 - 9 省际人均 GDP 核密度分布与代表省份所在区域

入阶段"水平移动"的趋势，但是直到 2014 年没有移动至高收入水平，大约停留在中高收入水平上。

第六节　经济新常态与中等收入陷阱风险

一　经济新常态的判断

如前所述，经济新常态最早由埃里安提出，主要说明 2008 年金融危机前、后世界经济、金融、贸易等领域所体现的不同态势。2014 年 5 月，习近平总书记在河南兰考考察时提到新常态："我国发展仍处于重要战略机遇期，我们要增强信心，从当前我国经济发展的阶段性特征出发，适应新常态，保持战略上的平常心态"。同年 12 月，在北京召开的中央经济工作会议首次阐述了经济新常态的九大特征：模仿型排浪式消费基本结束，产品个性化、多样化、创新化和产品质量安全化成为释放消费潜力的主要力量；传统产业投资接近饱和，基础设施互联互通和科技创新投资涌现，这对投融资方式提出新要求；全球需求不振，要素成本优势衰减，必须加紧科技创新、培育新的比较优势；传统产业供过于求问题凸显，产业结构优化升级势在必行；人口老龄化和人口红利变薄导致劳动成本优势和要素规模驱动力减弱，急需转变向人力资本和科技进步驱动转变；市场竞争应该从数量与价格竞争向质量与差异化竞争转变；环境承载能力接近上限，应推动绿色低碳经济发展模式；以高杠杆和泡沫为主要特征的经济风险急需化解；重视政府在经济发展中的作用，特别是危机背景下政府的作用不应被忽视，同时应当约束政府行为，充分利用市场机制的优点。

经济新常态蕴含在经济理论的逻辑结构之中。在一般均衡理论里面，均衡得以实现的重要前提之一是"负反馈机制"，具体到增长理论中，就意味着一个经济体的增长发展过程中，有一种力量将其增长速度拉下来，这种力量的作用机制就是负反馈机制，如果没有这样的机制，该经济体会按照爆炸式的增长路径发展下去，到目前为止这种增长路径还没有出现在现实中。从历史的视角来考察，不曾有哪一个经济体能够长期或者永远维持爆炸式的经济增长，即使工业革命后飞速发展的英国、第二次工业革命后腾飞的美国、创造经济增长奇迹的东亚代表经济体，尽管都曾有过持续的高速增长，但最终增长速度降下来了。除了人类社会，就是在自然界中，负反馈机制也是随处可见的，这是万物得以持续存在的必要条件之一。所以说，创造了经济增长奇迹的中国经济增速放缓、进入新常态，并不是一件意外的事，更不是一件不能容忍的事。

国务院发展研究中心在借鉴工业化国家经济增长的历史经验与规律的基础上，对我国经济增长的历史进程与前景进行了分析，基于用电量、汽车保有量、钢铁累计产量以及省际相关数据指标测算，中国在2013~2017年经济增长率要下一个台阶①。从某种意义上说，经济新常态与本书主题联系最紧密的特征就是经济增速放缓（还有产业结构调整升级），结合本书第四章所做的分析，刚好可以借助逻辑斯蒂曲线特征来说明经济新常态所处的位置。如果将中国经济增长过程分为初始期、加速期、转折期、减速期和饱和期，那么经济新常态就是出现在经济增长减速期的一种现象（见图6-10），经济增长减速就是经济新常态的主要特征之一。更进一步，我们将经济增长或者人均收入水平时间序列分解为趋势和波动两个成分的话，则会发现，所谓"五个特征时期"是与趋势成分息息相关的，因为经济波动成分是随机的，尽管有些波动可能会表现出周期性特征，但是长期来看满足均值为0，特别是利用HP滤波分解出的波动成分。所以，更加具体的说，经济新常态是一国经济增长趋势成分处于减速期的经济状态。

其实，从趋势成分上看（参照本书第四章的趋势成分拟合数据），中国经济不会落入中等收入陷阱，因为人均收入增长速度在进入饱和期

① 刘世锦：《陷阱还是高墙？中国经济面临的真实挑战和战略选择》，中信出版社，2011，第179页。

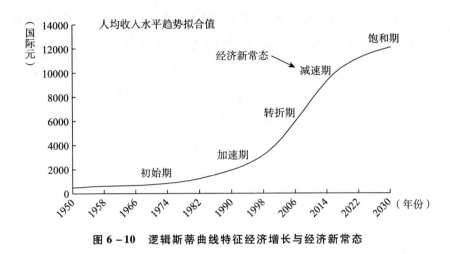

图 6 – 10　逻辑斯蒂曲线特征经济增长与经济新常态

以前，中国的人均收入水平已经超过了高收入国家阈值（11750 国际元）。但是从波动成分上看，中国经济还存在跌入陷阱的风险，我们在中等收入陷阱测度章节利用麦迪逊经济统计数据，通过反事实情景模拟，已经比较和分析过这种风险和可能性。依据这样的线索，这里的主要任务是找寻引起中国经济波动的主要原因，这样就相当于间接找到落入陷阱的风险来源。同时，这也是对本书第三章资本主义世界体系视角下发展中国家中等收入陷阱理论模型的检验和应用。

二　中国经济落入陷阱的可能性和风险来源

（一）何谓落入陷阱的可能性

中华人民共和国成立之后的半个多世纪里，中国先后经历了四次对外开放，不难发现对外开放从来就是一把双刃剑：在资本短缺时期可以成为推动经济增长和发展的重要工具；同时加剧国家对外负债和导致国内经济陷入两难困境。伴随着对外开放程度的逐步加深，中国经济获得了飞速的增长和发展（由趋势成分的形状也可以知道），同时不得不注意的是，经济波动也越来越频繁，波动幅度越来越大。在一开始接触中等收入陷阱概念的时候，经常遇到的困惑就是，拉美国家从资本、劳动力、技术等角度来讲，这些要素在跌入陷阱前后并没有发生翻天覆地的变化，何以经济与人均收入的增长差异悬殊甚至增长趋势会掉头转向呢？在本书分解增长趋势与波动成分的视野下，掌握了增速下滑的逻辑斯蒂曲线特征：一方面，任何要素的边际生产力都存在递减的趋势；另一方面，负反馈机制也将使得增速降下来。但是这些都不是经济体落入中等收入陷阱的主要原因。特别是对于中国来说，尽管伴随着趋势性的增速转折，如果仅从趋势上看，中国经济不会跌入中等收入陷阱，但通过上述反事实模拟则发现，掉入陷阱的风险却主要来自经济波动。图6-11是通过 HP 滤波分解的1950～2010年中国人均收入增长的波动成分。

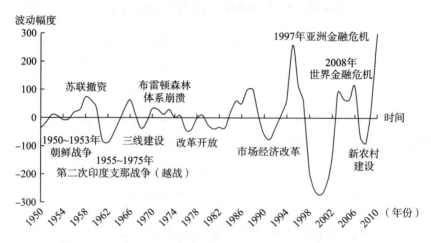

图 6-11　1950～2010 年中国人均 GDP（国际元）波动成分

由图6-11可见，改革开放前后，中国经济波动的幅度发生了明显的变化，前后相差数倍之多。另外，也可以看出，改革开放之前的经济波动，除了20世纪50～60年代之交苏联撤走专家援助之外，基本上是在资本短缺的大背景下进行资本积累所产生的矛盾导致的。而改革开放之后的几次经济波动，包括两次比较大的波动，都带有外部输入型的特征，如1997年亚洲金融危机和2008年世界金融危机波及中国经济，特别是20世纪90年代以来，我国企业的固定资产投资的资金来源中国内贷款的所占比例呈逐渐下降的态势，企业面临的融资约束压力越来越大，受国际大环境影响的程度越来越深，波动也会随之越发剧烈[①]。世界经济从 20 世纪 80 年代开始，自由化和全球化风潮日盛，经济重心由实体经济向虚拟经济部分过渡，尤其是各类金融资本市场中的风险及不确定性迅猛发展成为影响宏观经济稳定的主要因素，如 20 世纪 80～90 年代之交日本金融泡沫、1997 年亚洲金融危机、2008 年世界金融危机乃至 2019 年 6 月以来国内 A 股市场的大起大落，都表明资本市场波动是导致宏观经济失控的幕后推手。另外，改革开放以来，尤其是 1996 年经常项目可自由兑换之后，中国的外贸依存度高达 70% 左右，外汇储备规模曾一度位居世界首位，外部冲击通过国际贸易体系和国际金融市场传导机制，影响我国宏观经济稳定[②]。还有一些学者研究了中国经济波动平缓化的态势，如张立群[③]、胡乃武等[④]。支持波动平缓化的学者主要是将经济增长率的波动作为考核指标，本书认为这样处理有不妥之处，因为经济增长中的趋势成分会掩盖波动成分的幅度，如果考察经济波动，应该滤掉经济增长中的趋势因素，正如本书前面处理的那样，实际上就不难看出，1950～2010 年，经济波动没有表现出平缓化的态势，相反倒是有幅度越来越大的态势，尤其在 1997 年亚洲金融危机、2008 年世界金融危机的冲击下经济波动幅度不是收窄而是放大（见图 6－11）；当然，更大的因素还在于，市场化改革推进下国内经济的结构性矛盾不断累积和国际上资本主义世界体系各种矛盾尖锐化的释放冲击，都可能致使一定阶段上经济的剧烈波动。在此情况下，如果政府的宏观调控及其经济政策体系不健全完善、不得力有效的话，如果内外矛盾的夹击得不到应对缓解，经济波动没有平滑机制使其熨平的话，中国

① 王国静、田国强：《金融冲击和中国经济波动》，《经济研究》2014 年第 3 期，第 20～34 页。
② 贾俊雪、郭庆旺：《经济开放、外部冲击与宏观经济稳定》，《中国人民大学学报》2006 年第 6 期，第 65～73 页。
③ 张立群：《总结宏观调控经验　延长经济发展稳定期》，《宏观经济管理》2006 年第 1 期，第 9～11 页。
④ 胡乃武、孙稳存：《中国经济波动的平缓化趋势分析》，《中国人民大学学报》2008 年第 1 期，第 43～48 页。

经济掉入陷阱也不是没有可能性。

（二）国内需求结构与我国中等收入陷阱风险

按照本书的思路，既然经济波动是影响中国能否跨越中等收入陷阱的关键因素，而且我们在第四章也通过反事实模拟分析了各种不确定性风险。为了研究经济波动风险的来源，本部分试图建立一个结构VAR模型来说明这个问题。下面具体分为两个步骤：一是从需求层面考察经济波动的可能原因，二是考察国内和国外因素对需求的影响程度。

令向量 $W_t = (cgpc_t, ccons_t, cinv_t)^T$，可以写出一般的 SVAR 方程：

$$W_t = \alpha + \beta_1 W_{t-1} + \cdots + \beta_p W_{t-p} + \varepsilon_t \tag{6-1}$$

其中 $cgpc_t, ccons_t, cinv_t$ 代表每一个时间点上人均 GDP、人均消费、人均投资的波动数据，这些波动数据都是通过 HP 滤波分解得到的。人均 GDP 数据来源于麦迪逊经济统计数据库；人均消费的数据来源于中国国家统计局年度数据库，消费是国内消费和国外消费两个部分之和，国外消费以净出口来衡量；人均投资的数据来源于国家统计局年度数据库，以人均社会固定资产投资来衡量。对于人均消费和人均投资，先用每一年的数据换算成以当年的美元表示的数据，然后按照美国的历年CPI 换算成 1990 年美元表示，这样做是为了和人均 GDP 在统计口径上尽量保持一致，因为按照麦迪逊的测算方法，1990 年 1 单位国际元大致上就等于 1 美元。限于篇幅和本书的研究主题，着重介绍对 $cgpc$ 的回归方程，即：

$$cgpc_t = c + \alpha_1 cgpc_{t-1} + \alpha_2 cgpc_{t-2} + \beta_1 ccons_{t-1} + \beta_2 ccons_{t-2} +$$
$$\gamma_1 cinv_{t-1} + \gamma_2 cinv_{t-2} + \varepsilon_t \tag{6-2}$$

通过 Eviews 软件，经过单位根检验、滞后期确定法则检验和方程回归，能够得到：

$$cgpc_t = -3.265 + 0.653 cgpc_{t-1} - 0.25 cgpc_{t-2} - 1.62 ccons_{t-1} - 0.44 ccons_{t-2} +$$
$$1.75 cinv_{t-1} - 1.01 cinv_{t-2} + \varepsilon_t \tag{6-3}$$

　　计量回归结果表明，各项回归系数基本上都是显著的，且 AR 根倒数全部都在单位圆内（见图 6 - 12），表明回归模型和结果还是比较稳定的。同时发现：消费的波动和投资的波动对人均 GDP 的波动有着显著的影响作用；消费和投资的影响作用方向不同，滞后 1 期和 2 期的消费波动和人均 GDP 的波动是反向的，滞后 1 期的投资波动与人均 GDP 的波动是同向的，滞后 2 期的投资波动对人均 GDP 的影响是负向的。总体上看，回归系数都表明消费波动和投资波动对人均 GDP 的波动有显著的影响。通过人均 GDP 波动对消费和投资波动的脉冲响应示意图（见图 6 - 13）可以看出，消费波动对 GPC（人均 GDP）波动的影响一开始为负，3 期之后短暂的正向作用之后又变为负向作用，且程度更深；投资对 GPC 波动的影响一开始为正，5 期之后开始变为负向的作用，这与中国长期以来对投资拉动经济增长的路径依赖比较吻合，也就是说短期看投资具有显著拉动增长的效应，但是在经济过剩的大环境下，这种拉动作用会慢慢消减直至形成更加严重的产能过剩问题。再一个，由消费与投资波动对人均 GDP 波动影响的方差分解（见图 6 - 14）可以看出，消费和投资波动对 GPC 波动的贡献率都在 20% 以上，最高的时候两者的贡献率之和达到 50% 左右，这符合我们之前的理论预期。

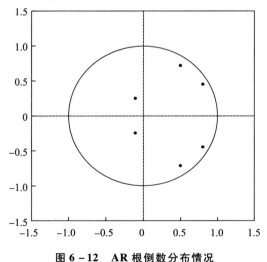

图 6 - 12　AR 根倒数分布情况

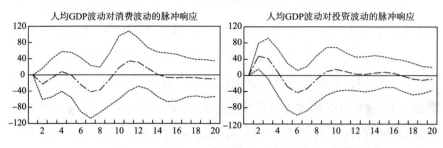

图 6 – 13　人均 GDP 波动对消费和投资波动的脉冲响应

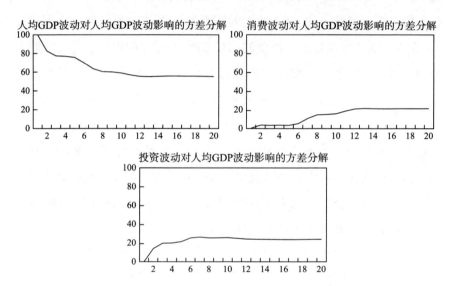

图 6 – 14　消费与投资波动对人均 GDP 波动影响的方差分解

（三）资本主义世界体系失衡与我国中等收入陷阱风险

许多研究成果已经表明，外部冲击是一国经济波动的重要诱因。但目前对中国经济波动的经验数据研究大多局限在国内因素的分析，本部分在结合资本主义世界体系背景和中国经济运行的实际状况的基础上，分析中国经济波动的外部诱因，并在本书的逻辑架构下给予解释。在理论部分，本书分析了资本主义世界体系的双重失衡特征，而在布雷顿森林体系崩溃之后，全球经济失衡的特征越来越明显，接下来就考察这种全球经济失衡对中国经济的影响。

目前测量全球经济失衡主要是从两个维度进行的。一是失衡规模指数。对于任何一个国家或经济体，贸易顺差或者逆差都是失衡的一种表现。本书借鉴 Blanchard 和 Ferretili 的相关研究[①]，采用样本国家经常账户顺差和逆差的绝对值之和占经济总量的比例来衡量全球经济失衡规模 $GIS_t = \dfrac{\sum |CA_{it}|}{\sum GDP_{it}}$，其中，$CA_{it}$ 和 GDP_{it} 是第 t 年第 i 个样本国家的经常账户余额和经济总量。二是失衡分散指数。本书对全球经济失衡分散程度的测度，主要借鉴产业组织理论中赫芬达尔－赫希曼指数及杨盼盼、徐建炜的相关工作[②]，全球失衡分散指数可表示为：$GID_t = \left\{ 1 \Big/ \sum \left[\dfrac{|CA_{it}|}{\sum |CA_{it}|} \right]^2 - 1 \right\} \Big/ (N - 1)$。

本书利用世界银行数据库，选取了世界上 107 个代表性国家在 1960 ~ 2013 年的进出口数据和经济总量数据，来测量全球经济失衡的两个维度指数。怎样检验我们选取的样本国家的代表性好不好呢？众所周知，理论上每一个时间点的世界范围内所有国家贸易余额之和原则上应该为 0；此外，还要依据样本国家 GDP 总量的大小因素，将样本国家贸易余额数值大小与 GDP 总量大小之间的相对比例作为衡量标准，对所选样本的代表性进行评估。

从表 6 - 7 可以发现，样本国家的贸易余额相对误差很小，大部分年份的误差都是在 1‰甚至更加微小的量级上。因此，我们选取的样本国家能够比较好地代表世界范围内的贸易情况。那么，下面就可以按照两类失衡指数的计算公式来测算全球经济失衡程度（见表 6 - 8）。

---

① Blanchard O. , Milesi - Ferretti G. M. , "（Why）Should Current Account Balances Be Reduced?" *China's Foreign Trade* , 2011, 60（7）：139 - 150.

② 杨盼盼、徐建炜：《"全球失衡"的百年变迁——基于经验数据与事实比较的分析》，《经济学》（季刊）2014 年第 13 卷第 2 期，第 625 ~ 646 页。

表 6 - 7　样本优劣评估

年份	误差	年份	误差	年份	误差	年份	误差	年份	误差
1960	7.8E-04	1971	3.8E-04	1982	-5.3E-03	1993	4.4E-03	2004	8.0E-04
1961	1.3E-03	1972	1.3E-03	1983	-5.5E-03	1994	4.7E-03	2005	1.7E-04
1962	8.6E-04	1973	2.8E-03	1984	-5.8E-03	1995	5.2E-03	2006	1.2E-03
1963	1.3E-04	1974	-1.4E-03	1985	-5.8E-03	1996	4.3E-03	2007	4.1E-03
1964	6.8E-04	1975	-4.0E-04	1986	-4.7E-03	1997	6.2E-03	2008	1.5E-03
1965	2.0E-03	1976	-2.9E-03	1987	-3.5E-03	1998	5.4E-03	2009	3.9E-03
1966	7.9E-04	1977	-4.4E-03	1988	-3.3E-03	1999	2.5E-03	2010	3.7E-03
1967	-8.2E-04	1978	-3.5E-03	1989	-4.5E-03	2000	-9.5E-04	2011	1.9E-03
1968	9.6E-05	1979	-5.0E-03	1990	-3.5E-03	2001	-1.7E-03	2012	3.0E-03
1969	4.5E-04	1980	-5.6E-03	1991	1.2E-04	2002	9.3E-04	2013	3.9E-03
1970	-2.7E-04	1981	-3.6E-03	1992	1.6E-03	2003	5.4E-04		

表 6 - 8　1960～2013 年世界经济失衡分散指数 GID 和规模指数 GIS

年份	GID	GIS	年份	GID	GIS
1960	0.087526	0.013759	1976	0.161852	0.022326
1961	0.071819	0.013558	1977	0.144472	0.022156
1962	0.088867	0.012006	1978	0.157249	0.020222
1963	0.080196	0.012663	1979	0.142411	0.022713
1964	0.057564	0.012983	1980	0.135802	0.032059
1965	0.105587	0.013833	1981	0.126527	0.027572
1966	0.1469	0.011543	1982	0.212934	0.021195
1967	0.162851	0.010434	1983	0.126326	0.023957
1968	0.280807	0.010817	1984	0.060794	0.028025
1969	0.255955	0.010744	1985	0.058149	0.02916
1970	0.202803	0.01256	1986	0.046148	0.027312
1971	0.184996	0.014384	1987	0.04448	0.024818
1972	0.160109	0.013841	1988	0.070846	0.021965
1973	0.168555	0.016934	1989	0.100195	0.019877
1974	0.151688	0.028161	1990	0.133046	0.017596
1975	0.142105	0.025168	1991	0.164094	0.014891

续表

年份	GID	GIS	年份	GID	GIS
1992	0.124984	0.016118	2003	0.05252	0.037645
1993	0.106088	0.018868	2004	0.056547	0.043235
1994	0.104939	0.019796	2005	0.058257	0.047426
1995	0.164794	0.021098	2006	0.065132	0.050315
1996	0.174696	0.02096	2007	0.080741	0.049554
1997	0.161324	0.021944	2008	0.08381	0.047752
1998	0.115701	0.025946	2009	0.10721	0.032809
1999	0.077167	0.028087	2010	0.115448	0.038189
2000	0.053614	0.032626	2011	0.110244	0.038378
2001	0.051531	0.031421	2012	0.112615	0.039772
2002	0.054366	0.036448	2013	0.12514	0.038502

资料来源：世界银行数据库。失衡指数经笔者计算得出，计算方法详参正文。

　　总体上看，1960～2013 年，全球经济失衡规模呈逐步扩大的趋势。其中，1960～1972 年，即布雷顿森林体系崩溃之前，经济失衡规模比较稳定，基本维持在 0.013 左右的水平上；1972～1985 年，即布雷顿森林体系崩溃之后的十余年时间，全球经济失衡规模明显上了一个台阶，尽管其间有起伏，但是平均基本保持在 0.025 左右的规模水平上，最高年份超过了 0.03；1985～1992 年，从规模指数的维度上看，全球经济失衡状况略有好转，从接近 0.03 直线降至 0.015 左右的水平上；1992～2007 年，这是自 1960 年以来全球经济失衡规模膨胀最剧烈、持续时间最久的时期，从 0.015 沿着直线上升到 0.05 的高位水平上，全球经济失衡状况严重，积累了大量的矛盾，而 2008 年世界金融危机似乎成了这些矛盾释放爆发的火山口；事实情况是，2008 年开始世界经济状况低迷不振，危机蔓延至欧洲致使有的国家债务缠身信用一落千丈（如希腊、意大利、冰岛等国）；虽然全球经济失衡态势也随着国际贸易急剧萎缩而有所好转，但是好景不长，2009～2010 年，全球经济失衡规模又迅速反弹并保持在 0.04 左右的水平上（见图 6-15）。

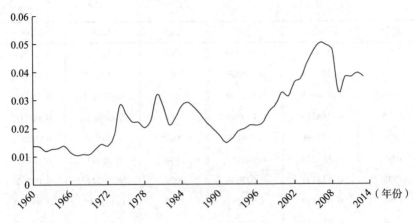

图 6 - 15   1960～2013 年全球经济失衡规模指数动态变化

与此同时，全球经济失衡分散指数总体上呈逐步下降的趋势，也就是说全球经济失衡呈现越来越集中的态势。其中，1960～1968 年，失衡分散指数上升，很显然，这与同期众多国家获得经济发展参与到国际经济贸易中来不无关联；1968～1986 年，这是布雷顿森林体系矛盾重重不能持续以致崩溃的几年时间，这个时候全球失衡呈现集中的趋势，也就是说，贸易失衡集中在一些国家的态势愈发明显；1986～1996 年，贸易失衡在全球范围内有扩散的趋势；1996 年之后，全球失衡存在先集中后扩散的特征，但是相对前几个时期的情况而言，可以说全球经济失衡相对集中（见图 6 - 16）。

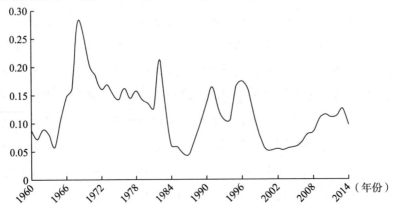

图 6 - 16   1960～2014 年全球经济失衡分散指数动态变化

此外，我们还关注到一个比较有意思的现象，全球失衡的规模和分散程度呈显著负相关（相关系数：- 0.5003；P 值：0.0001），这与杨盼盼、徐建炜的研究结论有所不同[①]；当然可能与采用数据的长短密切相关，杨盼盼、徐建炜考察的是全球失衡 100 余年的历史，本书主要考察战后，特别是布雷顿森林体系崩溃之后的状况。对比分析似乎可以想见，20 世纪 70 年代布雷顿森林体系的崩溃在全球经济失衡历史上的的确确是一个不容忽视的巨大冲击。

那么，接着就研究一下世界经济失衡对中国人均收入波动的影响，可分两个步骤来讨论：第一步，将全球经济失衡规模指数（GM）和分散指数（FS）作为自变量，对中国人均收入（GPC）变量进行回归分析；第二步，将全球经济失衡规模指数和分散指数的波动（GMCY 和 FSCY）作为自变量，对中国人均收入波动变量（GPCCY）进行回归。计量回归方程分别为：

$$GPC = c_1 + \alpha_1 FS(-3) + \beta_1 GM + \delta_1 \qquad (6-4)$$

$$GPCCY = c_2 + \alpha_2 FSCY + \beta_2 GMCY + \delta_2 \qquad (6-5)$$

使用最小二乘估计方法，运用 Eviews 软件得到估计结果（见表 6 - 9 和表 6 - 10）。

表 6 - 9   回归方程 $GPC = c_1 + \alpha_1 FS(-3) + \beta_1 GM + \delta_1$ 的估计结果

变量	系数	标准差	t 值	p 值
C	286.331	258.53	1.108	0.274
FS（-3）	-3465.1***	1235.03	-2.806	0.0074
GM	58262.1***	6472.7	9.0012	0.0000
R - square	0.922	Mean dependent var		1316.84
F - statistic	58.327***	P（F - statistic）		0.0000
DW - statistic	0.337	S. D. dependent var		839.695

---

① 杨盼盼、徐建炜：《"全球失衡"的百年变迁——基于经验数据与事实比较的分析》，《经济学》（季刊）2014 年第 13 卷第 2 期，第 625 ~ 646 页。

表 6-10　回归方程 $GPCCY = c_2 + \alpha_2 FSCY + \beta_2 GMCY + \delta_2$ 的估计结果

变量	系数	标准差	t 值	p 值
C	-3.84E-12	7.13444	-5.38E-13	1
FSCY	978.993***	235.866	4.151	0.0001
GMCY	8521.04***	2256.25	3.7766	0.0004
R - square	0.917	Mean dependent var		-4.04E-12
F - statistic	10.7985***	P（F - statistic）		0.000134
DW - statistic	1.3573	S. D. dependent var		60.1112

我们借助拟合优度 R^2、t 检验、F 检验等检验方法发现，模型回归结果非常显著而且比较稳定。由计量回归模型的估计结果知道，全球经济失衡对中国人均收入及其波动有着显著的影响。第一个方程的回归结果显示，1960～2010 年，全球经济失衡的分散程度的变化对中国人均 GDP 有负面作用，失衡规模对中国人均 GDP 有正面作用。这种结果表明，自 20 世纪后半叶以来，以中国为代表的发展中国家的经济增长和人均收入水平提高，客观上是在以发达资本主义国家主导的世界经济贸易体系的失衡中完成的，而且准确的说，这种失衡越发集中、规模越发庞大，在短期内发展中国家的经济增速被影响得越快。显然这也是不可持续的，因为这种增长和发展伴随着发展中国家内部矛盾的积累和外部矛盾的输入，一旦解决矛盾的速度跟不上矛盾积累的速度，必然存在增长停滞甚至倒退的风险。第二个方程的回归结果显示，1960～2010 年全球经济失衡的分散指数和规模指数的波动对中国人均 GDP 的波动存在着显著的影响。全球经济失衡到一定的程度，威胁到核心国家经济持续发展的时候，如出现能源危机、金融危机乃至经济危机，必然会出现由发达国家出面挑头改变国际经济贸易规则的局面，将矛盾和风险尽量转移转嫁给发展中国家，这是全球经济失衡指数波动的重要来源，也给发展中国家的经济增长带来更多的风险与不确定性，可以说拉美陷阱的形成、中国经济面临陷阱的可能性皆出于此。

　　美国无疑是战后世界经济体系的核心。20世纪70年代初，布雷顿森林体系崩溃之后，美国贸易逆差现象日趋严重，逐渐成为世界上的最大债务国，玩弄全球经济于股掌之间；尽管情况在80年代中后期得到微弱的缓和，但是还是没有改变逆差扩大的趋势，直至金融危机爆发前夕，美国贸易逆差的规模接近8000亿美元的规模。无独有偶，20世纪后半叶开始，几乎是除了日本和德国之外，贸易逆差在许多发达国家都是普遍存在和持续的现象。与此同时，一些发展中国家却长期保持着贸易顺差，特别是一些刚刚起飞的发展中国家，在出口导向战略的推动下，净出口规模不断攀升。这与以美元为中心的世界货币体系直接相关，在美元霸权的体系下，由于产业结构差异和中心国家对高科技产品的垄断，发展中国家要想通过国际贸易推动经济发展，只能不断地向中心国家输出劳动相对密集型的初级工业品，逐渐积累起巨额的美元储备，接着又购买美国国债。中国在改革开放到20世纪90年代，特别是进入21世纪以后，贸易顺差逐年增加。对比可以看出，2005年之后，每个年份的贸易顺差规模几乎刚刚好是美国贸易逆差规模的1/2（见图6-17）。所以，中国的外汇储备必然随之增加，而且在总量上曾一度位居世界首位，这种"双顺差"的格局在很大程度上增加了中国经济面

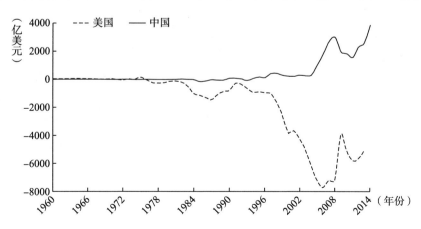

图6-17　中美在世界经济体系中的贸易失衡

资料来源：世界银行。

临中等收入陷阱可能性的风险。同时，从 20 世纪 70 年代开始的美国等发达国家贸易逆差的不断累积，又恰如埋在世界经济发展道路上的"炸弹"，在这些经济失衡得以消解之前，必将给发展中国家的发展道路增添诸多不确定性风险。

第七章　基本结论和政策建议

第一节　基本结论

在资本主义的基本矛盾和周期性经济危机的压力之下，发达资本主义国家在整个社会历史发展过程中都存在剥削发展中国家的现象。一方面导致了发展中国家长期不能积攒经济起飞的"第一次推动力"而陷入贫困陷阱，另一方面发展中国家即使通过内部剩余转移完成资本原始积累实现起飞，但日益积累的严重的内部矛盾，同时还有发达国家因制度成本转嫁而转移的矛盾，也只能长期停留在中等收入水平和资本主义世界体系的外围，这是导致后发国家跌入中等收入陷阱的重要因素之一。

二战之后，资本主义世界体系已经形成，对于发展中国家来说，无论从经济发展角度，还是国家安全等其他角度，获得经济增长的唯一路径就是实现工业化。而开启工业化和顺利走完工业化进程，在资本主义世界体系之中，都必然和资本积累息息相关。后发国家面临的第一个资本积累问题是资本原始积累。非常不幸的是，英、美等曾处在资本主义世界体系"中心"的国家通过殖民等血腥暴力形式进行剥削积累原始资本的方法，对于后发国家来说不具有可复制性，一方面发展中国家根本没有实力踏上这条道路，另一方面中心国家发展起来之后制定了一系列的国际规则阻碍后发国家的发展。少数几个因地缘政治因素顺利进行资本原始积累和完成工业化战略进程的国家的经验也不具有普遍性，带有很强的随机成分。所以，大部分发展中国家，都是采取国内各部门之间的剩余转移的方式来完成资本原始积累的。这本身就已经积攒了大量的矛盾和失衡，如城乡收入差距、部门发展失衡等，同时还要被动接受发达国家制度成本转嫁，很多发展中国家长期不能够处理和消化这些矛盾，资本积累过程一再被打断，无法摆脱低水平均衡陷阱。

发展中国家在低水平均衡及其之前阶段的经济发展迟缓，当然存在非资本主义世界体系以外因素的作用，如前资本主义制度根本不利于资本积累，经济剩余被很小一部分人口用于私人消费，无法实现经济腾飞。但是"一把鼻涕一把泪"地开启了工业化进程之后，又不可避免地被纳入资本主义世界体系，处在一个经济剩余定向输送的"中心－半外围－外围"结构之中，中心国家对资本主义生产方式固有的矛盾有严重向外围地区转移的倾向，这尤其是在经济危机爆发的时候表现得最为明显。从历史的发展来看，主要有三种制度成本转嫁或转移的方式：资本输出、不平等交换和金融资本垄断。资本输出的方式在 19 世纪表现得最为显著，世界各个角落都分布着发达国家的外围地区，中心国家通过包括武力的各种途径，将过剩的资本输送至这些外围地区吸食剩余价值达到排解自身内部矛盾的效果，英国、美国、日本等国家都曾经历过这个时期，臭名昭著的"东印度公司"就是其中一例。英国在确立资本主义世界体系的中心地位以后，大肆宣扬"自由贸易"经济政策。无独有偶，美国在通过贸易保护主义发展起来之后，也开始重提"自由主义"。它们在发展初期都深受李斯特的幼稚产业保护论的影响，成为中心发达国家之后又提倡古典和新古典的自由主义政策，在一些研究者（如张夏准①）看来，这是"踢开梯子"，避免后来者追上来的一种手段。其实从马克思主义经济学的角度，还有更加深刻的理由，这就涉及不平等交换了。由于中心国家和外围地区的资本积累厚薄、产业结构、资源禀赋差异等因素，通过"原材料、初级产品与工业品"的"自由

---

① 张夏准：《撤掉经济发展的梯子：知识产权保护的历史教训》，《国际经济评论》2002年第6期，第16~22页；张夏准、石峰、朱富强：《过河拆桥：历史是如何被篡改以为新自由主义的资本主义辩护的》，《学术研究》2010年第9期，第61~63页。

交换"，落后国家的经济剩余被悄无声息地转移到发达国家。最后一种
方式是金融资本垄断。中心国家通过世界货币霸权，维持有利于自身发
展的国际经济秩序：①极力促成最惠国待遇原则、稳定的投资货币服务
机制、自由贸易开放政策等有利于中心国家商品和资本流动的公共产
品；②制定国际经济交易秩序的游戏规则；③以军事实力迫使外围国家
遵守规则；等等。历史上，英镑、美元先后执掌世界货币霸权，美元的
中心地位在布雷顿森林体系确立之后进一步得到巩固，布雷顿森林体系
的解体则使得美元直接成为世界财富的代表符号。中心国家通过经常项
目持续逆差和金融项目持续顺差，维持国内的过度消费需求、企业投资
需求，扩大金融市场的规模和容量，并通过资产证券化，将经济中隐藏
的风险分散转移到世界的每一个角落，而危机爆发时，则常常通过发行
世界货币缓解国内困境。这对于外围国家来说，是不可承受之重，一方
面外围的贸易顺差国吸纳世界货币被迫发行本币极易形成国内通胀，另
一方面外围贸易逆差国家则通过国际组织和机构借取世界货币债务维持
生存，国家财富慢慢被蚀空。也就是说，外围国家无论是贸易顺差还是
贸易逆差，在世界货币霸权的体系之中，都要受到中心国家的层层盘
剥，资本积累过程怎么会顺利。

　　因为或然性，中等收入陷阱的存在性颇受争议，那么度量其存在与
不存在就显得很重要了。对于中等收入陷阱测度，长期不能达到高收入
水平即收敛到高收入国家群，是一个无可争议的硬性指标，但对于精确
把握和测度这个概念尚显不足。而相比之下，"经济增长停滞期"是一
个更为重要的指标。后发国家在各个收入阶段滞留时间的长短，关乎其
将要分化到哪一个阶段的重要因素，也是其是否能够越过中等收入陷阱
的重要依据。我们将世界银行按照人均国民收入划分的收入阶段阈值标
准转换为以人均 GDP（国际元）表示的阈值标准，确定 2000 国际元、
7250 国际元、11750 国际元为低收入阶段、中低收入阶段、中高收入阶
段和高收入阶段国家的区分界限，并且通过 10080 个参照组保证了这些
阈值标准的稳定性。1950～1980 年，低收入国家所占比例稳步下降，

并在 1980 年之后趋于稳定，相当多的非洲国家陷入了低水平均衡陷阱；在此期间，高收入国家所占比例有所上升，并表现出区域集中的特征；总体而言，中等收入国家的比例变化比较平稳，但是在中等收入国家群内部，分化现象十分突出，一些国家存在中等收入陷阱问题。我们还测算了两种类型的国家在中等收入两个阶段的滞留时间，成功跨越该阶段的国家分别滞留了 25 年和 15 年，跨越失败的国家分别为 37 年和 19 年以上，差异明显。在此门槛年限的基础上，我们测算了后发国家成功越过中等收入陷阱在中低收入阶段和中高收入阶段人均收入增长的临界速度为 5.29% 和 3.27%。依据标准差指标的动态变化发现，在我们考察的时间里，世界经济体在人均收入水平上的差异越来越大。通过不同年份人均收入密度图比对发现：世界人均收入在各经济体之间由单极状态向两极分化趋势演变，并且随着时间的推移，中等收入国家在现代经济增长的道路上面临越来越多的限制和障碍。

改革开放 40 年，中国经济迅速蓬勃发展，GDP 年均增长达 9% 左右，经济总量居世界第二位，取得举世瞩目的伟大成就。建立起中国特色的市场经济体系和独立的工业体系，钢铁、家用电器等在内的许多工业产品生产居世界第一位。与此同时，中国经济规模和经济总量也不断扩大，国际地位持续不断提高，在世界经济中的地位不断上升，全面融入世界经济体系。以加入 WTO 为标志，中国经济已经完成市场化和国际化进程，融入世界经济体系和经济全球化浪潮之中。中国自工业化进程开启以来，经济增长趋势与资本主义世界体系的律动节奏保持着高度的相关性，尤其是近 20 年出现的"双顺差之谜"恰恰与美元霸权为中心的世界货币体系息息相关。

第二节　政策建议

在本书前面理论分析的基础上，围绕发展中国家内部矛盾的消解和外部矛盾转移的规避来提出一些可供参考的政策建议，主要包括四个方面的内容：稳定的增长和发展环境、适当的工业化战略、合理的需求结构和安全的金融政策。同时，我们结合中国当前的经济发展状况，就如何顺利跨越中等收入阶段到达高收入水平提出一些政策建议。

（1）维护好跨越中等收入阶段的发展环境

从历史上看，德国和日本两个国家从来没有经历过真正的中等收入陷阱，都是在资本主义世界体系中争夺中心霸权地位，或者通过战争手段剥削海外资源和扩大海外市场，才导致相当长时期的缓慢发展甚至停滞。

中国作为发展中大国，目前已经进入工业化进程的关键阶段，综合国力和国际地位迅速提升，"中国崩溃论"到"中国威胁论"的国际舆论导向的转变，既从侧面反映出中国特色社会主义经济发展在资本主义世界体系中取得的斐然成绩，又反映出发展中国家在经济发展过程中遭受的巨大压力，中心国家习惯于用自己的强权、霸权思维来思考发展中国家的经济发展。发展中国家必须保持清醒的头脑，坚持走和平发展的道路。发展是硬道理，无论是经济实力还是政治地位的提高，自身的取得发展与长足进步是颠扑不破的真理，也是摆脱资本主义世界体系不平等结构干扰的必经之路。

（2）努力走好新型工业化之路

所有的发展中国家都有尽快实现工业化与现代化的梦想，选择发展战略和动态调整战略十分重要。他国的发展思路、模式和经验，如20世纪50～60年代之后的拉美国家和东亚新兴经济体，是可以借鉴的，但是不能全盘接受，既要总结和规避其发展过程中的经验教训，又要从本国的实际情况出发。战后拉美国家一再处于发展模式的动态选择之中，从初级产品出口战略到完全否认市场作用的进口替代战略，再到听任新自由主义摆布的出口导向战略，这些极端化发展模式的大起大落，都是忽视本国国情和经济现实的表现，必然造成政策的不连贯性和经济的不可持续性。俄罗斯的"休克疗法"也是这种极端主义发展模式的著名代表。东南亚国家，如印度尼西亚、马来西亚、泰国和菲律宾，长期单一实行出口导向战略，经济自主发展能力弱，过分依赖国际市场，极易受到外部冲击。在资本主义世界体系之中，外围国家所占比例太大，单纯靠廉价劳动力和资源优势不能长期维持经济增长，很容易受到后起之秀的外围国家群排浪式挤压，而产品的阶梯式升级进步是继续实行出口导向战略的必要条件。发展历史经验表明，韩国、新加坡等国家较为妥善地处理了出口导向战略的可持续性问题。我国经济总体上仍处于工业化中期，产业主体处于国际分工和产业链条的中、低端。面对传统优势（劳动力、资源等价格低廉）减弱和日益激烈的国际技术竞争的双向夹逼，迫切要求产业升级与转型，在"中国制造"的基础上培育和发展出一批享誉世界的"中国创造"。

坚持走新型工业化道路，把优化产业结构作为现阶段工业化的主攻方向和首要任务，加快促成传统产业转型升级步伐，引导战略性新兴产业和先进制造业健康有序发展，推动企业跨行业、跨地区、跨所有制兼并联合和战略性改组，提高产业集中度，促进产业从低端走向中高端层次。

把实施创新驱动战略摆在国家发展全局的核心位置。密切跟踪并大力消化吸收全球创新资源和最新成果，全面激励自主创新，使创新成果在各领域和全社会得到推广应用，加强新技术、新产品研发及营销，通过市场开拓带动新兴产业发展。要特别注重农业科技创新，构建发展高产、优质、高效、生态、安全农业的技术体系，加快发展现代农业。创新驱动的传统产业升级与新兴产业崛起，必将为我国发展不断注入新的动力。

改善"走新型的可持续工业化道路"的政策环境。可持续工业化的要求建立"公平的竞争环境"、执法的一致性和各种规模企业的共同参与，但目前这些条件尚未得到满足。政府应为市场经济下的可持续工业化提供良好的法律、法规框架，纠正市场失调，并且有选择性地为各类商业企业制订开展清洁生产的激励措施。此外，政府需要支持开发环境友好的产品和工艺的创新战略。这还意味着在金融部门进行改革，以便使银行和投资机构参与到这项工作中来。

建立可持续发展的评价指标体系。目前的 GDP 指标需要根据其导致的环境损害和进行相应环境治理的费用进行修正。比如，空气污染导致公众健康和环境的损害可能从目前占 GDP 的 7% 上升到 2020 年的 13%。中国未来的发展，应更关注支持全面实现小康社会的绿色 GDP 的增量。中国已经在探索绿色 GDP 的核算模式，应加快步伐，制定切实可行的措施推动这一工作的进程。

（3）保护好内需是经济稳定发展的重要保证

扩大内需是处于工业化中后期的发展中国家发展的战略基点。中国在成功应对国际金融危机冲击的时候，主要靠的是内需。在世界经济面临长期放缓的新形势下，中国也正在经历着经济发展的新常态，更要不遗余力扩大内需实现持续发展。扩大内需还与保障和改善民生息息相关，它能够开拓与带动新的经济发展领域，创造社会财富和就业机会，促进居民增收和提高人民生活水平，增强发展中大国在资本主义世界体系中的抗压能力和顽强生命力。从国际经验看，以内需为主也是大国发展的必由之路。中国作为世界上最大的新兴市场国家，蕴藏着巨大的需求潜力，应该利用好这一得天独厚的禀赋优势。积极扩大内需，不仅是自身发展的需要，而且有利于世界经济调整与发展，以中国特色社会主义制度的优越性缓解资本主义世界体系矛盾爆发期对世界经济造成的困扰和压力。

我国扩大内需是在稳中求进的开放步履下进行的，所以还必须着眼全球来完成资源和要素的配置利用，更加充分地利用国际国内两个市场、两种资源，形成扩大内需和拓展外需良性互动态势。继续实施积极的财政政策，努力发挥货币政策的作用，配合运用税收、价格等经济杠杆，全力解决有效内需不足的矛盾。建立健全社会保障制度，免除消费后顾之忧；推行积极的就业，再就业政策；完善分配制度，处理好效率与公平之间的关系，缩小贫富差距。

必须要提到的是，投资与消费失衡，是长期困扰我国发展的一个难题。内需不足，在极大限度上体现为消费需求不足。近些年来，我国消费增长率低于投资增长率，消费率总体呈下降态势，这反映出发展中国家资本积累面临的两难困境，相对于高收入国家的技术劣势和相对于低收入国家的要素价格劣势，所以压低消费成了保证资本积累的无奈之举。然而，我们十分清楚，这是不可持续的，增长的手段和发展的目的不能脱节太远，消费需求是最终需求和发展目的，消费率长期偏低，不利于经济的良性循环和可持续增长，必须把扩大居民消费作为扩大内需的着力点，在增强消费能力、优化消费环境、培育消费热点等方面构建长效机制。在农村和城市分别制定有针对性的消费促进政策。大力拉动农村消费。增加农民收入，推动农村消费量的扩张和质的提升。一方面，加强农村市场流通体系建设，以县城和中心城镇为重点，加快乡村市场工程建设，特别是支持商贸、邮政、供销等企业向农村延伸服务，积极发展连锁超市、便利店等新型流通业态。完善农村商业网点和消费服务设施，构筑城乡互动的现代流通网络。积极开拓农村汽车消费市场，引导农民改善住房，促进健康的精神文化消费。探索开展农村消费信贷业务，促进农村消费方式多样化。另一方面，引导城市消费升级。改造升级传统商品市场，大力发展连锁经营、城市配送、电子商务等现代商贸模式，在大中城市周边规划布局一批果蔬、肉类、水产品等生鲜农产品低温配送和处理中心，进一步完善市场流通体系。积极促进消费结构升级，合理引导住房消费，积极促进中小城市汽车消费，努力提高文化消费在城市居民日常消费中的比例。继续培育体育健身、休闲旅游等消费热点，大力拓展绿色消费、健康消费、教育消费、网络消费、信贷消费、保障消费等新兴消费，培育个性化、时尚化和品牌化的新兴消费群体。

（4）积极参与国际金融安全建设

2008年全球金融危机是以美元为本位制的国际货币体系的危机。只要美元的霸权地位不改变，美国的金融危机就注定要让全世界买单。如果国际金融体系中"美元本位"的制度性漏洞不能得到根本解决，下一次金融危机一定会同美元霸权相关，而且规模会更大，严重程度会更高。广大外围国家对中心货币发行国经济发展和金融稳定的信任和依赖是十分危险的，如何减轻和避免美国国内经济政策改变对本国的影响，是广大外围国家急需解决的问题。各国应积极约束美元霸权，平衡美国的利益与责任。从中短期来看，美元霸权的地位是无法撼动的。作为美元霸权的受害者，世界其他国家一方面要从双边和多边谈判中给美国一定的压力，约束美元霸权，促使其承担作为国际储备货币发行国的责任；另一方面要推动多元化的国际货币体系建设，从实体经济层面减少对美国的依赖，实现国际储备货币多元化、国际贸易交易货币多元化、国际大宗商品计价货币多元化，形成国际货币相互制约和相互竞争的机制。对于中国而言，应降低美元霸权的负面效应，稳步推进人民币国际化。中国已不可避免地对世界政治经济格局产生深刻影响，应积极主动地参与国际利益的协调和分配，从推动实现内外平衡的角度，谋划我国在未来国际金融体系中的空间和地位，扩大能够提升国家竞争力的战略投资，积极推动人民币的区域化，使人民币成为国际金融体系中的一极。

参考文献

[1]〔英〕阿姆斯特朗等:《战后资本主义大繁荣的形成与破产》,史敏等译,中国社会科学出版社,1991。

[2]〔法〕保尔·芒图:《十八世纪的产业革命》,杨人楩等译,商务印书馆,1983。

[3]〔美〕保罗·巴兰:《增长的政治经济学》,蔡中兴译,商务印书馆,2000。

[4]〔美〕保罗·斯威齐:《资本主义发展论》,陈观烈、秦亚南译,商务印书馆,2000。

[5]〔英〕波拉德:《工业化与欧洲经济》,《经济史评论》1973年第11期。

[6]〔法〕布罗代尔:《菲利普二世时代的地中海和地中海世界》(第1卷),吴模信译,商务印书馆,1996。

[7]大卫·李嘉图:《政治经济学及赋税原理》,周洁译,华夏出版社,2005。

[8]〔法〕弗朗斯瓦·魁奈:《经济表》,晏智杰译,华夏出版社,2006。

[9]〔比〕亨利·皮朗:《中世纪欧洲经济社会史》,乐文译,上海人民出版社,1964。

[10]〔加〕霍华德、〔澳〕金:《马克思主义经济学史》,顾海良等校,中央编译出版社,1990。

[11]〔德〕罗莎·卢森堡:《资本积累论》(1959),彭尘舜译,商务印书馆,1963。

[12] 马克思、恩格斯：《德意志意识形态》，人民出版社，2003。

[13] 《马克思恩格斯全集》（第23卷），人民出版社，2008。

[14] 《马克思恩格斯全集》（第24卷），人民出版社，2008。

[15] 《马克思恩格斯全集》（第3卷），人民出版社，2008。

[16] 《马克思恩格斯全集》（第25卷），人民出版社，2008。

[17] 〔英〕麦迪逊：《世界经济二百年回顾》，李德伟、盖建玲译，改革出版社，1997。

[18] 〔美〕曼库尔·奥尔森：《国家兴衰探源》，吕应中等译，商务印书馆，1999。

[19] 〔埃及〕萨米尔·阿明：《不平等发展》，高铦译，商务印书馆，1990。

[20] 〔英〕托马斯·罗伯特·马尔萨斯：《人口论》，郭大力译，北京大学出版社，2008。

[21] 〔美〕熊彼特：《经济周期循环论》，叶华译，中国长安出版社，2009。

[22] 亚当·斯密：《国富论》，唐日松译，华夏出版社，2005。

[23] 〔希腊〕伊曼纽尔：《不平等交换——对帝国主义贸易的研究》，文贯中等译，中国对外经济贸易出版社，1988。

[24] 〔美〕伊曼纽尔·沃勒斯坦：《历史资本主义》，路爱国、丁浩金译，社会科学文献出版社，1999。

[25] 〔美〕伊曼纽尔·沃勒斯坦：《现代世界体系》（第一卷），郭方等译，社会科学文献出版社，2013。

[26] 〔美〕伊曼纽尔·沃勒斯坦：《现代世界体系》（第一卷），尤来寅等译，高等教育出版社，1995。

[27] 〔英〕约翰·梅纳德·凯恩斯：《就业利息与货币通论》，高鸿业译，商务印书馆，1999。

[28] 蔡昉：《理解中国经济发展的过去、现在和将来：基于一个贯通的增长理论框架》，《经济研究》2013年第11期。

[29] 蔡昉、杨涛：《城乡收入差距的政治经济学》，《中国社会科学》2000 年第 4 期。

[30] 蔡昉：《中国经济如何跨越"低中等收入陷阱"?》，《中国社会科学院研究生院学报》2008 年第 1 期。

[31] 蔡洪滨：《中国经济转型与社会流动性》，《比较》2011 年第 2 期。

[32] 陈昌兵：《"福利赶超"与"增长陷阱"》，《经济评论》2009 年第 4 期，第 97 - 105 页。

[33] 陈亮：《中国跨越"中等收入陷阱"的开放创新——从比较优势向竞争优势转变》，《马克思主义研究》2011 年第 3 期。

[34] 陈云：《陈云文选》（第三卷），人民出版社，1995。

[35] 董国辉：《"荷兰病"是拉美经济转轨的主要障碍》，《拉丁美洲研究》1994 年第 2 期。

[36] 恩格斯：《家庭、私有制和国家起源》，人民出版社，1965。

[37] 方敏、蒋澈：《格罗斯曼的崩溃与危机理论》，《政治经济学评论》2015 年第 5 期。

[38] 方伟：《道奇路线与日本经济起飞》，《绵阳师范学院学报》2013 年第 1 期。

[39] 高峰：《20 世纪世界资本主义的发展与演变》，《政治经济学评论》2010 年第 1 期。

[40] 高峰：《资本积累理论与现代资本主义：理论的和实证的分析》，南开大学出版社，1991。

[41] 《共产党宣言》，人民出版社，1997。

[42] 郭庆旺、贾俊雪：《中国潜在产出与产出缺口的估算》，《经济研究》2004 年第 5 期。

[43] 洪银兴：《论新阶段的全面深化改革》，《南京大学学报》（哲学·人文科学·社会科学）2015 年第 4 期。

[44] 胡鞍钢：《十二五：如何跨越中等收入陷阱》，《财经界》2011 年

第 8 期，第 16 页。

［45］ 胡鞍钢：《中国政治经济史论》，清华大学出版社，2008。

［46］ 黄少军：《服务业与经济增长》，经济科学出版社，2000。

［47］ 贾俊雪、郭庆旺：《经济开放、外部冲击与宏观经济稳定》，《中国人民大学学报》2006 年第 6 期。

［48］ 江时学：《真的有"中等收入陷阱"吗》，《世界知识》2011 年第 7 期。

［49］ 孔祥智：《高水平陷阱?》，《读书》2003 年第 12 期。

［50］ 李彩华、姜大云：《我国大"三线建设"的历史经验与教训》，《东北师范大学学报》（哲学社科版）2005 年第 4 期。

［51］ 厉以宁：《资本主义的起源》，商务印书馆，2003。

［52］《列宁选集》（第 2 卷），人民出版社，1995。

［53］ 林毅夫：《我国通货紧缩的成因与对策》，北大中国经济研究中心简报，1999。

［54］ 林毅夫：《新结构经济学：反思经济发展与政策的理论框架》，北京大学出版社，2012。

［55］ 林毅夫：《新结构经济学》，《经济学》（季刊）2010 年第 1 期。

［56］ 刘昌黎：《现代日本经济概论》，东北财经大学出版社，2002。

［57］ 刘福垣：《中等收入陷阱是一个伪命题》，《领导文萃》2011 年第 19 期。

［58］ 刘会清、李曼：《美国对外经济援助与韩国经济的崛起》，《内蒙古民族大学学报》（社会科学版）2007 年第 6 期。

［59］ 刘世锦等：《陷阱还是高墙：中国经济面临的真实挑战和战略选择》，中信出版社，2011。

［60］ 刘相平：《论韩国在现代世界经济体系中地位的变迁》，《东北亚论坛》2008 年第 5 期。

［61］ 陆月娟：《19 世纪上半期欧洲人向美国移民的历史分析》，《江西师范大学学报》（哲学社会科学版）2002 年第 3 期。

［62］马洪、陆百甫：《中国宏观经济政策报告》，中国财政经济出版社，1999。

［63］马岩：《我国面对中等收入陷阱的挑战及对策》，《经济学动态》2009 年第 7 期。

［64］彭成刚：《斯大林模式在中国的历史考察》，硕士学位论文，武汉理工大学，2006。

［65］沈志华：《新中国建立初期苏联对华援助的基本情况》，《俄罗斯研究》2001 年第 1 期。

［66］世界银行：《东亚经济发展报告（2006）》，2006。

［67］隋淑英：《朝鲜战争与日本的崛起》，《烟台大学学报》（哲学社会科学版）2003 年第 3 期。

［68］汪海波：《中华人民共和国工业经济史》，山西经济出版社，1998。

［69］王国静、田国强：《金融冲击和中国经济波动》，《经济研究》2014 年第 3 期。

［70］王俭贵：《劳动与资本双重过剩下的经济发展》，上海人民出版社，2002。

［71］王少国、潘恩阳：《新常态下中国中等收入陷阱风险研究》，《中国特色社会主义研究》2015 年第 2 期，第 34 － 39 页。

［72］王永贵：《经济全球化趋势与资本主义的历史命运》，《当代世界与社会主义》2003 年第 3 期，第 48 － 52 页。

［73］魏杰、杨林：《回归新常态与跨越"中等收入陷阱"》，《学术月刊》2015 年第 5 期。

［74］温铁军：《八次危机：中国的真实经验》，《学习月刊》2013 年第 5 期。

［75］温铁军等：《八次危机：中国的真实经验 1949—2009》，东方出版社，2013。

［76］温铁军：《解读新苏南模式》，《社会观察》2012 年第 3 期。

［77］温铁军：《中国经验与比较优势》，《开放时代》2008 年第 2 期。

［78］温铁军：《周期性经济危机及对应政策分析》，宏观经济信息网，http://www. macrochina. com. cn/zhtg/2001060807807. shtml。

［79］吴敬琏：《坚定不移地推进改革开放》，《江南论坛》2008 年第 3 期。

［80］吴晓春：《奥托·鲍威尔的民主社会主义思想》，《中国特色社会主义研究》2007 年第 3 期。

［81］《现代外国经济学论文选》（第 11 辑），外国经济学说研究会译，商务印书馆，1987。

［82］姚洋：《不平等和中等收入陷阱》，《经济学家茶座》2013 年第 1 期。

［83］姚洋：《高水平陷阱：李约瑟之谜再考察》，《经济研究》2003 年第 1 期。

［84］姚洋：《中等收入陷阱不是臆想》，《南风窗》2011 年第 17 期。

［85］叶子荣、段龙龙：《"中等收入陷阱论"于中国适用性之辩》，《经济学家》2015 年第 4 期。

［86］尹保云：《韩国为什么成功：朴正熙政权与韩国现代化》，文津出版社，1993。

［87］赵峰：《新古典主义经济增长理论：批判性回顾》，《当代经济研究》2009 年第 8 期。

［88］赵晋平：《2010 - 2030 年中国产业结构变动趋势分析与展望》，http://www. esri. go. jp/jp/prj/int_prj/2010/prj2010_03_04. pdf。

［89］郑秉文：《"中等收入陷阱"与中国发展道路》，《中国人口科学》2011 年第 1 期。

［90］周怀峰、张岳恒：《进口替代批判述评》，《生产力研究》2006 年第 4 期。

［91］周学：《经济大循环理论——破解中等收入陷阱和内需不足的对策》，《经济学动态》2010 年第 3 期。

［92］《资本论》（第 1 - 3 卷），人民出版社，2004。

［93］邹东涛:《中国经济增长的影响因素和大国优势》,《中国金融》
2006 年第 19 期。

［94］Aglietta, and Michel, "Theory of Capitalist Regulation," *Journal of Aoac International*, 2007, 90 (5).

［95］Agénor, P. R., O. Canuto, "Middle – income Growth Traps," *Research in Economics*, 2015, 69 (4).

［96］Aiyar, M. S., M. R. A. Duval, M. D. Puy et al., "Growth Slowdowns and the Middle – income Trap," IMF Working Paper, 13/71, 2013.

［97］Becker, Gary S., and B. R. Chiswick. "Education and the Distribution of Earnings," *American Economic Review*, 1966, 56 (1/2).

［98］Blitz, Rudolph C. "Economic Backwardness and Economic Growth by Henry Leibenstein," *Journal of the Royal Statistical Society*, 1957, 11 (1).

［99］Camacho, J. A., et al. "Change and Development – Latin America's Great Task." *Praeger & the Interamerican Development*, 1970, 49 (2).

［100］Cardoso, F. H., "Dependencia e Desenvolvimento na America Latina," *En: Cinquenta anos de Pensamento na CEPAL – Rio de Janeiro: Record CEPAL*, 2000, 2.

［101］Chenery, H. B., M. Syrquin, H. Elkington, *Patterns of development*, 1950 – 1970 (London: Oxford University Press, 1975).

［102］Chenery, Hollis B., and A. M. Strout. "Foreign Assistance and Economic Development," *American Economic Review*, 1966, 56, (4).

［103］Despain, Hans G., "Maurice Herbert Dobb (1900 – 1976)," The Palgrave Companion to Cambridge Economics, 2017.

［104］Domar, E. D., "Capital Expansion, Rate of Growth and Employment," *Econometrica*, 1946, 14 (2).

[105] Easterly, W. , M. Kremer, L. Pritchett and L. Summers, "Good Policy or Good Luck: Country Growth Performance and Temporary Shocks," *Journal of Monetary Economics*, 1993, 32 (3) .

[106] Egawa, A. , *Will Income Inequality Cause a Middle - income Trap in Asia?* (Bruegel, 2013) .

[107] Eichengreen, B. , D. Park, K. Shin, "Growth Slowdowns Redux: New Evidence on the Middle - income Trap," NBER Working Paper 18673, January 2013, http://www. nber. org/papers/w18673.

[108] Elvin, Mark, *The Pattern of the Chinese Past* (Stanford: Stanford University Press, 1973) .

[109] Emmanuel, A. , C. Bettelheim, B. Pearce, *Unequal exchange: A study of the imperialism of trade* (New York: Monthly Review Press, 1972) .

[110] Fatas, Mihov, "The 4I's of Economic Growth," INSEAD working paper, 2009.

[111] Felipe, J. et al. , "Tracking the Middle - income Trap: What Is It, Who Is in It, and Why?" Levy Economics Institute of Bard College, Working Paper, Number 715, 2012.

[112] Garrett, G. , "Globalization's missing middle," *Foreign Affairs - New York*, 2004, 83 (6) .

[113] Gordon, David M. "Up and Down the Long Roller Coaster. " In U. S. Capitalism in Crisis, edited by the Union for Radical Political Economics. New York: URPE, 1977.

[114] Griffith, B. , "Middle - income Trap," in Nallari, Raj, Shahid Yusuf, Breda Griffith, Rwitwika Bhattacharya (eds.), *Frontiers in Development Policy* (World Bank, 2011) .

[115] Harrod, R. F. "An Essay in Dynamic Theory. " *Economic Journal*, 1960, 70 (278) .

［116］ Harvey, D. , *A companion to Marx's Capital* (Verso Books, 2010) .

［117］ Hirschman, Albert O. , *The Strategy of Economic Development* (CO: Westview Press, 1988) .

［118］ Hodrick, F. , E. Prescott, "Posterior US Bussiness Cycles, an Empirical Investigation," Disscusion Paper, 1980.

［119］ Im, Fernando Gabriel and David Rosenblatt, "Middle – Income Traps: A Conceptual and Empirical Survey," Policy Research Working Paper 6594, 2013, http://econ. worldbank. org.

［120］ Jankowska, A. , A. Nagengast, J. R. Perea, "The Product Space and the Middle Income Trap: Comparing Asian and Latin American Experiences," OECD Development Centre Working Paper No. 311, 2012.

［121］ Jevons, W. S. , *The Coal Question: An Inquiry Concerning the Progress of the Nation, and the Probable Exhaustion of the Coal – mines* (Macmillan, 1865) .

［122］ Kharas, H. , H. Kohli, "What is the Middle Income Trap, Why do Countries Fall into It, and How Can It be Avoided?" *Global Journal of Emerging Market Economies*, 2011, 3 (3) .

［123］ Kohli, H. A. , N. Mukherjee, "Potential costs to Asia of the middle income trap," *Global Journal of Emerging Market Economies*, 2011, 3 (3) .

［124］ Kuznets, S. , J. T. Murphy, *Modern economic growth: Rate, structure, and spread* (New Haven: Yale University Press, 1966) .

［125］ Lee, K. , *Schumpeterian Analysis of Economic Catch – up: Knowledge, path – creation, and the Middle – income Trap* (Cambridge University Press, 2013) .

［126］ Lewis, A. W. , *The Theorie of Economic Growth* (Allen and Unwin, 1956) .

[127] Lewis, W. A. "Unlimited Supplies of Labor," Manchester school, 1954.

[128] Luxemburg, R. , *The Accumulation of Capital* (Routledge, 2003) .

[129] Morshima, M. , *Marx's Economics: a Dual Theory of Value and Growth* (Cambridge University Press, 1973) .

[130] Myrdal, G. , *Development and Under – development: A Note on the Mechanism of National and International Economic Inequality* (National Bank of Egypt, 1956) .

[131] Nelson, R. R. , "A Theory of the Low – level Equilibrium Trap in unDerdeveloped Economies," *The American Economic Review*, 1956, 46 (5) .

[132] Nurkse, R. , "Problems of Capital Formation in Developing Countries", *Punjab Uninersity Economist*, 1966, 2 (4) .

[133] Ohiorhenuan, Review By: John F. E. . "Unequal Development: An Essay on the Social Formations of Peripheral Capitalismby Samir Amin. " *Science & Society*, 1978, 42 (2) .

[134] Ohno, K. , "Avoiding the Middle – income Trap: Renovating Industrial Policy Formulation in Vietnam," *ASEAN Economic Bulletin*, 2009, 26 (1) .

[135] Perera, M. , G. Gunatilleke, P. Bird, "Falling into the Medical Poverty Trap in Sri Lanka: What can be Done?" *International Journal of Health Services*, 2007, 37 (2) .

[136] Prebisch, Raúl, "The Economic Development of Latin America and Its Principal Problems," Sede de la CEPAL en Santiago (Estudios e Investigaciones) 29973, Naciones Unidas Comisión Económica para América Latina y el Caribe (CEPAL), 1950.

[137] Quah, Danny. "Galton's Fallacy and Tests of the Convergence Hypothesis. " *Scandinavian Journal of Economics*, 1993, 95, (4) .

[138] Rigg, J., B. Promphaking, A. Le Mare, "Personalizing the Middle – Income Trap: An Inter – generational Migrant View from Rural Thailand," *World Development*, 2014, 59.

[139] Robertson, Peter E., and Longfeng Ye, "On the Existence of a Middle Income Trap," University of Western Australia Economics Discussion Paper No13 – 12, 2013.

[140] Romer, P. M., "Increasing Returns and Long – run Growth," *The Journal of Political Economy*, 1986, 94 (5).

[141] Rosenstein – Rodan, P. N., "Notes on the theory of the 'big push'," Cambridge, Mass.: Center for International Studies, Massachusetts Institute of Technology, 1957.

[142] Santos, T., "The structure of dependence," *The American Economic Review*, 1970, 60 (2).

[143] Schultz, T. W. "Economic Growth and Agriculture." *American Journal of Agricultural Economics*, 1968, 51 (3).

[144] Sheppard, and Eric. "Economic Theory and Underdeveloped Regions." *Regional Studies*, 2017.

[145] Silva, Ednaldo Araquem Da. Unequal Exchange. Economic Development. 1989.

[146] Singer, H. W., "The Distribution of Gains between Investing and Borrowing Countries," *The American Economic Review*, 1950, 40 (2).

[147] Solow, R. M., "A Contribution to the Theory of Economic Growth," *Quarterly Journal of Economics*, 1956, 70 (1).

[148] Springer. "Weltwirtschaftliches Archiv," *Journal of Jinggangshan Medical College*, 1978, 123.

[149] Sweezy, P. M., "More (or less) on Globalization," *Monthly Review – New York*, 1997, 49.

[150] Thomas E. Weisskopf, "Marxian Crisis Theory and the Rate of Profit

in the Postwar U. S. Economy," *Cambridge Journal of Economics*, 1979, 3 (4) .

[151] Vos, R. , "Latin America's Path to Equitable Growth: Rocky Road or Wrong Way?" ECLAC Seminar on Development Theory at the Threshold of the Twenty – First Century Commemorative Event to Mark the Centenary of the Birth of Raul Prebisch, Santiago, Chile, 2001.

[152] Wallerstein, I. , *The modern world – system I: Capitalist Agriculture and the Origins of the European World – economy in the Sixteenth Century, with a New Prologue* (University of California Press, 2011) .

图书在版编目（CIP）数据

跨越中等收入陷阱：基于政治经济学的路径／李梦
凡著. -- 北京：社会科学文献出版社，2019.8
（清华·政治经济学研究丛书）
ISBN 978 - 7 - 5201 - 5416 - 1

Ⅰ.①跨… Ⅱ.①李… Ⅲ.①中国经济－经济发展－
研究 Ⅳ.①F124

中国版本图书馆 CIP 数据核字（2019）第 180318 号

清华·政治经济学研究丛书

跨越中等收入陷阱：基于政治经济学的路径

著 者／李梦凡

出 版 人／谢寿光
组稿编辑／陈凤玲 关少华
责任编辑／关少华

出 版／社会科学文献出版社·经济与管理分社 （010）59367226
地址：北京市北三环中路甲 29 号院华龙大厦 邮编：100029
网址：www. ssap. com. cn
发 行／市场营销中心 （010）59367081 59367083
印 装／三河市龙林印务有限公司

规 格／开 本：787mm × 1092mm 1/16
印 张：19 字 数：270 千字
版 次／2019 年 8 月第 1 版 2019 年 8 月第 1 次印刷
书 号／ISBN 978 - 7 - 5201 - 5416 - 1
定 价／98.00 元

本书如有印装质量问题，请与读者服务中心（010 - 59367028）联系